変えていただきなさい

変えていただきなさい

生ける神の御霊によって

人生の現実問題に焦点を当てた
現代の大人のためのバイブル・スタディー

男女を問わず、個人や
グループでの学びに最適

シャロン・ドゥトラ

✳✳✳

「シャロンの女子たち」に捧ぐ

以前の私は、「女友達」というのは間違った呼び方だと思っていました。女性でありながら、真の友になることはできないと思っていたのです。しかし、神はそれをすっかり変えてくださいました。私の人生には今、たくさんの素晴らしい女性がいます。皆さんの愛、サポート、励ましがなければ、今の私はありません。あなたがたに 深く感謝しています。

私が教え方を学んでいる間、長年、私に忍耐してくれた「女子たち」に感謝したいと思います。あなたがたが成長し、変わるのを手助けするために、私がこの教材を上手く書けるようになるまで、あなたがたが私に

我慢してくれたことにとても感謝しています。あなたがたはいつまでも

私が人生で最も情熱を注ぐ対象の一つであり続けるでしょう。

そして、私の妹であり、また私の最高のガールフレンドでもあるテレサに特別な感謝を捧げます。あなたいつも私のチアリーダーでいてくれます。私の人生にいてくれて本当にありがとう。

****

長年にわたって私に愛を示してくれた、私の教会の家族であるオーク・パーク・クリスチャン教会の皆さまに感謝します。

そして、私の翼をひろげてくださったジム・シールズ牧師とマイク・ガンダーソン牧師に感謝します！そして私の家族に感謝します。

皆さんを心から愛しています。

****

私の素晴らしい主は別にして、この地上で、私にとって最も大切な人が一人います。最高に素晴らしい夫のマイケルに感謝したいと思います。彼は、私がか細い根っこからたくましい樹木へと成長していくのを
見守ってきてくれました。あなたは、私の知っているだれよりも、私の人生に貢献してくれました。

私はあなたを永遠に愛しています。

****

そして私の神

父なる神、子なる神、聖霊なる神

あなたは私の命の恩人であり、私は人生のすべてをあなたに負っています。今も永遠にも、あなたが私を救ってくださったことに対して、私は決してあなたにお返しすることはできません。あなたにお仕えすることのできる特権に感謝します。

感謝の気持ちでいっぱいです。

目次

✳✳✳

前書き

�diamond✳diamond✳✳diamond✳

著者について

22年前の私はホームレスで、路上生活をし、ぎりぎりのところで生き延びていました。私はものすごく惨めだったので、自殺することだけが私の魂の苦しみを和らげる唯一の方法のように思えました。しかし、神は私のために別の計画を持っておられました。依存症、ホームレス生活、孤独、自己嫌悪の人生から、イエス・キリストは私を完全に変えてくださいました。キリストは私に、強さとビジョンと力と命を与えてくださいました。主は、私の人生の中で噛みつくイナゴが食べ尽くしたすべての年月を、本当に償ってくださいました（ヨエル2:25）。

母教会牧師から

神の言葉は「生きていて、力があります」（ヘブル4:12）。福音は「救いを得させる神の力」です（ローマ1:16）。そして、私たちは神の言葉によって聖め別たれます（ヨハネ17:17）。御言葉を通して私たちの上に働かれる聖霊はすべてにおいて十分なお方ですが、それでも神は説教するために説教者を用い、教えるために教師を用いられます。 主のためのそのような働きは、高貴で聖なる召しであり、気軽に始めるべきものではありません（ヤコブ3：1）。 しかしながら、主が誰かを召し、教えるための賜物を与えられると、その人はそれに応じなければなりません。 シャロンは見事に応じました!

　シャロンは、彼女自身がイエスによって救い出され、贖われて以来、女性たち、特に、人生を支配するような習慣やあらゆる種類の虐待、そして主だけが本当に回復することのできるレベルの心の傷に悩んでいる女性たちに神の御言葉を教えるという、素晴らしいミニストリーを行なってきました。 本書の学びは、著者の実際の人生経験、並びに、小グループでの数々の話し合いを通して、(霊的)戦場での6年間の経験から生まれたものです。

　　シャロンの御言葉のミニストリーの効果は証明済みです。　日曜日の朝、私たちの教会を見渡すと、かつて依存症だった人が、子どもたちの日曜学校の先生をしています。現在、大学で学士号を取得中の人もいます。また、夫と子どもたちを尊敬し、愛するようになった人や、リハビリをしている人もいます。そして、未信者の夫を愛し、主に導こうとしている人もいます。例を挙げると、枚挙にいとまがありません。

　　シャロンの書いた御言葉の学びを通して、主があなたを祝福し、あなたをより聖め別ってくださいますように。

　　　　　　　　オーク・パーク・クリスチャン教会牧師　マイク・ガンダーソン

本書に最適の読者は？

最初にはっきりさせておきたいのは、本書はクリスチャンでなくても読むことができるということです。私が「テーマ別の」本を書き始めた理由はまさに、だれしもが人生の中で何らかの問題を抱えているからです。虐待や依存症の経験を持つ人は大勢います。また、あまり悲劇に見舞われることなく人生を歩んできた人たちもいます。

　　しかし、私たちは皆、何らかの心構えによって人生が影響されているものです。私たちの大半が、人生のどこかの時点で、利己主義、妬み、不安、コミットメントへの恐れ、罪責感、赦しなどの問題に直面しています。ですから、本書は誰でも使うことができます。

　　とは言え、本書はキリストがベースになっています。なぜなら、私の人生を築く土台となっているのはキリストだからです。イエスに人生を捧げる前、私は痛みを和らげるために、できる限り、あらゆることを試してみました。「自分の人生を軌道に乗せよう」と懸命に努力しましたが、大惨敗でした。けれども、主との親密な関係を持って人生のすべてを主にゆだねたとたん、私の人生は夢にも思わなかったような方法で変化し、開花したのです。

　　この生き方は誰にでも可能なものです。イエスは全世界のために死なれました。そして、イエスは私たち全員が神の愛、平安、喜び、希望、永遠の命を経験するこ

とを望んでおられます。私たちが自分の人生を神に委ねることを望むならば、それは私たちのものなのです。

本書について

この聖書の学びは、6年以上も前から作成を始めました。私がこれを書き始めたのは、新しくできた女性のための聖書勉強会の必要を満たすためでした。そのグループには、さまざまな女性が集っていました。依存症の過去を持ち、虐待を受けたことのある女性たちがいる一方で、ずっとクリスチャンとして生きてきた女性もいて、そして、ただ真理を求めて私たちのグループに加わった人もいました。

私は、この多様性に富んだ集まりを助けることができるキリスト教文献を、長いこと、懸命に探していました。私は、この女性たちが深く、純粋にイエスを必要としていることを知っていました。そして、彼女たちの人生を本当に変えるようなものを探し求めていました。しかし、私の特別なグループにぴったりのものは何も見つかりませんでした。そこで、私は自分で学びの書を書き始めたのです。

男性にも最適です！

私の夫も男性グループのリーダー役をしています。ある夜、彼は急いでいた上に、学びのための教材を使い切ってしまっていました。そこで彼は、その夜のためにどれか私の学びを使用してもいいかと、しぶしぶ尋ねてきたのです。その夜の学びがとてもうまく行ったので、彼は自分の聖書勉強会でも定期的に私の学びを使うようになりました。その後、私たちは服役中の友人にも一冊郵送しました。彼はそれを使って、他の男性たちがイエスのことをもっとよく学ぶための手助けをしました。私たちはこの教材が男性にも使えるかどうか確信がありませんでしたが、今では、だれであれ、主イエス・キリストを知り、主イエス・キリストにもっと誠実に、熱心に仕えるのに妨げとなっている人生の問題に対処したいと思っている人にとって有効であることが分かっています。

グループでの学びの進め方

私たちは毎回、祈りで聖書の学びを始めます。それが学びにおける最も重要な要

素だからです。私たちはまず、神に罪の赦しを請い、神の御霊が私たちに神の真理を明らかにしてくださるのを妨げるようなものを、私たちの心から取り除いてくださるように願います。そして、神が私たちの究極の教師となり、クラスを率い、導き、指揮してくださるようにお願いします。祈りの後、私たちは交代で本文を一段落ずつ、声に出して読みます。誰でもいつでも質問をしてよいことになっていて、私はしばしば本文の途中で止まって、その内容を強調したり説明したりします。

　私たちが使用しているのはニュー・リビング訳スタディーガイド聖書です（日本語訳では新改訳聖書第三版を使用しています）。それが、原文に忠実でありながら、最も理解しやすい訳だからです。また、私たちは登場するすべての聖句を参照し、それが私たちの生活にどのように関係しているかを話し合います。私たちは、自分の洞察や葛藤、勝利を分かち合いながら、その内容を詳しく説明していくことが多いので、一つの学びの項目に数週間を費やします。

リーダーの方々へ

グループのリーダーには、事前に教材に親しまれることをお勧めします。この学びは、あなた自身の指導の基盤として使用することもできますし、あなたが進行役となって、グループでこの学びを進めていくのを導くこともできます。

　明確にしておくと、私は聖書の段落から一行だけを使うことがよくあります。これは意図的なものですが、書かれた文脈を無視して解釈することを意図したものではありません。ただ、時には、この選択された一節が、私が示そうとしていることを完璧に理解させてくれることがあるのです。言うまでもありませんが、皆さんは私が選んだ聖句の前後の節を、導かれるままにご自由にお読みください。

本書の使い方

それぞれの学びには、少し繰り返しくどいと思えるような概念が頻繁にみられることに留意してください。これは意図的なものです。私が経験から学んだことですが、大抵の人は、情報が繰り返されたり、頻繁に言い換えられたりする場合に、最もよく学ぶことができます。また、本書で一貫して強調されているのは、私たちにとってのイエスの必要性、イエスとの親密な関係を築くために取るべき必要なステ

ップ、そして、そこから得られる恩恵についてであり、私たちが生き生きとした
クリスチャン生活を送ることができるのを可能にしてくれるものです。本書には平
安、喜び、力、希望という言葉が頻繁に登場します!

　　これらの学びには、いろいろと考えさせられるような内容がたくさん含まれてい
ます。一回ごとに少数のセクションだけを選んで、それらのものについてじっくり
と時間を費やして考えたり話したりするのが最善です。急いで進めると、そこに書
かれている深い真実を見逃してしまうでしょう。

　　各章の終わりには、「ふりかえってみましょう」という表題の下にいくつかの質
問があります。正しい答えや誤った答えはありませんが、大半の問いは本文で述べ
られていることに関連するものです。また、その次のページには白紙のページが用
意されているので、あなたの考えを書き留めることができます。

　　また、私は聖書の書名を、聖句ごとにその都度表示しています。例えば、マタ
イ12:11、14:10と表示する代わりに、マタイ12:11、マタイ14:10と表示しています
。これも意図的なものです。聖書を一度も読んだことがない人たちは、まだ聖句
の探し方を知らないからです。また、誰にでも理解できるような、やさしい言葉で
書いています。ですが、もう少し難しい言葉も入れて、読者が語彙を増やせるよう
にもしています!

個人で本書を読まれる方々へ

グループで質問をしたり、知識を共有したりする場がない方のためにも、この学び
は、できるだけ読みやすく、参照しやすいものにしてあります。あなたは自分のペ
ースで各セクションをこなしていくうちに、自分自身について多くのことを学ぶこ
とになるでしょう。

- ご参考までに：この学びの中で使用されている中黒（・）は、立ち止まり、熟
  考し、問いに対する自分の考えや気持ちを話し合ったり、書き留めたりるする
  ための印です。

　　この学びの中で「世」という言葉が使われれるとき、それはキリスト教信仰を持
たない人たちのことを指しています。また、聖書的ではない価値観や思想、習慣を
内包する「世界システム」のことも含んでいます。

　本書をあなたの牧師や、あなたの教会の男性の小グループや女性の小グループの
リーダーの方々にもご紹介いただければ、非常に幸いです。

　これらの学びを準備するのには何年もかかりましたから、私はいかなるかたちで
も、本書が転載されたり、複製されたりすることを望みません。十分な冊数が売れ
た場合にのみ、次の新刊の出版が可能になり、あなたにも、他の人たちにも、より
多くの学びが利用可能になります。ですから、コピーする代わりに、本書を購入す
ることによって、私を助けてください。お友達の方々に本書を入手する方法を教え
てあげてください。

　もう一冊、ご購入を希望される方、ご感想のある方は、どうぞ下記のホームペー
ジにお越しください：

betransformedministries.com
電子メール：betransformed@betransformedministries.com
郵便による連絡先：
Sharon Dutra
PO Box 597
Grover Beach, CA 93433

私の作品に関心を持ってくださりありがとうございます。主がご自身とあなたとの
関係を深めてくださり、あなたがイエスとの歩みの中で新しい力と洞察を得ること
ができるようにお祈りしています。それによって、あなたはクリスチャン生活の中
でより賢明な選択ができるようになるでしょう。

　シャロン ☺

不安

✳✳✳

「心配は私たちを身動きできなくさせる；
関心は私たちを肯定的、生産的な行動へと動かす」

不安とは、「痛みや危惧を伴う心の不安定さであり、通常、差し迫った、あるいは予期される病気に対するもの」と定義されています。また、「気がかりな予想」でもあります。

　私たちの社会には、不安、うつ、孤独、精神疾患が蔓延しています。　病院や刑務所、精神病院は、恐怖に包まれて生活している人々であふれています。　歴史上、これらの病気に対する処方薬がこれほどまでに存在したことはありませんでした。そして、技術や科学、医学分野での進歩に関わらず、私たちはこれまで以上に感情面や精神面、霊的な面で損なわれています。

　周囲を見渡すと、私たちは「自分たちは歴史上最も不安に満ちた時代に生きている」と思うかもしれません。　しかし、人類は常に恐れという問題を抱えてきました。聖書は、神がご自分の民に「恐れるな」と励ましている聖句であふれています。聖書に登場する人たちは、迫害、飢饉、戦争、恐ろしい苦しみのことをよく知っていました。

　私たちの恵み深い主は、私たちが恐れや不安を克服するには主の助けが必要なことを知っておられたので、御言葉の中でこの感情を頻繁に取り上げられました。私たちがどうにもならなくなっていくような時代に生きていることは事実ですが、神の御言葉はどの世代にも、いつの時も変わりません。神は私たちが21世紀に生きることになるのを知っておられました。　そして、神は今も同じことを言っておられるのです。恐れるな、と。

　もしも、あなたが不安のせいで混乱の中に生きていても、あなたには本当の希望があります。　あなたが心配したり不安になったりするのを止められなくて落胆して

いても、解決策はあります。　あなたのすべての悩みの答えはイエスです。　なぜなら、イエスはあなたの面倒を見、あなたに本当の持続的な平安を与えることが完璧にできる唯一のお方だからです。

恐れはどこから来るのか？

初めに前置きしておきますが、本当の精神病のせいで怖れの中で生活している人たちはいます。そのような人には、カウンセリングや薬物療法が必要かもしれません。しかし、恐れや不安を経験している殆どの人にとっては、その中心的な問題は神との密接な霊的関係の欠如から生じていることが多いのです。しばらくの間クリスチャンであった人でも、主との親密なつながりを失ってしまい、それによって大きな感情的苦痛を経験することがあります。本当のところ、私たちが日常的に恐れや不安を経験する場合、そのおおかたの部分は主を完全に信頼していないことによるのです。

　これは決して、私たちが悪いクリスチャンだという意味ではありません。　しかし、次の聖句が私たちにとって現実のものとなるように、私たちが生活の中でいくつかの変更を行う必要があるかもしれないということです。　詩篇27章1-3節には、主ご自身が私たちの砦であると書かれています。　　つまり、宇宙の神が私を取り囲み、守ってくださっているということです！　詩篇34篇4節には、「私が主を求めると、主は答えてくださった。私をすべての恐怖から救い出してくださった。」とあります。　また、「主は私の助け手です。私は恐れません。人間が、私に対して何ができましょう（ヘブル13:6）。」ともあります。これらの聖句から、私たちは、人生を神に明け渡せば明け渡すほど、自分を衰弱させるような恐れを経験することが少なくなることが分かります。

　もう一つ、私たちの不安の原因としてよくあるのは、自分に焦点を当てようとする衝動です。　この傾向を克服するのは簡単ではありません。　私たち人間は生来、自己中心的だからです。どんな２歳児にでも聞いてみてください！　彼らは「わたしのよ！」と言うように教えられてはいません。　ただ自然にそうなるのです。これが、私たちが生まれつき持っている罪の性質です（ガラテヤ5:24、エペソ2:3、コロサイ3:5）。また、私たちが利己主義に陥りやすいというだけでなく、社会もそれを

奨励しているのです！　私たちは毎日のように以下のようなメッセージを浴びせられています。「できる限りのものを手に入れなさい!」、「自分の面倒は自分でみなさい-他の誰もしてくれないのだから!」、「私が一番だ!」　私たちは家庭の中でこのような考え方で育てられることが多く、私たちのうちにあるこの性質をターゲットにする企業は、何百万ドルもの費用を広告に費やしています。

　　しかし、このような自己中心的な態度は、自信の喪失につながります。私たちは自分だけに頼るようには造られていないからです。神は、まず神に糧を求めるように私たちを造られたので、神の助けなしに自分たちの必要を満たそうとすると、私たちは落ち着きがなくなり、もどかしい思いをするようになります（詩篇37:3-5と箴言3:5-6）。　あなたが自分の人生で何かの出来事に執着した時のことを考えてみてください。さんざん心配した後で、気分が晴れましたか？　あなたの不安は、その状況の結末を変えましたか？　おそらく、そうではないでしょう。本当のところは、私たちがただ自分自身や、自分の問題や、まだ起こっていない事柄にだけ注目すると、私たちは自分の恐れの奴隷になるのです。そして現実には、私たちが心配する事柄のほとんどは、<u>決して</u>実現することすらないのです。

私のせいじゃない！

たいていの人は、自分の行動に個人的に責任を取らなければ、それが不安を生じさせることに気がついていません。私たちは皆、何か間違ったことをしてしまった時、多少なりともそれが分かります。　自分の悪行を他人のせいにするのは、自分が受けて当然であると分かっている報いを先延ばしにするだけです。　それは、犯罪を犯したけれども、その時には捕まらなかったというのと同じ概念です。彼らは罪責感を感じ、いつ見つかるだろうかと思いながら、常にビクビクしています。　おそらく、彼らは罪を自白するか、捕まるまでは、完全な安らぎを感じることはないでしょう。

　　興味深いことに、「責任のなすり合い」はずっと昔に、アダムとエバが自分たちの罪を互いのせいにし、また神と悪魔のせいにした時に始まりました（創世記3:1-13）。二人とも、自分で人生を台無しにしたことの報いを受け入れようとはしませんでした。私たちは以前は、親や教師や隣人が互いに罪を指摘し合うことができた

だけでなく、そうすることが期待される社会に住んでいました。そして、地域社会には健全な恥があり、それが人々の行動を効果的に抑制していました。

　しかし、私たちは今では、誰かの行動が間違っているとほのめかすことさえできなくなってしまいました。「狭量だ」とか「意地悪だ」とか「不寛容だ」といったレッテルを貼られるからです。私たちは正義のために立ち上がることを恐れる国民になってしまいました。私たちは次のように言う人たちに絶えず出会います。「私の生き方について、私に罪悪感を抱かせるようなことを言わないでください。私の人生なんですから、私は好きなように生きていきます。」しかし、よく見てみると、このような人たちの多くはひどく惨めであることがわかります。

　まだもう一つ、私たちの恐怖を煽る問題が存在します - 私たちは甘やかされた国民です。私たちは、お金、セックス、権力、物質的利益、薬物乱用などを使って、自分は幸せだと思いこもうとします。生活を簡素化したり、物を手放したりすることは考えたがりません。生活を快適にしてくれる物なしで生きたくないからです。自制することや、肉欲を満足させないことや、神との深い関係を育むために必要な方策を講じたりすることは考えるのも嫌です。残念なのは、自己中心さや身勝手さのために、私たちが愛、平安、喜び、希望といった神からの贈り物を失ってしまうことです。

　神は、私たちが何もしないで、自分の情熱に溺れる者となるように私たちを造られたのではありません。私たちは神と関係を持ち、他の人たちと相互に依存し合うように作られているのです。私たちは、「私」が常に最も重要な人間であるような孤立した状況で生活していると、本来あるべき機能を果たしていません（ヤコブ3:13-16）。実際、長続きする平安を得る方法は唯一、自分自身を神に委ね、私たちの人生に神が望まれることをしていただくことだけです。自分自身のことを考えず、自分のいのちを他の人に与えてこそ、私たちは本当の満足を経験することができるのです。そして、自分の人生の中で神を第一にすることを意識的、積極的に決断してこそ、私たちは自分だけで、自分のために生きることから生じる恐れから解放されるのです（ピリピ4:6-7）。

- ここで立ち止まって、自己優先的な態度が私たちの社会を損なってしまった点を三つ挙げてください。

・ あなた自身の自己中心さによってあなたの人生が損なわれてしまった点を三つ
考えてください。

このひどい不安感を克服するにはどうしたらいいのでしょうか？

不安症という問題を抱えている人が皆、徹底して自分勝手な人間であるわけではありません。しかし、イエスは、他者を第一に考えることこそが、私たちを真に満たしてくれるものであると教えています（マタイ20:27）。私たちは神に仕え、他の人たちを神のもとに導くために造られたのです。自分より恵まれていない人たちに仕えることは、私たちが神から与えられている役割を果たすことです（ヤコブ1：27）。他人を思いやることは、私たちに自分の状況を忘れさせ、私たちがどれほど恵まれているかを実感させてくれます。これはストレスや心配を大いに減らしてくれます。

　私たちは永遠の価値のないものを非常に重要視することがよくあります。　そのことで、私たちの人生にはより多くのストレスが生じます。　私の知っている中で最も喜びに満ちた人々は、主が必要を備えてくださることを信頼し、神の役に立つために格別に努力して他者に仕える人々です。　彼らは永遠というものに焦点を当てているのです！　私たちは心配をする時、自分の人生から神を締め出してしまいます。神にしか支配権のない物事を自分で管理しようとするからです。　私たちが神の御国を前進させることに努力を集中させれば、私たちのストレスは大幅に減らされるのです。

　イエスはマタイ6章25-34節で、心配をしないことがいかに大切かを語られています。イエスは私たちの生活において、不安が私たちを衰弱させる問題になりがちであることをご存じでした。否定的な感情や態度は喜びを奪い、人間関係を抑圧します。この世では現実的である必要があるのは事実ですが、私たちは愛すべきこと、清いこと、正しいことに心を留めるように命じられています（ピリピ4：8）。素晴らしいことに、私たちには恐れに打ち勝つための神の秘訣があります。それは、まず第一に神の御国を求めることです！　あとのことは神が面倒を見てくださいます！

- 多くの人が抱えている心配は、自分の必要が満たされないかもしれないというものです。次のことを自問してみてください。-あなたが最後に飢えたのはいつでしたか？　あるいは、寝るためのベッドや住む家がなかったのはいつでしたか？　心配にはなったけれども、神があなたに必要を備えてくださった状況を３つ考えてみてください。

- 聖書が「まず第一に神の御国のことを優先しなさい」と言うのは、どういう意味ですか？

- あなたが生活の中で神の御国を優先し始めるために、どんなことを実践できるでしょうか？

あなたは隠れていませんか？

心配に関して見落としがちな側面は、私たちが心配を利用して、神が私たちに命じられたことに対して責任を持たなくていいようにしている可能性があるということです。　時には、私たちはストレスを感じることに快適さを感じることもあるのです！　私たちの家族や友人たちは、私たちが「もう耐えられない」と感じ始める時の兆候をよく知っています。　私たちは知らず知らずのうちに、私たちを助けに来てくれるように彼らを「訓練」してしまっています。私たちは、他の人が私たちの代わりにやってくれたら、自分で問題の責任を取らなくてもよくなることを知っています。私たちはこのように、「隠れる」ために不安を利用します。

　このような振舞いは馬鹿げているように聞こえるかもしれませんが、多くの場合、私たちは変わるために努力をする代わりに、自分が慣れ親しんだ対処法を選択します。　私たちはこのために、不健全な人間関係にとどまりもします。　しかしながら、私たちがこのような古い関係の持ち方を使い続けると、文字通り、人生を無駄にしてしまいます。　私たちがこのように振る舞っても、誰の助けにもならないからです。　私たちが自分のことに夢中になっていると、神は私たちのうちにご自分の目的を達成することができません。　私たちは、自分の古い性質を捨てなければ、神が私たちに用意してくださった刺激的な人生を決して体験することができません（エペソ4:20-24）。

　「私は心の底から完全に神を信頼しています!」と言うクリスチャンは大勢いま

す。しかし、たった一度の衝撃的な経験で、彼らの本当の信頼度が明らかになります。苦難はしばしば人々を完全に意気消沈させてしまいます。彼らは自分の人生の方向性と希望を失ってしまいます。本当のところ、私たちが状況によって圧倒されることを許し続けるならば、私たちは、本当は神の道に従って生きてはいないのです（ヤコブ1:5-8）。

　もちろん、決して問題が全くなくなるわけではありません。しかし、痛みや混乱の中でも、私たちは神が私たちの人生を支配しておられることを示すことができます。私たちの国に見られる社会的、政治的、経済的腐敗の真っただ中にあっても、私たちは主から愛、喜び、平安、寛容、親切、善意、誠実、柔和、自制を受け取ることができます。主がそれを約束されており、主の聖霊はそれを確かに果たすことがお出来になります（ガラテヤ5:22-23）。

不安による負の副産物

不安：

- 健康を損なう
- 神の御国のための生産性を低める
- 他人への接し方に悪影響を及ぼす
- 神を信頼する能力を低下させる

一つ一つの質問に丁寧に答えてください：

- あなたは今、自分の信仰の深さが試される状況にありますか？
- あなたはそれに対処するために神による手段を用いていますか？ それとも自分の力で戦おうとしていますか？
- あなたは御霊の実を体験していますか、それとも恐れや緊張、不安を感じていますか？
- 恐れや心配が原因で、健康上の問題を抱えていますか？
- あなたは他の人たちを助けることに集中できますか？
- 恐れのために、人間関係上の問題を抱えていますか？

希望はあります！

神の真理に立つように思考を訓練することが、自由への道です。 下記の段落を印刷して、車の中や鏡に貼ったり、どこに行くにも持ち歩くとよいでしょう。 不安を減らしたいならば、あなたは神の真理とあなたの人生に対する神の視点を頭の中に入れておかなければなりません！

　私たちの神に不可能はありません！ 神は天と地をお造りになりました。神は宇宙の中で唯一、安定していて、変わることがなく、頼りになり、信頼に値する存在です！ 神は宇宙を完全に支配化に置かれており、神の目の前には、常に、私の人生の一秒一秒も含め、永遠があります。神は私を守ることがおできになります。神は喜んで私を救い、私の人生を導いてくださいます。神は私が孤独にならないように、私の中に来て住まわれました。

　　　　　神は私の人生のどの部分を解決できないのでしょうか ??!!☺

私たちは世界をコントロールするかわりに、何をすべきでしょうか？

私たちが自分の価値観や優先事項を吟味していくと、自分の恐れに光が当たり始めます。私たちの価値観とは、私たちが人生において何に「価値」を置くかということです。クリスチャンとしての私たちの責任の一つは、自分の思考を意図的に神の思いや願望で満たすことです。私たちは神のご性質を模範とし、私たちの考えを神の考え方で満たしていく必要があります（ローマ12：2）。 私たちは、神の御言葉、神の御霊、神に属する人々を通して、私たちの人生のための神のみこころを見つける必要があります。 それが私たちの人生から圧倒的な不安が消える唯一の方法です。

　私たち人間が、自分自身の「知恵」や、この変化し続ける一時的な偽りの世界に信頼を置き続けていることには驚かされます。しかし、自分自身や自分にできる事だけに価値を置くと、私たちは不安になります。 なぜなら、人間は信頼できない、予測できない存在であることに、私たちはある時点で本能的に気づいているからです。 私たちは、人や状況は日々変化するものであることを認識する必要があります。 もし私たちがこれらの変動する状況の上に人生を築いているとしたら、それは

14

砂の上に家を建てるようなものだとイエスは言われます（マタイ7:21-27）！　この世には、神ご自身以外には、確実で変わらないものはありません。私たちの主に関する事がらに焦点を当てることは、精神面、感情面、人間関係の面で、また、身体面でも安定をもたらしてくれます。

　　クリスチャンとして、私たちは神のみこころにかなう方法で自分の問題に対処し、自分の肉を従順させるように命じられています（ローマ8:13）。　そして神は、私たちが全人生をもって神に頼ることを望んでおられるのです！　もちろん、主を信頼するということは、「ああ、イエスのことばかり考えていて、請求書の支払いを忘れてしまった！」とか、「イエスは私の態度が悪くても問題にされない。何があっても私を愛してくださっているから！」ということではありません。　私たちは神の方に向かって歩んでいくように、自らを律しなければなりません。　霊的な意味で、私たちがデッキチェアに座って一生を過ごし、イエスが私たちに仕えてくださることを期待しているなら、イエスが私たちを祝福してくださることはありません。　しかし、私たちが主にしがみつくとき、主は私たちの面倒を見てくださることを約束されます。

　　加えて、私たちは、自分たちが見たり、読んだり、聞いたりするものに注意をする必要があります。恐れを基盤にした新聞や、不道徳なメディアに思考が集中するのを許していると、私たちは自分の心を、全くの嘘と欺瞞で満たしてしまいます。私たちはこの世に住んではいますが、この世の一部になるべきではありません（ヨハネ15：19）。私たちは自分の思考を神の言葉に集中させ、神のみこころに沿った情報源からの助言を得ることが不可欠です。私たちのやり方や、世の手法では上手くいかないことを、私たちはすでに経験から知っているのです！

　　私たちが求めている平安は、私たちが思考を主に「定め」、私たちの人生における未知のものや不確実なものを、主がすべて引き受けてくださると信頼する時にのみ見いだせます（イザヤ26:3-4）。主を知ろうと努力すればするほど、私たちは主のご性質をよりよく理解できるようになり、主が信頼できるお方であることを、露ほども疑わずに知ることができるようになります。主に注目すればするほど、私たちが主の願われることを達成できるように、主が私たちにより高度の超自然的な知恵や、識別力や、洞察力を与えてくださることが分かるでしょう。主は私たちが主

の命令に従順に生きることができるように、自分の肉に死ぬ力を与えてください ます。これが御父の心への鍵なのです！ 主の聖霊は私たちに寄り添って、私たちが問 題を解決するのを助けてくださいます（箴言3:5-6と20:24）。私たちはクリス チャンとして、この世には、私たちの主人を喜ばせることほどに喜びや満足感をもた らすものはないことに気づくでしょう！ これは私たちの不安を減らすための素晴ら しい方法の一つです。

- あなたが最後に1時間祈ったのはいつでしたか? 一日に３０分以上聖書を読ん だのは? 断食をしたのは? 自分の罪のため、あるいは家族や友人が救われてい ないことのために涙を流したのは?

これらの質問に対する答えは、私たちがどれほど自分自身に焦点を当てているかを 明らかにします。それは私たちの不安のレベルに直接的に関連するものです。

私たちの価値観が人生の焦点を決める

価値観は私たちの心の中にあるものなので、定義するのが難しいこともあります。 私たちの価値観を判断する簡単な方法は、私たちの行動を見ることです。自分が何 を大切にしているかは、以下のことを観察するだけでわかります。

1. 私たちは何を考えて時間を費やすか
2. 私たちは何にお金を遣うか
3. 私たちは何をすることに時間を費やすか
4. 私たちは何に才能を使うか

- 上記のそれぞれの価値基準に記入欄を作って、それぞれの欄に自分に関して4 つのことを書いてください。正直に書いてください! これによって、自分の人 生の優先順位がはっきりと見えてきます。

なぜ試練が？

私たちは誰もが不安定な時期を経験します。そして時に、こう言います。「神は私

を愛していて、私に寄り添うと約束してくださったと思っていたのに、なぜ私はこんな苦難を経験するのでしょう?」 私たちはしばしば神の知恵に疑問を抱きますが、本当の問題は、私たちが神を誤解していることです。私たちは、神には何でも望むことをする力があるのだから、私たちをサッと難局から取り出して幸せにしてくれるべきだ!と思っています。それとは全く正反対に、神は私たちの人生が良いことずくめになるとは、決して約束されていません（マタイ5:11-12、マタイ10:16-39、ヨハネ15:18-27）。私たちの心には天国－完璧な暮らしという希望－が植えられていますが、私たちがまだ肉体を持って生きている間は、これは実現しません。それまでは、神は次のような理由で、私たちの人生における困難な状況を用いられるかもしれません。

1. それらは私たちが神に依存することを断言し、私たちを謙虚にしてくれます。考えてみてください。もし私たちが自分の力で人生に対処できるならば、なぜ救い主が必要なのでしょうか。

2. 困難な時期は、私たちを神に近づけることができます。（私たちがそれを許すならば）

3. 私たちの試練は（私たちが主に頼る際）、困難な時期を経験して苦しんでいる他の人々への証しとなります。

4. 試練を通して、私たちは強さと思いやりを身につけ、他の人たちが困難な試練を経験するときに、彼らを助けることができるようになります（2コリント1:3-4）。

救われていない人たちとクリスチャンとの違いは以下の通りです。

-   私たちには信頼できる神がいます（詩篇37:3-5）

-   私たちには、逃げ込むことのできる避け所があります（詩篇17:8、18:1-2、23:1-4、61:4、144:2）

-   私たちには、どんな状況でも助けてくださることを期待できるお方がいます（詩篇33:18-22、イザヤ41:10）

-   私たちは、人生のすべての答えを見つけ出すのを助けてくださるお方を知って

います（イザヤ55:8-9）

神は、神が命じられた事をすべて実行する力を私たちに与えてくださると約束しておられます（ピリピ2:13）。神が私たちのために計画された事を私たちが行なっているならば、つまり、神と神にとって大事な事に私たちが焦点を合わせているならば、私たちは「台風の目」の中にいることになります（１ペテロ4:19）。私たちの周囲が慌ただしくても、私たちには安心と目標と平安があります。試練に対処する最良の方法は、神の御国に積極的に関わることです。私たちは息のある間、自分の才能、時間、お金をすべて、どうすればイエスの栄光のために最大限に使えるかに焦点を当てる必要があります。

- 困難な状況に対する対処方法をあなたはどのように変えることができるか、二点挙げてください。神があなたの人生の中心となるように、あなたの焦点を変えるためにどのような手段を講じることができるかを考えてみましょう。

罪が元凶なのか？

私たちに不安があるのは私たちが生活の中で罪を許しているためであることを取り上げずにこの学びを終わらせることはできないでしょう。時々クリスチャンは、「私はそんなに悪くない。嘘もついていないし、盗みもしていないし、殺人もしていない」と考えます。私たちが「大きな罪」と見なすものです。けれど、騙されてはいけません。隠れた罪があなたの人生を支配しているかもしれません。私たちが「自己」に「夢中になって」、自らの邪悪な欲望に人生を支配させている可能性は十分にあります。もしかしたら神は、あなたが見ている連続ドラマや、あなたが読んでいる本、あなたが見ている映画やテレビ、あなたが抱えている依存症、または一緒に付き合っている人々のことについて、あなたに注意を促しておられるのかもしれません。

　もし私たちの生活習慣が、私たちに、自分の配偶者以外の人に魅力を感じさせたり、自分が持っていないものを欲しがらせたり、私たちの愛情を神から遠ざけたりするようなものであれば、私たちは罪の中に生きていることになります。私たちの生活の中で神よりも重要になるものは何でも、偶像と呼ばれています。あなたには金銭欲がありますか？ 自分の仕事や子ども、他人の意見に執着していませんか？ あ

なたの態度はどうでしょうか。欲望、プライド、イライラ、嫉妬、復讐、陰口にとらわれていませんか？ 初めは罪の意識もないかもしれませんが、これらは継続を許されると、大きな罪になっていきます。そしてそれは、あなたを倒す機会を悪魔に許してしまいます。悪魔はあなたの弱さを見抜き、常に、あなたを殺し、傷つけ、滅ぼそうとしているのです（1ペテロ5:8）。

- 正直になってみると、あなたは神よりも何を、あるいは誰を優先していますか? 思い出してください。それはあなたが自分の時間、お金、才能、思考を費やすものです。思い当たることを3つ書き出してみてください。

では、どうやって変わればいいのか？

私たちが思考を主に定めると、私たちの未来から心配や「もしも」が取り除かれます。第一ペテロ5章7節には、「あなたがたの思い煩いを、いっさい神にゆだねなさい。神があなたがたのことを心配してくださるからです。」と書かれています。この聖句に書かれている「思い煩い」とは、「異なる方向に引き込むこと」あるいは「気をそらすこと」という意味です。これは、私たちが自分自身の重荷を負っている時には、私たちの心が文字通りに分裂していることを意味します。私たちの思いがそのように分断されていては、私たちは神から与えられた仕事をやり遂げることができません。そして、あなたをさらに苦しめようと、敵はあなたが不安になるのをただ待っていることを忘れないでください!

　神を最優先するのは易しいことではありません! それには訓練と時間と一貫性が必要です。私たちはまず神の能力と神の計画に焦点を当てるように、私たちの思考を訓練することから始めましょう。不安な思いがあなたを圧倒し始めたら、聖書を手に取り、祈り、好きな聖句を暗唱したりしてみましょう。これは洗脳でも、状況を無視することでもありません。あなたが自分の置かれた状況を通して成長し、あなたの人生のための神のみこころを理解することができるように、心を一新することなのです（ローマ 12:2）。あなたには一度に一つのことしか考えることができません。そのため、あなたがひたすら主に集中している時には、不安な思いは去らなければなりません。これを継続して行うと、私たちの思考は時間とともに変わっていきます。なぜなら、神の言葉は「生きて」いて、超自然的に私たちを変えること

ができるからです（ヘブル4:12）。

恐れを克服するために使うことのできるもう一つの効果的な手段は、神を賛美することです。そのためのシンプルな方法は二つ、詩篇を読むこと、または賛美の音楽を聴くことです。賛美は、とても楽しく私たちの焦点を変えるための方法です。また、過去に神が私たちのためにしてくださった事を書き留めるのも助けになります。答えられた祈りは、いつも、私たちの信仰を強めてくれるからです。聖書を読む時は、静まって、主に真理を語っていただくようにしましょう。私たちが喜んで耳を傾け、従おうとするならば、神はご自分の力とみこころを私たちに明らかにしてくださいます。神だけが、私たちの肉体的、精神的、感情的、霊的な必要を満たすことができます。毎日、どんな状況にあってもです。私たちは神の備えを体験する時、私たちに対する神の愛、気遣い、心配りが本物であり、信頼に足るものであり、神が私たちと一歩一歩、共に歩んでくださることを信じることができるようになります。古い考えや行動を克服するには根気と忍耐が必要です。しかし、主の道を選び続けるならば、私たちには自由が待っています。

どうやって神を優先し始めるのか？

私たちはすでに、恐れを克服する方法としては、御言葉を読み、それに従うこと、祈り、神を賛美すること、他の本物のクリスチャンと一緒に過ごすこと、失われた人々やキリストのからだに仕えることがあるのを学びました。私たちは、悩んでもそれが私たちの成長にはつながらないことを理解しています。他の人の態度や問題を気に病んでも、平安や満足感は得られないことも知っています。世界の混沌を心配しても、それらの出来事を変えることはできません。

いざ変わろうと思った時に、実際にどうやって取り掛かればよいのか分からなくて心配になる人がよくいます。人生において神を優先する決心をするのは一朝一夕にできるものではありませんし、どのようにすればよいのかと悩むのも当然です。日中やっている事をやめて、絶えず主に注目していられないのは明らかです。職場や学校で不安を感じる状況に陥っても、実際にはその瞬間に祈りや賛美に入ることができないこともあるでしょう。しかしながら、多くの場合、思考を立て直すのには、たった1分しかかかりません。私たちはいつでも目を閉じたり、外を散歩した

り、お手洗いに行ったりして、「脱出して」祈ることができます。心を集中させるためには、一日に何度かこれを行う必要があるかもしれません。常に主とつながるように心を訓練することは絶対不可欠です。じきに、それが習性になって、不安の頻度や強さが軽減されていくでしょう。

　私たちの選択が私たちがどのような人間に成長するかを決定するのは本当のことです。そして、私たちが自分の人生を「築く」上での土台は、私たちの人生がどれだけ安定したものになるかを決定します。私たちはイエスが約束してくださった人生（ヨハネ10：10）を望むなら、意図的に主と一緒に過ごすことを選択することが不可欠です。聖書を学んだり、祈ったりする時間がないと言う人たちが多くいます。しかし、読んでいる本を閉じたり、テレビやステレオを消すなど、神と過ごす時間よりも大切になってしまっているありとあらゆる活動をやめれば、私たちは時間を見つけることができるのです。朝、朝食の席で食前の祈りをしたり、夜、疲れた頭を枕に置く前に手短に感謝の言葉を口にするだけでは、必要なものは得られません。

　最後に、主の計画に焦点を合わせ、主の備えに信頼することは、人生において賢明で、堅実な計画を立てる責務を放棄することではありません。神との関係は相互のものですから、私たちは努力するのをやめたり、労苦することをやめることはできません（第二テサロニケ3:11-13）。しかし、神への信仰を持ち続けるということは、もしも私たちの計画が失敗したり、神が私たちの人生に別の計画を持っていたりしたとしても、何があっても神がそれを乗り超えさせてくださることを疑いなく知っているということです。　神の目的は、私たちがこの世で勝利して生きることができるように私たちに力を与え、私たちが神に栄光をもたらし、救いのために他の人に影響を与えることができるようにすることです。そうしたら、主は私たちを連れ帰ってくださいます!

　あなたが神と過ごし始める時間は、あなたに深い平安と喜びをもたらしてくれます。それはあなたの不安を大幅に軽減してくれるでしょう。神を中心に考え、神の目的を実現していくと、あなたは周囲の人たちにとって、もっと感じのいい人物になるでしょう!　そのことは今も、また生涯を通じても、あなたを計り知れない苦悩から救ってくれるでしょう。覚えていますか?　私たちが思い悩み、貴重な時間

を不必要に費やして心配することの多くは、実現すらしません！　私たちが天国に着いた時、主は私たちが家をどれくらいきれいに保っていたかとか、私たちが適切な服を着ていたかどうかは気にかけられません。主は私たちの目を見て、尋ねられます。「あなたはわたしに栄光を与えましたか？　あなたはわたしの御子イエス・キリストのために他の人々を感化しましたか？」　今こそ、勝利の、充実した、満足のいく人生へと導いてくれる神の力に焦点を当て始める時です。神はあなたを失望させることはありません！

計画することは賢く、心配することは愚かです。

ふりかえってみましょう

1. 私が不安を感じるきっかけは何か？

_____

2. 私はどのように不安に対処するか？

_____

_____

3. 次のことを自問してください。私は不安を手放したら、自分の「アイデンティティー」や人格の一部が失われると恐れているか？

_____

_____

4. 心配しなかったら、私は自分の時間をどうするだろう？

_____

_____

5. 私が自分の思考の焦点を不安から神へと合わせ直す選択をすることを妨げているのは何だろうか？

_____

_____

6.　恐怖やストレス、不安を抱えたままにしておくことには、どんなメリットが
　　あるでしょうか？

_____

_____

7.　どんな損失があるでしょうか？

_____

_____

8.　過去に私はどんな点で自分の問題を解決できなかったでしょうか？

_____

_____

9.　自分の不安に対処するために、あなたがこの教材から学んだことで、今日か
　　らできる実践的なことは何でしょうか？

_____

_____

あなたの人生の中ですっかり習慣化してしまったこのことから、あなたは本当に解
放されたいと思っているかどうか、祈りながら自問してみてください。もし手放す
のが怖いのなら、主にそう言ってください。あなたが主にお任せするならば、主は
あなたが古い性質を克服するのを助けることがお出来になりますし、助けてくださ
います。

メモ

態度

※ ※ ※

評判はあなたに関する他人の意見
人格はあなたの本当の姿

あなたはもしも誰かかから「態度が悪い」と言われたら、何と言うでしょうか？
あなたは気分を害するでしょうか？　彼らがどういう意味で言ったのか、疑問に思うでしょうか？　あなたは自分の振舞いを正当化しようとするでしょうか？

　この世界には、憎しみ、利己主義、プライドによって考えが支配されている人々が溢れています。彼らは自分の行動を絶えず他人のせいにし、自分が間違っていても自己弁護します。私たちは、あまりにも「ポリティカルコレクトネス（政治的正しさ）」の浸透した社会になってしまったので、非難を受けることなく誰かの態度の悪さを指摘することさえできなくなってしまいました。　そして、私たちはあまりにも過敏になっているために、自分の立場を弁護しようとしないで建設的な批判に耳を傾けることすらできません。

　私たちは、自分の態度がポジティブなものであれネガティブなものであれ、それが人生のあらゆる面に影響を与えることを認識しなければなりません。私たちの成熟度は、自分自身を吟味して、もっとイエスに似た者となるために、自らを神に変えていただくようにする能力によって示されます。では、まず「態度」という言葉の意味を見ていくことから始めましょう。

態度とは:

- 意見
- 考え方
- 視点
- 物の見方

- 感じ方
- 振る舞い方
- あなたが選ぶ立場 見解
- 状況に対する取り組み方

大事なのは私！

私たちの社会が今日このような混乱に陥っている主な理由の一つは、私たちには自分の小さな世界の中で生きる傾向があるからです。それで私たちはしばしば自分自身の問題や楽しみに焦点を集中し過ぎてしまい、家族以外の人には挨拶もしなかったりします。上記の定義を見てみると、私たちの態度は私たちの行動や選択に本当に影響を与えることがわかります。私たちの態度はまた、私たちが遭遇するすべての状況において、神に対する私たちの従順、または不従順を映し出します。

　　私たちの態度には私たちの「行動」の仕方が含まれるのが事実である一方、私たちの態度には、私たちの心の状態から生じる、より深くて、より重要な側面があります。聖書によると、私たちの心は、神の介入がなければ、陰険で直りません（エレミヤ17:9）。クリスチャンがよく直面する問題に、自分の心や態度がどういう状態かを調べることなく救われてしまうことがあります。やがて、彼らはイエスが語られる「豊かないのち」を自分が受けていないのはなぜかと思い始め、自分の人生が満たされていないのを神や他の人のせいにするようになるかもしれません。しかし、勝利のクリスチャン生活を送る秘訣に含まれているのは、自分の人生を神の御心に一致させることであって、神を自分の計画に都合よく合わせようとすることではありません。私たちはまず、「自分の態度は神に喜ばれるものだろうか？」と自問することから始めることができます。

自分の態度が正しいかどうかを知るには？

イエスは正しい態度を示され、私たちが従うべき完璧な模範を実現されました。しかし、正しい生き方をするためには、私たちには聖霊の助けがどうしても必要です。ここが私たちがしばしば失敗するところです。私たちは意志の力と決意によって「良い」生き方をしようとします。しかし、神のやり方には、以下のような生き

方が含まれています。

- 仕えること、
- へりくだること、
- 他者を優先すること、
- 私たちの救いのために、
  キリストがご自分に死なれたように、自己に死ぬこと。

イエスは、私たちがイエスと密接な関係を持って生きられるように、意図的に死なれました。これは、私たちがイエスのために意図的に生きる必要があることを意味しています！　イエスは、神の介入なしでは、私たちが決してクリスチャン生活を生き抜くことができないのを知っておられました。本当のところ、神の関心は私たちの行動よりも、私たちの内なる動機にあります。神は、私たちの心が正しければ、私たちの行動もそれに従うことを知っておられます。私たちの本当の忠誠心は心の中にあることを覚えておいてください。私たちは気づいてないかもしれませんが、口でどう「言おう」と、すべての決断において、私たちは最終的には自分が本当にやりたいことをするものです。例えば、私たちは自分はクリスチャンだと言うかもしれませんが、貧しい人々を助けるように命じられたら、私たちは何をするでしょうか？　あるいは、私たちの主イエスを侮辱している人たちに囲まれたら、どうするでしょうか？　あるいは、誘惑に直面したらどうするでしょうか？　もし私たちが本当に「キリストに従う者」であるなら、私たちの行動は何を明らかにするでしょうか？

　私たちは「私は主をとても愛しています」と言うかもしれませんが、私利私欲のせいで、神が私たちに命じられたことをしないのであれば、私たちの「愛」はうわべだけの、騒がしいお喋りでしかありません（1ヨハネ2:5-6）。　もし私たちが他人を見下したり、彼らの必要を無視したりするなら、本質的には、私たちは主を軽蔑していることになります（マタイ25:31-46）。冷酷な心や高慢な態度は、究極的には私たちと他者とのつながりに影響し、間違いなく確実に、私たちと神との関係に影響を与えることになります。私たちは神を喜ばせたいと本当に願うことなく、主に「従っている」ことがあるかもしれません。

　もしも私たちが外見的には神の求められたことをしていても、熱心に神を愛していないならば、私たちはやかましいシンバルのようなもので、神のご意志からズレていることになります（１コリント13:1）。　私たちは皆、聖書を「説き」ながらもそれを生活の中で実践しないクリスチャンに遭遇してきました。私たちはしばしば、主に自分たちの心を変えていただくことなく主に「従順」している人たちを見抜くことができます（マタイ15：18-19）。この種の「従順」は「律法主義的順守」と呼ばれます。彼らは「政治的に正しい」かたちのクリスチャン生活をしてはいますが、彼らに愛、喜び、平安、恵みが欠けていることは容易にわかります。　イエスを喜ばせるという純粋な動機なしに「正しいこと」をするのは、全くそうしないのと同じくらい悪いことなのです。聖書全体を通して、神はご自分の民のこのような態度を嘆いておられます。そして、このことこそが、多くの人々を教会から遠ざける原因となっているのです。

- あなたの態度が先週、あなたの行動にどのような影響を与えたかを話し合ってみましょう。キリストに対するあなたの愛をもっとよく示すために、違うやり方ができたかもしれないことを5つ挙げてみてください。

私の態度は救われていない人たちへの愛を示しているか？

これはいつも明白なわけではありませんが、全ての人はある程度、自分が罪の中に生きていることを知っています。そして、心の奥底では、神がその答えであることを知っています。神がそれを彼らの心に記されているからです（ローマ　2:15）。悲劇的なのは、救われていない人たちがようやく教会に来た時に直面するのが、高慢で、利己的で、心が頑なな人たちの集まりであることです。クリスチャンが小さなグループで固まっていたり、初めて来た人たちに挨拶するのを忘れたり、自分たちと違う人を見下したりしているのを見ると、彼らは自分は馴染めないだろうと感じてしまいます。そして、もしそのその人が勇気を持って教会に戻って来たとしても、従うべき数々の「キリスト教ルール」を突き付けられることになります。未信者が教会での経験を「神のあり方」と結びつけて、急いで逃げ出すのも不思議ではありません（マタイ15：8-9）！

　あなたの信仰は、あなたの人生を変え、あなたをキリストのしもべとしたでしょ

うか？　私たちは聖書から「信仰がなければ、神を喜ばせることはできない」（ヘブル11:6）ことを知っています。ですから、もし私たちが本当に信仰を持っているならば、私たちは神の言うことをすべて<u>信じます</u>。私たちは、他の人に手を差し伸べることについての主の戒めを真剣に受け止めます。なぜなら、真の信仰は常に他の人を助けることにつながるからです。例外はありません（ヤコブ2:17）!　真の愛のある心の態度は、常に、弱者を元気づけるための肯定的な行動を示します。私たちは、ただ天国に行く順番を待っているだけの弱い、表面的な「クリスチャン」ですか（2コリント 9:6-15; エペソ2:10）?　それとも、神の手や足となって、行く先々で他の人たちに仕え、思いやりをもって主に奉仕しているでしょうか？

　　すべての人が誰かを助けるために何かをしたらどうなるか、想像できますか？
　　私たちが誰かのために一日一度だけでも骨を折るなら、この世界には、より調和が生まれるでしょう。ここまで人々が愛されていないとか孤独だと感じることはないでしょう。　私たちが利己的に自分のことを考えるのと同じくらい他人のことを考えて、お互いに手を差し伸べれば、世の中はうまくいくでしょう。神が私たちを救い、私たちに信仰と新しい命を与えてくださったのは、私たちが他の人たちを神との関係に導くこと、その人たちを神の御霊で満たすことを望んでおられるからです。イエスは、私たちがこのことを成し遂げるために死なれました。イエスは、私たちが自らの自己中心さを克服し、失われた人々に手を差し伸べることができるように、犠牲になられたのです。私たちが成功するかどうかは、私たちの態度次第です。

　　もし私たちがクリスチャンであると自称するのなら、私たちには、愛と敬意をもって他の人に接する責任があります。　自分の態度を調べる簡単な方法は、だれかが破れた服を着て、ひどい悪臭を放ち、ひどい悪態をつきながら教会に入ってきたら、自分はどう感じるだろうかと自問することです。その人に最初に食べ物や水を差し出すのは、私たちでしょうか？　彼らが寂しくないように隣の席に招くでしょうか。あるいは、誰からも好かれない不道徳な同僚についてはどうでしょうか？　あなたも一緒になってその人たちの陰口を言っていますか？　それとも、彼らを教会に招待したり、あなた自身のイエスとの関係について話したりして、彼らを助けようとしますか？　これらの状況は、あなたの態度を明らかにします。私たちは聖書を知っているかもしれませんが、もしそれを実行していないなら、私たちは本質的

には、神を疑っていて、神を喜ばせていないことになります。

- ここで立ち止まって、あなたが教会に新しく来る人たちにどのように接しているか、自分自身に問いかけてみてください。自分とは違う人たちにどのように接しているか、自分を不快にさせる人にどのように対応しているかを考えてみてください。

思い出してください。イエスご自身が地のクズを相手にされました。イエスが救いに来られたのは、まさにそういう人たちなのです（ルカ19:10）！ イエスが共に時間を過ごした人々は、罪だらけでした。彼らは、社会の「不快な」人たちでした。しかし、イエスは彼らに対する愛を示すことによって、彼らを愛されました。彼らは食事を与えられ、服を着せられ、教えられ、招き入れられ、神の愛を示されました。イエスは彼らを隠したり、無視したり、見て見ぬふりをしようとはされませんでした！ イエスは彼らのことを恥ずかしいとは思われませんでした。違います！イエスは彼らを愛し、彼らの可能性を見られたのです。

　こんな風に考えてみてください。もしイエスが、罪深い状態の私たちのところに来て、こう言ったとしたら、どうでしょうか。「こんにちは、わたしはイエスです。わたしはあなたを愛しています。でも、あなたはとても不潔だから、わたしはできるだけあなたに近づかないようにします。わたしはあなたを愛しています。でも、あなたに会いに行く時間はありません！ さようなら！」 もしキリストが、私たちにふさわしいやり方で私たちに対応されていたら、私たちは救いを受けることはなかったでしょう！ 真実を言うと、私たちはキリストなしでは、罪があるというだけの理由で、何週間もシャワーを浴びていない人と同じくらいに悪臭を放っているのです。私たちの人生がどんなに「きっちりしている」ように見えても、イエスの血が私たちを覆ってくれなければ、私たちはひどく不快なものなのです。

- グループに分かれて、あなたの一週間の典型的な活動を書き出してみましょう。では、あなたの活動のうち、自分の家族以外の誰かのために無償で行っているものがどれくらいあるか、自問してみてください。

これは罪悪感を引き起こすことを目的にしたセッションではありません。そうではなく、人生で本当に大切なことを私たちに気づかせるためのものです。あなたが天

国に着いた時、神はあなたが自宅をどれだけきれいにしていたかを尋ねられると思いますか？　または、あなたがスーパーママやスーパーパパとして、子どもをあらゆる学校活動に参加させていたかとか、家族全員が「幸せ」でいられるのに十分な額のお金を稼いだかなどと？　絶対にそんなことはありません！　あなたが主の前に立つとき、主が最初にあなたに訊かれる質問は次のようなものです。「あなたのおかげで天国に来ている人がいますか？　あなたはどのようにして、滅びつつある世にわたしの栄光を示しましたか？　あなたは虐げられている人、未亡人、孤児、投獄されている人、抑圧された人たちにどのように対応しましたか?」（マタイ25：31-46）。

それは考え方の問題です

私たちが世に対してキリストを示すことができない理由の一つに、私たちの思考がコントロールされていないことがあります。神の御言葉は、私たちはすべての考えをとりこにしてイエス・キリストに服従させなければならないと言っています（２コリント10:5）。神は、私たちが良い行いに満ちた人生を送ることができるように、私たちの思いが一新されることを望んでおられます（ローマ12:2、２テモテ3:16-17）。私たちが毎日御言葉を読み、それに従うように自己訓練すれば、私たちの心は変えられていきます。私たちの願望が変化し、私たちの焦点が全く新しくなります。私たちは自己中心的な在り方に対して死に始め、代わりに、自分の時間、才能、お金を神の目的のために捧げたいと思うようになります。

　　私たちが変わるにつれ、私たちは自分の人生に対する「コントロール」（これは実際には、自分の必要を満たすために自分の面倒だけをみて忙しく走り回ることを意味しています）を緩め始めることができます。主が私たちのニーズを満たしてくださると心から信頼する時、私たちは本当に助けを必要としている人たちに目を向けるようになります。イエスは、私たちが主を第一に考えるならば、主が私たちの面倒を見てくださると言われました（マタイ6:25-34）。ですから、私たちは自分の面倒を見ようとして余計な努力をする必要はないのです。

　　もう一つ、私たちの態度につき物の問題は、単なる高慢です。人間の傾向として、私たちは必要以上に自分を高く評価しがちです（ローマ12:3）。私たちは次の

ように考えて、自らを欺くことができます。「私は麻薬常用者でも、売春婦でも、泥棒でも、また殺人者でもないから、『善人』であるはずだ。私の人生は『クリスチャン』部門では、かなり上手く行っている。」ですが、第二テモテ3章2節とローマ1章28-32節を読んでみましょう。「忌まわしい」人と関連付けられている人の中には、批判的な人、怖がる人、反抗的な人、文句を言う人、噂話をする人などがいます。 聖霊に支配されていない時、私たちは本当に不敬虔な、利己的な態度の奴隷になっているのです。なぜなら、私たちは自分が服従するものの奴隷だからです（ローマ 6:16）。もし私たちが自分の肉に仕えているなら（利己的、高慢、怠惰、批判的）、私たちは神に仕えてはいません。私たちは二人の主人に仕えることはできないからです。

　そして、神が私たちに用意してくださっている実りや賜物を私たちから奪う態度にはもう一つ、否定的な態度があります。人生の悪いことばかりに目を向けていると、私たちは他の人たちを私たちの内にあるキリストの働きに引き付ける喜びと平安を欠いてしまいます。

否定的な態度は今に始まったことではありません！

時々私たちは、私たちの社会はどうしてこんなにも利己的で、礼儀を欠いた、絶望的なものになってしまったのだろうと不思議に思うことがあります。しかし、旧約聖書の初めにさかのぼってみると、人間が心に悪い態度を持つことは今に始まったことではないことがわかります。

　イスラエルの民が約束の地に向かっていた時に、彼らに何が起こったかを読んでみましょう。民数記14章1-12節を開いてください。 その部分を全部読んで、下記のメモと比較してみてください。彼らの態度がどれほど私たちの態度と似ているかに、びっくりするでしょう!

- 私たちは嘆き、泣き叫びます（泣き言や愚痴を言うこと!）　1節
- 私たちは他の人たちと傷を舐め合おうとします（同情してくれる人たちを探します）　2,4節
- 私たちは自分の状況が変わることはないと信じることを選びます

- 私たちは自分を哀れみます　3節
- 私たちは最悪の事態が起こるだろうと信じることを選びます
- 私たちは自分の状況（場合によっては神の懲らしめや手入れそのもの）から逃げようとします
- 私たちは自分たちで問題を解決しようとします
- 私たちは自分の否定的な態度に反対する人たちを攻撃します　10節
- 私たちは、私たちに神の真理を告げることによって、私たちを助けようとしている人たちを攻撃します

否定的な態度の結果として起こること：

- 私たちは、神の最善と神の祝福を逃してしまいます　　12節
- 私たちは主が私たちの人生のために定められた目的そのものを見逃してしまいます
- 私たちは、神がすでに私たちのためにしてくださったことを<u>すべて</u>忘れてしまいます（心配と神への賛美の間を絶えず揺れ動いていると、私たちは二心になってしまいます）
- 私たちは、この世界をより良い場所にするために使うことのできるエネルギーを、たいてい決して実現することのない事柄のために浪費してしまいます

その代わりに私たちがしなければならないこと

1. 神の前にひれ伏し（ひざまずき）、自分の非依存性、信仰の欠如、信頼の欠如、頑なで自分勝手な態度を悔い改めること
2. 神の計画には、私たちのための最善が含まれていることを<u>信じる</u>という選択をすること　　民数記 14: 7
3. 真実なこと、愛すべきこと、評判の良いことに心を留めること
   ピリピ 4:6-9

4. 自らへりくだって（反抗するのをやめて）、恐れを取り除くために
    イエスと主の計画に思いを定める訓練をすることを決意すること
    イザヤ 26:3-4

もしかしたら、あなたは自分は幸せではないとか、マンネリに陥っていると感じて
いるかもしれません。自分の人生はつまらないとか、自分には目的がないと思って
いるかもしれません。 神の望みは、私たちが「古い人」を脱ぎ捨て、ご自分の御子
のようになることです（エペソ4:21-24）。他の人を助けるためにことさらに努力
をしてみてください。そうすれば、そのような否定的な感情はほとんど消えてしま
うでしょう!

・ ここで立ち止まって、今週、家族以外の誰かを助けるためにあなたにできるこ
   とを2つ書き出してみましょう。それが現実的な目標であるようにしてくださ
   い。他の人を助けることは、自己への執着を確実に取り除いてくれます。それ
   はあなたが想像もできないくらいの喜び、満足、および平安を必ずもたらして
   くれます。

私の態度はどんなもの？

以下に当てはまるなら、私たちの態度は間違っています。

1. 他人に対して無神経で、誰かが傷つくことになっても、自分のやりたいこと
    をしている。

2. 過敏になり、誰かを「不快にする」ことを常に恐れているために何もしない。

3. 何にでも「はい」と言い、何にでも賛同する（たとえそれが自分
    の道徳や価値観に反していても、周りに溶け込むためだけに）。
    これは、私たちが神による承認よりも人による承認の方を重要視しているこ
    とを示しています。八方美人が神の好意を得ることはありません（ガラテヤ
    1:10）。

4. ネガティブな人に影響される人間関係に留まっている。(成人として、あな
    たがコミットする必要のある関係は、夫婦関係だけです。あなたは、救われ

ていない配偶者に良い影響を与えることで、非常に良いことをすることができます。しかし、暴力や浮気があるのであれば、聖書に従って距離をおく時間を取ることができます。知恵をいただくために神の御言葉を読み、この件に関して神のみこころに沿う助言を求めてください。）　しかし、友人（そして家族の大半）に関して言えば、もし彼らの影響があなたの気持ちをキリストから離しているのであれば、彼らと一緒に時間を過ごす必要はありません。神を敬わない人々や批判的な人々と一緒に多くの時間を過ごすのは、非常に有害なことです。忘れないでください。あなたは、あなたが一緒に時間を過ごす人と同じようになるのです。(箴言 13:20).

5.　個人で聖書を学び、祈り、信仰深い人々と一緒に時間を過ごすことによって主に近づくための行動をしていない。

6.　心の声が下劣なものであり、他の人達とのコミュニケーションは、自己中心的、否定的で、口さがなく、愚痴っぽいものである。

・　あなた自身の生活の中で、あなたが変える必要があるかもしれない態度は何でしょうか?

ここまで、私たちの態度について、また、それがなぜそんなに重要なのかについて読んできました。私たちは自分自身の態度についてもいくらか探ってみました。次に、私たちは、自分の態度がもっとイエスの態度に近くなるように、それらを変える方法を知らねばなりません。

態度を変えるために私には何ができるか？

私たちの心の状態を変えるためにまず始めねばならないのは、悔い改めることです。　あなたのこれまでの行動について、神に赦しを求めてください。どうすればもっとしもべらしくなれるかを神に尋ねてください。　　私たちは日々、反抗的なあり方や、プライドや、身勝手さを捨てる選択をする必要があります。自分の欠点に敏感になると、私たちは率直にそれらを告白して赦しを受けることができ、その過程で、私たちはよりイエスのようになっていきます。ますます正しいものとなっていきます。私たちが自分の欲望や考え方を捨てて、神にコントロールを委ねていくか

らです。私たちの心や思考が変えられると、私たちはますます自由に、賢明な決断を下し、神が望まれる生き方をすることができるようになります。罪を犯すことも減り、人生の混乱も少なくなります。

　日常的に神の御言葉を読めば、どう変わればよいかが分かってきます。そして、私たちが神に身を委ねていくと、神の御霊が私たちの態度を超自然的に変えてくださるので、私たちはキリストのために他の人に影響力を持つことができるようになります。私たちは笑顔や行動によって、他の人たちに神の栄光を示すことができます。状況がどんなに悪くても、いかに自信を持ってそれを乗り切るかを示すことで、他の人にとっての模範となることができます。失われている世界に対し、何と素晴らしい証しとなるでしょう！

　ですから、神を招き入れ、あなたの態度を変えていただきましょう。柔軟になりましょう！　もしもあなたが生来、他の人への思いやりに欠けるのであれば、それを養うために神に助けを求めてください。神はあなたの人生にそれを望んでおられます！　思い出してください。私たちがこの地上にいることの目的は、栄光に満ちた神を賛美し、他の人々を神との関係に導くことです。私たちが天国に持って行くことができる唯一のものは、他の人たちだけです。イエスの地上での公生涯のすべては、他の人々を助け、癒すことが中心でした。私たちがそれ以下のことをするべきでしょうか？

　今、私たちがとる行動に対し、私たちは主と顔と顔を合わせて会う時に報いを受け、冠をいただきます（1コリント3:8、黙示録22:12）。神はあなたを非常に愛しておられます！！　神はあなたが将来への希望を持って、喜びと目的と平安のある有意義な人生を送ることができるように助けたいと望んでおられます。それはすべて、態度を変えることから始まるのです！

ふりかえってみましょう

1. 態度とは何でしょうか？

   _____

2. 私の態度はなぜ重要なのでしょうか？

   _____

3. あなた自身について嫌いな態度を三つ挙げてください。

   _____

4. あなたの態度が変わるために神が示された三つの方法は何ですか？

   _____

5. 次回、あなたから批判的で、愚痴っぽい、否定的な態度が出てきた時に、あなたが実際にできることは何でしょうか？ 自分が否定的な態度をとっているのに気づく度に、この措置を講じる意志がありますか？

   _____

   _____

6. この学びで学んだ主なポイントは何ですか？

   _____

   _____

メモ

コミットメント

✳✳✳

「コミットメント」というのは、何か、あるいは誰かを別の人の監督のもとに託したり、捧げたりすることを意味します。また、「命じる」あるいは「保管のために引き渡す」という意味もあります。それはまた、「時間とエネルギーを要する責任や義務」でもあります。

　上記の説明から、コミットメントは複数以上の当事者の間で行われることがわかります。私たちは、一日のうちに複数のコミットメントを行なうかもしれません。それは他人に対するもの、自分自身に対するもの、あるいは神に対するものであるかもしれません。コミットメントは通常、約束をした結果として、信頼の精神で行われます。それは誰か、あるいは何かに対して確約をする時、私たちが自分の側の約束を守ることを暗示しています。

　残念ながら、私たちは頻繁に誓約(コミットメント)が破られるのを目にする世界に住んでいます。政治家、企業、不正な販売員、悪徳な広告、詐欺師があふれています！　家族や友人、知人とのそれほど「重要」ではない約束が破られる経験も考えると、リストは延々と続いて行きます。彼らは、支えになってあげようとか、何かをしてあげようと言うかもしれません - しかし、誰しも過去にがっかりさせられた経験があります。私たちはまた、なぜ約束を守ることができなかったかに関して、ありとあらゆる言い訳を聞いたことがあります。

　もしかしたら、私たちは簡単に約束が結ばれたり破られたりする家庭で育ったのかもしれません。そうであれば、私たちは人間関係においてシニカル(皮肉的)になりがちで、恐らく、他の人になかなか頼れないでしょう。　なかなか誓約できなかったり、または他の人からの確約をなかなか受け入れられなかったりするかもしれません。私たちは、自分の時間、自分のもの、自分の感情を他の誰かに委ねることに困難を覚えることがよくあります。私たちは他の人にとって自分は価値のない存在だと感じてしまうかもしれません。他の人が自分との約束を守るために時間とエネ

ルギーを割いてくれなかったからです。そして、中には、なかなか誰のことも信じることができない人もいます。

　私たちはさらなる失望から自らを守ろうとして、他者への信頼を差し控えることがあります。これは自分を「守って」いるかのような錯覚を与えるものですが、実際には、他者と親密になる能力を私達から奪うだけです。現実には、他者を信頼することを完全に止めると、私たちは結果的に真の喜びと深い友情を体験する能力も失ってしまうことになります。そして、私たちが抱き続ける不信感が神と私たちとの関係に影響を与えると、私たちの信仰は深刻なダメージを受けることがあります。

- ここで立ち止まって、あなたの子どもの頃の経験が、あなたが今日約束を守る能力にどのように影響しているか、2つの点で話し合ってください（肯定的にも否定的にも）。

- コミットメントは私の日常生活にどのように関係しているのか?

コミットメントには様々な種類があります。私たちは見返りが欲しいためにコミットすることもありますし、相互に恩恵を受けられるように、時間、家事、育児などを「交換」することもよくあります。中には、本質的に義務的なコミットメントもあります。これは、私たちが本当にそうしたいかどうかに関わらず、それを行なうことを意味します。働いたり、請求書の支払いをしたり、家事をしたりすることが、この種のコミットメントの例です。私たちは、たとえしたくなくても、それらを行ないます。もう一方の選択肢にはマイナスの結果が伴うからです。そして時には、私たちは純粋な愛からコミットします-　相手のことを大事に思うので、ただ彼らを喜ばせたいと思うのです。私たちの生活には必然的にたくさんのコミットメントがつきものです。私たちが約束を守らなくなると、問題が起こり始めます。

　私たちが約束を守らないのには、色々な理由があります（単に気にかけないためだけではありません）。約束をした後でそれを破る理由の一つには、私たちがなかなか「ノー」と言えないことがあります。私たちは人々を喜ばせたいがため、あるいは、「何でもできる」と思われたいために、約束をします。私たちは、いつでも誰にでも、どんな事でもできなければ、自分は弱いと感じてしまうかもしれません。私たちは、友人や家族に「人気　　」がなくなってしまうと思うかもしれません

し、結果を出すことができない場合、罪の意識に苛まれることさえあるかもしれません。しかし、本当は、後になって約束を守れなくなるよりも、最初からノーと言っておいた方が、ずっと賢明なのです。

次のことを知っていましたか？

やると言ったことをやり通さないのは一種の嘘です。

・ 最近、あなたが約束を守れなかった事例を一つ挙げてください。次に、他の誰かがあなたに約束を果たしてくれなくて、あなたが失望させられた時の状況を一つ書き出してください。それぞれの状況であなたはどんな気持ちになりましたか？

なぜ約束を守ることが私には難しいのか？

すべての約束を苦も無く守れるように見える人たちがいます！　また、滅多に約束を守らない人たちもいます。これは一部には、単に性格的な特徴であるかもしれません。二日分の仕事を一日で終わらせる人もいれば、先延ばしにしてしまう人もいます。しかし、だからと言って、私たちが変わることなく、「私はこういう性格なんだ」とお決まりの弁解をしてよいわけではありません！

私たちが約束をどれだけ守れるかを左右する最大の要因は、品位です。この言葉の説明で私の一番好きなものは、「誰も見ていない時に何をするか」です。これは、私たちが生きていく上で「正しいことと間違っていること」を見る本質です。私たちの評判は私たちの品位の上に成り立っています。だからこそ、誰かから何かに対するコミットメントを求められた時に、「はい、やります」と容易に口走らないことが大切なのです。私たちは答える前に、約束にかかる代価を計算する必要があります。「改めてお返事します」とか、「今はそれを私のスケジュールに入れられません 。たぶんまたの機会に」と言う方がはるかに良いのです。そうすれば、私たちは自分がやると言ったことを確実に行えるようにすることができます。

優先順位をはっきりさせることで「ノー」と言える能力を身につけることは、私たちの霊、思考、感情、体にとって非常に健全なことです。みんなを喜ばせようとして駆け回ることは、私たち自身にとっても他者にとっても不満足であり、迷惑なものです。また、同時に多くのことに手を出し過ぎると、どれもうまく達成でき

なくなるものです。私たちは自分の義務から離れて、休息して一人になる時間を持てば、予定のコミットメントをもっとうまくこなす備えができるものです。イエスは、私たちが他者のために尽くすべきだと言われるものの、その上で、私たちは自分の健康や家族、神との個人的な関係を犠牲にするべきではありません。

約束を守る

私は自分が初めて救われた時のことを思い出します。私にとって最も重大な問題の一つは約束を守ることでした。私は自分に言い聞かせました。「私がやると言ったことは何が何でも最後までやり通そう。約束は必ず守る! 他の人たちは私の言うことを信頼するようになる。私が真実を語ることが分かるから。」

　これは少し馬鹿げているように聞こえるかもしれませんが、過去の私の人生は守られなかった約束や、壊れた人間関係でいっぱいでした。私は何一つとしてやり通すことを信頼されない人間でした。神が私の人生の方向転換をしてくださった時、私は自分が言ったことを必ず行うようにしました。たとえ、それが私にとってとても不便な場合でもです。私は信頼してもらいたくてたまらなかったからです。

　私は、他の人から信頼できると評価してもらえるようになるのが、とても満足のいくことだと知りました。今日では、何かできないことがあれば、私は何の問題もなく人々にそう伝えることができます。なぜなら、私の言い訳や空約束よりも、私が真実を言うことの方が感謝されると分かったからです。

- 他の人たちはあなたの評判について、どう思っているでしょうか? 人々はあなたのことを、明るく頼りになる人だと見ているでしょうか。それとも、不機嫌で心から助けてくれないとか、変わり者だと見ているでしょうか?

でも、そんな気になれない!

私たちがコミットメントに問題を抱えるもう一つの理由は、私たちが他者のことよりももっと自分自身のことに関心があるからかもしれません。あなたが誰かに約束したことを達成できなかった直近のケースについて考えてみてください。それはあなたが疲れ過ぎていたためですか、あまりにも自分のことに夢中になっていたからですか、それとも、他の人のことはあまり気にならなかったからですか? もしそ

うだとしたら、あなたは正直に言って、自分が自己中心であることを認めることになるでしょう。

　私たちの気分や感情、思考はいつガラリと変わるかわかりません。ですから、コミットメントは感情ではなく、私たちの意志に基づくものであることを知ることが大切です。私たちが怠慢さ、思慮のなさ、身勝手さといった肉の願望を頻繁に叶えていると、私たちの人格は弱まってしまいます。そうなると、約束に対する決意がさらに弱くなってしまいます。しかし、私たちの価値観が神が考案された通りにしっかりと位置付けられていれば、神の御霊は私たちが一貫して賢明な選択をし、約束を守るために必要な自制を植え付けてくださいます。

　確かに、私たちの日常的なやりとりにおける道徳性に世間が妥協を助長していることは、助けになりません。嘘、不正行為、詐欺、搾取が横行しています。そして、私たちがそれに気付いているか否かに関わらず、このような考え方は私たちに何らかの影響を与えています。私たちは、「私のコミットメントはあまり重要じゃない」とか、「私がやり通さなかったら、他の誰かがやってくれるだろう」と考えるようになるかもしれません。しかし、このような態度はキリストにある生き方に反するものです。私たちには、本当のことを言い、自分の決断を守る責任があります。

　忘れないでください。私たちは他の人を助けるために自分自身を消耗させるべきではありません。健全な選択には、自己の面倒をみることが含まれています。自分自身のための時間を作ることは利己的なことではありません。けれども、私たちが自分自身の趣味のために時間の95％を費やしているなら、私たちはただ単に自己中心になっているだけです。私たちがやり遂げることを頼りにしている人がいるのに、私たちがただそれをする気分にならないからと言う理由でやらないなら、それは単に間違ったことです。

難なく「ノー」と言える

一方で、何事にもコミットしようとしない人がいます。何の躊躇もなく「ノー」と言える人たちです。それは彼らがただ無関心だからです。彼らは他人を助けることに煩わされたくないと思っています。その代わりに、自分の小さな世界にこもっ

て、自分自身に関わる小さな事しかしたがりません。神はこのような態度を本当に問題視されます。神は、私たちが積極的に神の御国のために仕えていないならば、私たちは神にとって役立たずであるとさえ言われます（ヨハネ15:1-17、　ヤコブ2:17,20,26）。

神へのコミットメント（献身）

私たちのコミットメントの中で最も重要なものは、神へのコミットメントです。私たちの人生において、正真正銘、神がすべてのものの上に位置付けられる時、神は私たちの考え方、振る舞い方、感じ方を超自然的に変え、私たちがよりイエスに似た者となるようにしてくださいます。神はまた、私たちが信頼できる者となれるように助けてくださいます。しかし、私たちが主の力を受けることができるのは、私たちが主との親密な交わりの中で自分の考え、心、態度、感情を主に委ねてこそです。私たちの責任は、主の傍にとどまることです。私たちを変えるのは、主の仕事です。

　しかし、神に対する私たちのコミットメントが間違った動機に基づいている場合、私たちはこの親密な関係を持ちたいという願望を失うことがあります。もし私たちが…

- 神の恵みを勝ち取ろうとしていたり、

- 私たちの実績次第で神が私たちをもっと愛してくださると思っていたり、

- ただ厄介ごとに巻き込まれないようにしているだけで—「神様。この状況から私を助け出してください。そうしたら、私は二度とこれを繰り返しません」というような態度でいるなら、私たちは本当に神に仕えるための能力や願望を失ってしまいます。

私たちがこのような動機で駆り立てられている場合、そのコミットメントの焦点は本当は私たちにあり、神や他の人たちへの愛にはありません。私たちは聖霊によって意図を清めていただく必要があります。なぜなら、私たちの奥深くにある願望が愛のゆえに主に仕えることであれば、主に対する私たちの約束は力にあふれるものになるからです。私たちを最も強く駆り立てるものが愛であることは、私たち皆が

知っています。

- あなたは神の御国のために働けば働くほど、神に愛してもらえるような気がしますか？
- ローマ人への手紙3章21-28節とローマ人への手紙5章8-9節を読んでください。ここで立ち止まって、私たちと神との関係を開始されたのは神であり、今以上に神から愛されるために私たちにできることは何もないことをグループで話し合ってください。

コミットメントを守れなかった結果

私たち人間が自分の失敗に対処しようとして一般的に行う事には以下の二つがあります。

1. その結果や他者、あるいは自分自身と向き合いたくないために、その状況を無視する。
2. 罪責感が忍び込んでくるのを許し、そのために身動きできなくなる。

私たちの大半は、これらの反応がどちらも健全なものではなく、状況の助けとなるものではないことに気づいています。

それだけではありません…

私たちが何度も約束を破る時に生じる最大の影響が、人々から信用されなくなることであるのは、すでに話しました。しかし、状況は以下のように、そこから徐々にさらに悪化していくかもしれません。

　評判を損なってしまったら、私たちは、他者と自分との間に距離を置き始めるかもしれません。私たちは、彼らの信頼を取り戻すのがどれほど困難であるかを認識しているからです。

　私たちは、自分の振舞いを恥ずかしく思うかもしれません。それは私たちの自尊心に影響を及ぼすかもしれません。

　私たちは落胆のあまり、友人関係を保とうとするのを完全にやめ（あるいは、仕

事を辞めたり、教会を去って）、ただあきらめてしまうかもしれません。

　このような深い落胆が起こるのは、罪を犯すことを選び続けると、私たちには神や他者から隠れてしまう自然な傾向があるからです。私たちは罪の中で生きるのが長ければ長いほど、他者への関心が少なくなります。そして、最終的には、主の知恵と愛から、自らを切り離してしまうのです（出エジプト記6：9）。旧約聖書にある聖句の多くと同様に、この聖句中の「奴隷」という言葉は、私たち自身が罪の奴隷になることを思い出させます。もし私たちがこの道を歩み続けるならば、やがて私たちは、古い生き方から私たちを助け出そうとする人の言うことに耳を傾けなくなります。これはメロドラマ的に聞こえるかもしれませんが、私はこの振舞いとその結末を、何度も何度も目撃してきました。

では、どうすれば私たちはもっと約束を守れるようになるでしょうか？

誰かに何かをするように頼まれた時、私たちは約束する前に立ち止まって、そのコミットメントにかかるコストを計算する必要があることを忘れないでください。「コストを計算する」とは、自分自身に以下のことを問うことです。

1. 私にはこの仕事をやり通すための時間とエネルギーがあるだろうか？
2. 私にはそれを達成するための技術や才能があるだろうか？
3. それを実行する段階になった時、それは私の優先順位リストの最上位にあるだろうか？

これら3つの質問のすべてに「はい」と答えることができない場合は、あなたがそれに責任を持てないことを相手に伝えてください。彼らは最初は気分を害するように見えるかもしれませんが、結局はあなたが実際にそれを行うことができないと分かるよりも、事前に少しがっかりする方が彼らにとって良いことなのです。

　約束を守るための動機としてポジティブなものの一つには、良い評判を得て、それを維持することがあります（箴言22：1）。少し浅薄に聞こえるかもしれませんが、それは銀行口座のようなものだと考えてください。私たちが投資すればするほど（約束を守ることに投資すればするほど）、私たちの評判は「豊かな」ものにな

ります。これは重要なことです。なぜなら、他の人が私たちの言葉と品性を信頼するようになればなるほど、神はより深刻な状況において、私たちを用いて彼らに働きかけられるようになるからです。

　さらに聖書は、私たちのコミットメントの信頼性が、人生を築く上での確固たる基盤となることを教えています。品性は主に倣うことによって築かれます。私たちは約束を果たすたびに、次の課題に向けて強くなっていきます。約束を守り続けて行くと、たとえ他の人が私たちへの約束を破っても、自分は最後までやり遂げようという決意が強まっていきます。そして何よりも素晴らしいのは、約束を守ることは、神を敬い、神が私たちのためにしてくださったことに感謝を捧げる方法の一つであることです（詩篇 116:12-14）。

イエス：コミットメントの体現

コミットメントを守る模範として神が描かれた青写真は、歴史上究極のコミットメントをしたイエスを通して示されました（ヨハネ10：11-18）。私たちの救い主は天にとどまったまま、私たちに聖書を与え、私たちを助けるために聖霊を遣わすこともできたでしょう。しかし、イエスは私たちにはコミットメントが実行されるのを見る必要があることを知っておられました。だからこそ、彼は私たちのために進んで自ら命を捨ててくださったのです。イエスがご自分で行うと口にされた事を、最後までやり通されたおかげで、私たちは今も永遠にも、イエスと共に人生を過ごすことができるようになったのです！　主は、私たちが私たちの人生を主のために生きることによって、主の模範に従うことを望んでおられます（テトス2:14）。

　もしも、イエスが土壇場で「十字架にはかかるまい」と決断していたら、どうなっていたでしょうか？　もしもイエスがこんな風に言っていたらどうでしょうか？「もう疲れてしまった。これをすると約束はしたが、労苦が多すぎる。私がやろうとやるまいと、おそらく人々は気にもかけないだろう。それに、どうせ私のことを憎み続ける者たちのために、どうして私が苦しまなければならないのか。」何ということでしょう！　もしもイエスが私たちへのコミットメントに背を向けていたら、世界の流れ全体が変わっていたことでしょう。

　しかし、イエスの素晴らしい約束のおかげで、私たちには今日、救いと、死後の

永遠の命があるのです。イエスはまた、私たちが何を経験しようとも、主は私たちのそばにいてくださると言ってくださいます。そしてイエスは、私たちが何をするように命じられたとしても、そのための力を下さり、守ってくださると請け合っておられます。

でも、私の約束はそんなに重要じゃない！

私たちは、自分の約束はイエスが私たちにしてくださった約束ほどに重要ではないから、それらを守る必要はそんなにないと考えてしまうかもしれません。私たちは、絶えず自分の欠点を過小評価しようとし、自分の良くない選択や、行動の痛みを感じなくてすむように、言い訳をたくさんします。しかし、肝心なことは、私たちがキリストの弟子になったら、私たちの生き方がキリストの性質と価値観を反映したものになるべきことです。聖書は、イエスに従う者は、彼らの主人がいる所にいなければならないと言っています（ヨハネ12:26）。これは、私たちがキリストの足元に座り、学び、倣い、キリストが私たちに望まれる通りの者になることを意味しています。私たちが約束を守ることは、神にとって極めて重要なことなのです。神は真理であられるからです。

- 例えば、ある人から土曜日に引っ越しの手伝いを求められたとしましょう。一つの設定として、あなたが手伝うことができる場合に、何と言うかを書いてください（または議論してください）。（約束をする前に、前述の自問すべき3つの質問に、忘れずに目を通してください。）次に、あなたが手伝うことができない状況では、何と言うかを書いてください。これには違和感があるかもしれませんが、将来どのように対応するかを練習しておくことで、状況が発生した時に私たちの思考がそれに対処する助けとなります。

神に失望させられたと感じていたら？

私たちはしばしば、他人のせいにしたり、「被害者」を演じることで自分の行動を正当化しようとしたりします。人々が陥る罠の一つに、ある状況のために「祈って」も祈りが望んでいたかたちで答えられない時に、神を神として、神が最善とされる方法でそれらに答えることを受け入れる代わりに、泣き言を言ったり、苦情を

言ったりすることがあります。あるいは、苦難を経験したために、自分たちを見捨てたとして、神を責めることがあるかもしれません。彼らはこれを、何でも自分がやりたい事をするための口実にします。「神は約束を守らなかった」と、間違った思い込みをするからです。彼らは、神は聞き入れてくれないとか、頼りにならないと言って、神を責めます。

しかし、これは無責任なナンセンスであり、自分たちの思い通りにしようとするための一手段でしかありません。もし私たちが本当に主と親密な関係にあるならば、助けを求めるのが私たちであることを理解するでしょう。リーダーに仕えるのは私たちの方です。自らの意志を主の御心に服従させるのは私たちの方です。そして、私たちはすべてのことを祈りつつも、その結果や結末は神に委ねるべきであるのを知るでしょう。

私たちは欲しいものが手に入らなくても、神は私たちへの約束を絶対的に確約されていて、私たちにちょうど必要なものを必要な時に提供してくださることを理解し、信頼する必要があります。たとえ神が私たちにどのように答えられようとも、私たちには神の基準に従って生きる義務があります。その上、多くの場合、私たちが祈りから受け取るものは、慰め、強さ、平安、喜び、希望です。これは、私たちが求める多くのものよりもはるかに満足のいくものであることが多いのです。そして私たちは、主がいつも私たちの思い通りに私たちの祈りに答えてくださるわけではないことを感謝することができるのです。

また、イエスは、私たちが自分の人生を完全に委ねることができる唯一のお方であると信じることも大切です。時には、イエスを信頼することは、浜辺の霧の中を歩くようなものだと感じることもあるでしょう。海があることは分かっていても、霧で見えません。しかし、それは、そこに海があるという私たちの知識や信念を変えることはありません。同様に、私たちは神が私たちの人生に働かれるのが見えなくても、私たちに信仰があれば、神がそこにおられて、私たちに何らかの恩恵を与えておられるという強い印象を持つことができるでしょう。そして、神はすでに、イエスの犠牲を通して、また神の創造を通して、私たちを愛しておられることのあらゆる証拠を私たちに与えてくださっているのです（ローマ1:20）。

多くの場合、私たちはただ静まって、主のご性質に信頼しさえすればよいのです。

私のコミットメントがどのように主の心を動かすのか？

神が私たちを失望させるのではなく、実際はその逆です。私たちのコミットメントの欠如が神にどのような影響を与えているかを理解するのは、私たちの役に立つかもしれません。レビ記26章9-12節には、神がご自分の愛する民であるイスラエルと交わした素晴らしい契約、つまり約束について書かれています。実際に、旧約聖書全体は、ユダヤ人と神との断続的な関係を説明するために書かれています。聖書には、神が心を痛められた時のことが書かれています。神の「花嫁」が神を<u>裏切って浮気をしている</u>ためです（エレミヤ2:1-13）。聖書における「花嫁」とは、神の民のことです。旧約聖書ではそれはイスラエルのことでしたし、今日ではクリスチャンのことです。事実、キリストが来られた理由の一つは、この二つのグループの間の溝を埋めるためでした（ローマ11:25-31）。

　神は私たちを創造された時、堕落した状態にある私たちがこの契約を完全に守ることができないことを知っておられました。しかしながら、私たちが信仰を強く持ち続けることを選ぶならば、神は永遠の約束を守り続け、その関係における私たちの立場を保証すらしてくださることがわかります（エレミヤ31：31-34）。イエスは神の約束を成就するために来られました。それは私たちが神の御心を成し遂げる力を持つためでした。

　神は私たちにとっての最善の生き方を知っておられますが、私たちがその生き方をしていない時、神は私たちのために大きな悲しみを経験されます（エペソ4:30）。私たちは、神はとても「大きな」お方だから、私たちが投げかけるもの何にでも対処できると考えることがあります。神はまさに、そのように力強いお方であるものの、私たちは神のことを優しい心を持つ父として、また私たちの親しい友人として見ることができないことがよくあります。私たちはしばしば、よく考えずに主を傷つけることがあります。私たちの不従順な振舞いのために主が苦しんでおられることを考えるのは、聖さに対する私たちのコミットメントを向上させる動機となるかもしれません。

　試練や経験を通して、神が誠実であり、養ってくださることを私たちが理解し、信頼するようになると、神は<u>何があっても</u>約束を守ることがお出来になることが明らかになるでしょう。神は永遠の一瞬一瞬を見ることがお出来になるからです。神

がご自分の約束を果たし損ねるような「やむをえない状況」などは決してありません（詩篇105:8）。主は弱くはなく、嘘をつくことができません（テトス1：2、ヘブル6：18）。主は疲れることもなく、眠ることもありません（詩篇121:4）。主は決して変わることがありません（詩篇 102:27、ヘブル13:8、ヤコブ1:16）。主は全能であり、御言葉を守ることがお出来になります。それは絶対的な真理です（詩篇145:6）。そして、神のご性質には、ご自分が言われたことを成し遂げるのを妨げるようなものは何もありません。私たちの仕事は神を信じることです。

約束を守ることの利点

では、約束を守ることにはどんな利点があるのでしょうか？

- 心にやましさがない
- 確固たる、良い評判を築く
- やり遂げる度に強くなる
- 主に喜ばれる
- 他の人の益となる
- 責任の負い方を子どもたちに教える

神に献身し続けることに伴う驚くべきもう一つの利点は、私たちが心で願うものを神が段々と与えてくださることです（詩篇37:3-5）。これは私たちが神と関係を持つ結果です。神は私たちの心と思いを変えてくださるので、私たちは神が望むものを望み始めるようになります。そうすれば、神は私たちの祈りに本当に答えることができます。それらが神の御心に沿ったものであるからです。それでも、私たちは神のタイミングを待たねばなりませんが、御心に沿った祈りの多くは答えられます（ヤコブ5：16）。私たちが自分の道、計画、人生を主に委ねると、神は私たちが人生を切り抜ける助けをしてくださると約束されています（詩篇37:23-24）。私たちが全身全霊で神に信頼すれば、神は私たちの歩みを導いてくださると約束しておられます（箴言3：5-6）。この親密な関係の中で神の御霊が私たちを通して働いてくださるにつれ、私たちの古い振舞いは超自然的に変化し、私たちは新しい考え、感情、価値観を経験し始めます。

　私自身としては、神に道を示してもらいたいです。神は、私の将来を見ることができる唯一のお方だからです。神は世界の基が置かれる前から私のことを知っておられ、私に何が起こるかをすでに知っておられるのです！　神は私を母の胎内で創造されたので（詩篇　139:1-17）、どうすれば私の能力が最大限に発揮されるかを知っておられます。神は私の人生の中で数え切れないほどの状況を利用して、ご自身が本当に私の力になってくださることを証明してくださいました。そして私は、私の将来のために神が約束してくださった希望を信じる際に、神が過去に私に示してくださったコミットメントを頼りにし続けることにしています。

どうしたらもっとコミットできるようになるか？

私たちは信頼のおける人間になることをどのようにして学ぶのでしょうか？　私たちの信仰心が柔らかく従順な心から来るものであれば、神に対する私たちの献身は一貫した、生き生きとしたものになります。これが「能動的な愛」です。これは、私たちが良心的な決断をして、神と他者に自分自身を捧げることを意味します。あなたは気づいていないかもしれませんが、私たちの心は私たちが主を「追う」ほどに、信仰心が増していくものなのです！　その上、主は私たちの賛美に値する方であり、主を賛美することで、私たちの思いと心、そして焦点が文字通りに変えられるのです（詩篇145）。そして、私たちは次のようにして、神に対して愛に満ちた応答をすることを学んで行くことができます。

- 神の御言葉を読んで従うこと
- 祈ること
- 同じ思いを持ち、希望にあふれる本物の信者たちと一緒に時間を過ごすこと他者に仕えるべく自らを捧げること
- ここで立ち止まって、あなたの日課を検証してみましょう。大体において、あなたは聖書を読むのにどのくらいの時間を費やしていますか？　祈りには？
- ポジティブで信仰心のある他のクリスチャンたちと、どのくらいの時間を一緒に過ごしていますか？
- 家族や仕事以外で誰かを助けるのに、毎週どれくらいの時間を費やしています

か？

これは、あなたに罪悪感を抱かせようとするものではありません － あなたが自分の価値観を発見し、それが神を敬うものになるように設定し直すのを助けるためです。確かに、私たちの生き方を変えるのは簡単なことではありませんが、それは<u>とてもやりがいのあることなのです</u>。

あなたの品格を強化し、変容させるための聖句

私たちの働きを主にゆだねる	箴言 16:3
私たちの習慣、罪、態度、振舞いを主に委ねる	詩篇 37:5
私たちの霊を主に委ねる	詩篇 31:5
私たち自身を神の真理に委ねる(反対にあっても、従順でいるということ)	1 テモテ 3:9
私たちの心配を神に委ねる	1 ペテロ 5:9
神が求めているのは私たちの完全な献身であることを理解する	
私たちが主に身を委ねると、主は平安で私たちを祝福してくださる	2歴代誌15:14-15
神の御言葉、つまり聖書によって私たちの思いを一新していただく	イザヤ 26:3-4、48:16b-18
選びましょう。主の目的に再度献身し直しましょう。	ローマ 12:2 ヘブル 4:12-13 2 テモテ3:16-17

神に献身する時間を習慣的に取ることから始めましょう。日常の仕事、電話、コンピュータ、他の人々や、その他なんでも、あなたの気を散らすものから離れましょう。神との関係を新たにし、その関係を養うための時間をとることをこの方法によって私たちの品性と心は変えられていきます。私たちのデボーションの時間は、私たちがこの世から、また、世が要求するものから真にリフレッシュできる時です。

私たちが「忙しすぎて」時間がないと思っている時にこそ、これは特に重要です（ヨシュア24：14-26）。　最初はこのように自分を律するのは難しいかもしれませんが、継続していくと、それは時間とともに簡単になり、より充実したものになることが分かるでしょう。いずれは、神とのこの時間を設ける以前には、自分は何をしていたのだろうと考えるようになるでしょう。そして、このように主と過ごす新たな機会を逃してしまうと、何かが足りないと感じるようになるでしょう。

- 平日に一人になって主と時間を過ごすための実践的な方法を3つ書き出してみましょう。仕事や子守り、家事を交換してもいいかもしれません。車でドライブして家から離れてもいいでしょう。家族が起きる前に30分早起きすることもできます。あなたが望むなら、方法は見つかります!

イエスは、イエスに従うことについて、言葉を濁さず語られます。私たちは、生活の中でイエスに従うことの邪魔となる物は何でも取り除かなければなりません。神の御子であるイエスには、私たちに完全な忠誠を要求する絶対的な権利があります（マタイ16：24-28）。イエスのために生きるという私たちのコミットメントは何事よりも優先されるべきです。

　主の御霊の助けを借りてこのような選択をしてこそ、私たちはクリスチャンとしての人生が本当にどれほど充実したものであるかを理解することができます（マタイ10：38-39）。私たちは全人生を主への奉仕と主のご計画に捧げると誓う時に、生きる真の目的を発見し、真の安定、満足、健全な自尊心を見つけることができます。ですから今日、神に、自分自身に、そして他者にもっとコミットすることを約束しましょう!　あなたがその決断を後悔することは決してありません。

　　　中途半端なコミットメントなら、コミットしない方が良い

ふりかえってみましょう

1. あなたの人生において、コミットメント面で取り組む必要がある領域には何がありますか？ それは、約束を減らすことかもしれませんし、約束を増やすことかもしれません。あるいは、実際に約束を果たすことかもしれません。

   _____

   _____

2. あなたの人生の中で、あなたがとても献身的に取り組んでいる分野は何ですか？ それは人間関係、仕事、結婚、子ども、教会であるかもしれません。それぞれの状況において、あなたのコミットメントの背後にある動機は何ですか？ （愛、お金、罪悪感、名声、評判など）。

   _____

   _____

   _____

3. さて、上記のコミットメントがそれぞれ、あなたにとってどれだけ重要かを1〜10までの尺度で、全く正直に書き留めてください。

   _____

   _____

   _____

4. では、あなたが「非常に献身している」領域について考えてください。それはあなたの人生のための神の御心と一致していますか？ 言い換えるなら、あなたが優先しているコミットメントは、神と神の御国を軸としていますか？ また、他の人たちがキリストのもとに来る助けをすることを軸としていますか？ 神とより親密になることに重点がありますか？ もしそうでないなら、なぜでしょうか？

_____

_____

_____

_____

5. 私たちには皆、人生における「日常」のコミットメントがあり、それはこの世界で生きていく上で必要なものです。しかし、私たちのコミットメントが神聖な順序になっているかどうかを確認するために自分の人生を吟味するには、私たちの行動を正直に見てみることです。私たちは時間、お金、才能を何に費やしているでしょうか？ そして、私たちは変わってきているでしょうか。もっと愛のある者となり、いら立つことが減り、もっと与える者となっているでしょうか？

_____

_____

_____

_____

6. あなたのコミットメントについて考えてみてください。あなたは「忙しく」
走り回っているだけ、つまり、多くを「達成」しているように感じていても、
現実には、あなたがしている事は浅はかで、実際には誰の助けにもなってい
ないことはありませんか？　これらの活動が、永遠という観点からどれほど
重要なものであるかを書き留めてみましょう。あなたがイエスに会う時に、
それらのものには意味があるでしょうか（マタイ 25:31-46）？

_____

_____

_____

_____

_____

メモ

_____

_____

_____

_____

_____

_____

_____

_____

_____

_____

訓戒

❋❋❋

訓戒という言葉を聞いて、何が思い浮かびますか？

あなたの考える神はあなたを罰するために、何もしないであなたが間違ったこと
をするのをただ座って待っている怒りの神ですか？　それはあなたに痛みや恐怖の感
覚を呼び起こしますか？　あなたは訓戒を受けると聞いて、抑え込まれる感じがした
り、劣等感を感じたり、不安になったりしますか？　もしかしたら、あなたは訓戒を
受けたことがないために、それが何のことなのかよく分からないかもしれません
し、あるいは、不適切な「しつけ」を行う虐待的な親に「行儀よくさせられ」てい
たのかもしれません。

　　まずは、この強力で必要な機能、すなわち訓戒について、聖書に何と書かれてい
るかを見てみましょう。

私たちは大人です。なぜ私たちに訓戒が必要なのでしょうか？

「訓戒」というヘブライ語には、「腕力や言葉で罰する、正す、指導する、訓練す
る、教える、矯正する」という意味があります。神は私たちに対し、神の子どもと
いう上手い呼び方をされます。子どもに親の影響力が必要なのと同じように、私た
ちも、健全で敬虔な生き方をしたいと願うならば、主に指導され、導かれ、指示し
ていただく必要があるからです。私たちは主の基準に沿った生活をしていない時に
は、主の御手によって矯正されなければなりません。

　　神は私たちが懲らしめを受ける必要があると思われると、私たちを謙遜へと導
くために、不快で、痛みすら伴うような状況を私たちに経験させます。謙遜は恥で
はありません。むしろ私たちに神への依存を認めさせる態度のことです。私たちは
そうは思わないかもしれませんが、神がこのような試練を許すのは、主が私たちを
愛するがゆえです（ヘブル12：6）。この聖句は続けて、もし神が私たちを懲らし

めないなら、私たちは私生子（非嫡出子）とみなされるだろうと述べています（ヘブル12：7-9）。主からの懲らしめは、いつも完璧なかたちで行われます。それは決して怒りや苛立ち、あるいは物の弾みで行われたりするようなことがないからです。

　また神は、私たちが神の聖さに与れるように、私たちを正されます（ヘブル人への手紙　12:10）。　全能の神のご性質においてパートナーになれることは、何という特権でしょうか!　神の道とご計画に従っていくと、私たちはより神に似た者となります。なぜなら、私たちが不従順をやめることを選ぶにつれ、聖霊が私たちの生活にますます「馴染んで」こられるからです。神は私たちが正しい生き方をすることを望まれます。私たちが神の目的の成就を経験できるようになるためです。神は残酷で不公平な厳しい主人ではありません。神は私たちの最善を望んでおられ、私たちが練られる必要があるならば、私たちの人生において困難な状況や人々を用いられます。そして、私たちには神の鍛錬を無視する自由意志が与えられているのは事実ですが、それには厳粛な結末が伴うのです（箴言15：10）。

- あなたは、自分は懲らしめを受けるほど悪くないとか、それほど年若くないと思っていますか?

反抗

霊的規律のある生活の反対は反抗です。ヘブライ語訳での反抗は、「苦くすること、重大な罪を犯すこと、抵抗すること」です。これは基本的には、神が何とおっしゃろうと、私は自分の思い通りにすると言っていることになります。高慢と反抗は仲間です。あなたがどちらかを持っていれば、もう片方も必ずついてきます。「高慢」はこのように言います。私は神の力なしで自分の人生を生きることができる。本当に大事なのは私だけだ。　サタンが天から追い出されたのは、まさにこのためであるのを忘れないでください（イザヤ書14:12-14）。今日の私たちのこのような態度も神は同様に喜ばれません。

　聖書は、従順こそが神の心への鍵であると言っています。反抗は魔術と同じくらい悪いものです（1サムエル15:22-23a）。聖書の早い段階で、神はこのような慣習を厳しく禁じられました（レビ記19:26、申命記18:10-14）。自分の決断や将来

を導いてもらうために主以外のものに相談するなら、私たちは実際には、神は私たちに指示できるほど賢くもなく、重要でもないと言っているのです。そして、神の助言を退けるなら、私たちは文字通りにまぬけ者であると聖書は言っています。私たちが叱責を憎むからです（箴言12:1）。

　私たちはまた、聖書の神以外から知識や知恵を求める時、悪魔の軍勢に身をさらすことになります。ちなみに、占星術（星の研究ではなく、人が運命を決定するために用いるもの）や星占い(十二宮図)は、このカテゴリーに当てはまります。もしあなたが十二宮図を「読んで」いたり、タロットカードを使っていたり、ウィジャ盤で遊んでいたり、あるいはそれに似たようなことをしているなら、<u>やめましょう</u>。これらの娯楽は、本質的に、本当に悪魔的なのです。一見、罪のないもののように見えるかもしれないものが、実際には、洞察を得るために神からの知恵を探し求めるよりも、むしろ魔術やオカルトを用いる古い慣習である「占い」に私たちをさらしているのです（申命記18:10-14）。

- あなたが生活の中で洞察や知恵を得るために使っている慣習で、神からのものでないものには何がありますか？

自己鍛錬

私たちが子どもの頃に懲らしめを受けることなく育った場合、成人しても不健全な態度や習慣を持ち続けるのは想像に難くありません。私たちは、誰を傷つけようとも構わず、自分の思い通りにしようとするかもしれません。あまりにも甘やかされて育ったために、人生が思い通りに行かないと、かんしゃくを起こし続けるかもしれません。このような古い振舞いは、周りの人たちに不快な思いをさせるだけでなく、神や他者と私たちとの関係に悪影響を及ぼすことがあります。　自分以外の誰も重要ではないかのように生きるなら、私たちは何かが欲しくなると他者を操ろうとしたり、すねたりします。そして、自分の祈りが思うように答えられないとイライラしてしまいます。

　しかし、思い出してください。私たちは主の子どもであり、そのため、時には「ダメ」と言われることも必要なのです！　自制心がないために他人を無視してしまうと、有益な境界線を作ることができず、自分も他人も傷つけてしまいます。　聖書に

は、「自分の心を制することができない人は、城壁のない、打ちこわされた町のようだ」（箴言25:28）とあります。現代では都市の周りには壁がないので、これは馬鹿げた箴言だと思われるかもしれません。しかし、聖書の時代には、街々には防御のために非常に高くて厚い壁がありました。もし壁が堅固でなければ、持ち物や都市、そして命そのものを失う危険があったのです。

　私たちは、私たちが生活の中で設定する健全な境界線をこれらの壁にたとえることができます。自制することを拒むと、私たちは実際に敵からの攻撃を受けやすくなります。不安が日常的になります。自らを比較する基準がなく、善悪の基盤がないためです。壊れてしまったフェンスのように、境界線が欠如すると、私たちの生活から悪影響を締め出すことができず、同時に、私たちも守られません。

　自分の感情や考え、欲望に従って生きることは、その時点では満足を与えてくれるように見えるかもしれませんが、真実には、私たちは人生において道徳的、物理的、霊的な境界線を求め、それらを必要とするように創造されています。神が私たちを正される時、私たちは自らの意志を意図的に神の御心に従わせるプロセスを通して、自制を学ばねばなりません。私たちは、自己鍛錬というものは楽しさや刺激に欠け、達成不可能なものだと考えるかもしれません。しかし、聖霊の力によって自制することを学ぶと、私たちは達成感を味わうことができます。神が望まれるように行動すべく自己訓練することができるようになると、人生に幸福感がもたらされます。そして、本物の永久的な実は、神に服従し、神に支配された生き方から生じるものです。

- あなたがもっと自制を用いることのできる領域は何ですか？二つ挙げてください。

あなたは主の矯正に抵抗していますか？

人はよく、「すべての規則に従う」ことによって神の叱責から逃れることができると考えます。世界に存在する多くの宗教は「外見」の哲学に基づいています。彼らは親切にしたり、教会に行ったり、お年寄りが道路を横断するのを助けるといった「行動」をすれば、神や他者を欺くことができると考えています。彼らは次のようにわめきさえするかもしれません。「神様、どうして私はこんな経験をしているの

ですか。私は全て正しい事をしていると思っていたのに!」彼らは苦難に直面すると怒りを覚えます。それは、外見上は「良い」自分の行いが、神に対する心からの純粋な献身の欠如を補っていると思い込んでいるからです（マタイ23：25-28）。イエスはこれを当時の宗教指導者たちに語っておられるのですが、私たちの動機が行動と一致していない場合、その概念は私たちにも完全に当てはまります。

　私たちが「偽の」クリスチャン生活をすると、神は私たちを責められます。なぜなら、神の望みは私たちの心を柔らかくさせ、私たちが義務としてでなく、神への愛から神に従うようになることだからです。私たちは厳格な規則や儀式を守る傾向がありますが、それによって神が私たちを既に愛しておられる以上に、私たちのことを愛されることはありません。実のところ、私たちのこのような行動は、神をひどく不快にさせてしまいます。私たちが神の御心を望み、神の道を歩むとき、神はものすごく喜ばれますが、私たちがどれほど一生懸命に努力しても、あるいは滅多に努力しなくても、神は全く変わりなく、深く確固として私たちを愛されるのです。

　自分に落ち度があると分かっている時、私たちは神から隠れがちです。しかし、私たちが神の前に出て、自分の過ちを認め、自己中心さを悔い改め、神の道に従うようになるまでに時間がかかればかかるほど、私たちは長い間神のもとをグルグル回り、最終的に心を頑なにして神を拒絶することになるか、神の矯正に従ってもっとイエスのように振る舞えるように自分の生き方を修正することになります。

- あなたの人生において、あなたが神に従おうとしている領域は何ですか？　二つ挙げてください。
- あなたが神を拒絶し、自分の欲望に従っている領域は何ですか？二つ挙げてください。

正真正銘の自由

神は私たちを神のかたちに創造されました。私たちは聖霊の知恵によって、神が聖書で説明された生き方をするまでは、決して真の満足感を得ることはないでしょう。「自分」のためだけに生きれば不安や不安定さ、鬱に至ることは、私たちの社会を見るだけでわかります。私たちは今日、私たちの国におけるモラルと規律の低

下とともに、至るところで混沌が段階的に増大しているのを目にしています。

多くの人が、神は「規則や規制一辺倒」だと思っています。 しかし、繰り返しますが、神の愛こそが、神が行う全てのことの原動力なのです（黙示録3:19）。素晴らしい親がそうであるように、神は、私たちが自らに苦難や苦痛をもたらすような事柄を避けることを望んでおられます。現実に、もしも神が善悪の基準を持っておられなかったら、私たちは神を尊敬することができないでしょう。私たちは懲らしめを受ける時には不快感を覚えるかもしれませんが、御父が主導権を握っていて、揺るがされることがないと分かっている時ほど、安全で、愛されていることはありません。神は、私の愚かな利己的なやり方に苛立ったり、操られたり、気を取られたりすることがないという事実に、私は慰めを感じます。

思い出してください。私たちはいつでも「自由に」罪を犯すことができます。しかし、それは真の自由ではありません。それは私たちの肉への隷属です。私たちの古い欲望に打ち勝つために、神の御霊と力に強めていただいて初めて、私たちは本当に解放されるのです。

- あなたが主に従うのは、愛からですか、それとも、恐れからですか？

聖書的な訓戒

神の御言葉には、訓戒について多くのことが書かれています。学びを深めるために、個人的にデボーションの時間を取り、これらの聖句を瞑想することをお勧めします。また、以下の参照箇所を聖書で調べるのもよいでしょう。

- 主の矯正に直面する時、主を無視したり、落胆してはいけません。主は実際にはあなたへの愛を示しておられるのですから。（箴言3:11-12）

- 主を恐れることは知識の初めである。愚か者は知恵と訓戒をさげすむ。（箴言1：7）

- 訓戒を愛する人は知識を愛する。叱責を憎む者はまぬけ者だ。（箴言12:1）

- 愚か者は自分の道を正しいと思う。しかし知恵のある者は忠告を聞き入れる。（箴言12：15）

- 人の目にはまっすぐに見える道がある。その道の終わりは死の道である。（箴

言 14：12)

- まっすぐに歩む者は、主を恐れ（畏敬の念を抱き、尊敬し）、曲がって歩む者は、主をさげすむ。（箴言14：2)
- 神から離れることは、破滅をもたらす（箴言1:28-33)
- 心に知恵のある者は命令を受け入れる。むだ口をたたく愚か者は踏みつけられる。(箴言 10:8)
- 訓戒を大事にする者はいのちへの道にあり、叱責を捨てる者は迷い出る。（箴言 10:17)
- 訓戒を無視する者は自分のいのちをないがしろにする。叱責を聞き入れる者は思慮を得る。（箴言 15:32)
- 神の言葉は私たちの人生の設計図です（箴言6:23)

健全な訓戒

健全な訓戒は、公正に、迅速に、毅然と、愛を持って与えられる時に有益なものとなります。加えて、有益な訓戒には常に健全な境界線が伴います。正しく施される訓戒は、受ける者の利益を第一に考えます。従順と自制は決して絶望に至ることなく、活力と励ましと忍耐力のある生き方をもたらします。これが主が私たちに用いられる流儀であり、私たちが子どもたちを育てるべき流儀なのです。子どものしつけについては、本書の「子どものしつけ」の学びにおいて、さらに詳しく述べられています。

- 自分の罪や粗末な選択が原因で苦難や訓戒を経験した最近の状況を思い浮かべることができますか？
- 試練の最中、あなたはどのように感じましたか？　自分は「悪い」人間だと感じましたか、それとも、愛されている子どものように感じましたか？
- その間に自分が成熟したと思いますか？
- あなたの神との関係は、より緊密になりましたか、それとも更に遠くなりましたか？

あなたは仲間のようになる（箴言 13：20）

私たちの考えや行動は他の人たちからの影響を受けるので、私たちが自己を律し、敬虔な生活を送る能力は、一緒に過ごす人々によって大きく影響を受けることになります。クリスチャンになっても、私たちにはイエスを信じる決断をしていない友人たちがまだいるでしょう。しかし、新しいクリスチャンが犯してしまう最大の間違いの一つは、これらの古い人間関係を維持しようとすることです。もし古くからの友人がどんなかたちででも不道徳な生き方をしていたら、その友人から距離を置き始めることが非常に重要です。私たちはイエスのために他の人たちに影響を与えようとするべきですが、大半の時間を本物のクリスチャンとして歩んでいる信者と過ごす必要があります。想像し難いかもしれませんが、救われていない古い友人は、恐らく、あなたが彼らをキリストに導く前に、あなたを元の生活に引き戻してしまうでしょう。

　同時に、もし私たちが心からイエスを求めているならば、かつて一緒に時間を過ごしていた信仰のない人々には、以前のように惹かれなくなっていることに気づくのが普通です。以前は面白いと思っていた行動が、今やとても不適切なものに思えてくるのです。その代わりに、私たちがもっと主に似た者となると、聖霊の実を結んでいる人々、つまり前向きで希望に満ちた健全な人々に無意識に引き寄せられるようになります。これは必ずしも昔の友達が良くないと言うことではありませんが、キリストにある私たちの新しい生き方は、私たちに異なった道徳や価値観を与えてくれ、神を敬わない会話や行動に接すると、私たちは居心地の悪さを感じるはずです。

　繰り返しますが、私たちが新しい生活において、神を敬う健全な人々に囲まれることを選ぶことは、私たちのクリスチャンとしての成長に不可欠なことです。それらの交友関係から自分自身を引き離すのは難しいことが多々ありますが、私たちが信仰において成長したいと思うのであれば、それは必要不可欠なことです。これは、「秘密結社」的なものでも、「外部の人は敵」というような考え方のものでもありません。むしろ、それは私たちの人生を変えるような態度、思考、行動を維持することを目的とするものです。

・あなたが大半の時間を一緒に過ごす友人の中に、あなたのクリスチャンとして

の歩みに良くないかもしれない人はいますか?

・ あなたにはキリストのためにその人たちから離れる覚悟がありますか?(マタイ10:34-39)

訓戒の利点は何か?

信じられないかもしれませんが、私たちの人生において神に訓戒していただくことの大きな利点は、喜びです(ヨブ記5:17、詩篇94:12)。家族関係と同じように、不従順が律せられると、態度が矯正され、人間関係が回復します。 私たちの天の御父も全く同じです。御父が訓戒によって私たちを御心に沿わせてくださり、私たちが御言葉に従って生きることを選ぶ時、私たちが従う時、回復された関係という甘い実が私たちのものとなります。

　私たちはまた、主の訓戒を受け入れるならば、正しい生き方を収穫することができることに気づきます(ヘブル12:10-11)。 以前の私は、ルールを破り、「思い通りにする」のが楽しいと思っていました。結局のところ、私はただ 「ありのままの自分」でいたのですから! 　私はそれが楽しいと思っていました。しかし、何年間もそのように生きた後で、私は自己の限界に達し、利己的で、空虚な日々、自己嫌悪、絶望的な未来よりも、何かもっと意味のあるものを探求する用意があることに気付きました。

　私はクリスチャンになった時、自分がいと高き神の影に宿るべく造られたことを知りました(詩篇91)。主との関係がなかった私の人生は、無意味でした。私は自分がわが道を進んでいたために、神から与えられている人生の目的を果たしていないことに気づきました。そして奇妙なことに、私は自分がどこへともなく海の上を漂っていることさえ知りませんでした。ただ、自分が惨めなことだけは分かっていました。

　訓戒という試練を経験するにつれ、私たちは自分自身のことをより深く知るようになります。なぜなら、火による試練は私たちに自分の本当の姿を示してくれるからです(詩篇119:65-80)。試練や苦難を通して主を信頼する時、私たちは新たな境界線を学び、安定性を増していきます。そして、私たちは主に頼れば頼るほど、自分が強くなることに気づくでしょう(2コリント12:9-10)。

　私たちはクリスチャンとしての歩みを始めたばかりの時や、一定の期間、反抗してきた後では、神に従うのがとても難しいと感じることがあるかもしれません。変化はいつも難しいものですが、あきらめないでください！　私たちは皆、自分の欲望や選択、計画をなかなか自分以外の人には委ねられません。しかし、私たちが神のご性質や神のあり方を知るようになると、神に服従することを学ぶのは簡単になるでしょう。なぜなら、私たちは主の訓戒と指導が常に愛に満ちた正しいものであることを学ぶからです。

人生を変える力

ありがたいことに、私たちがどのように育てられたか、あるいは今どのように生きているかに関わらず、キリストの力は私たちの人生をすっかり変えることができます。私たちが自分の意志を主の計画と目的に委ねるとき、主は私たちに自分の感情、行動、思考をコントロールする力と願望を与えてくださいます。それによって、私たちは神の御国で豊かに仕えるべく備えられます（ピリピ2:13）。私たちは、聖霊に形作っていただくにつれ、矯正される必要が減ってくることに気づくでしょう。私たちの願望は変わり、自分の思い通りにではなく、だんだんと神の道を切望するようになります。そうすると、私たちが本当に求めていたもの、すなわち、真の永続的な喜び、平安、希望、安定が得られるようになります。

ふりかえってみましょう

1. あなたは、神の訓戒は時折必要だと思いますか？

   _____

   _____

2. 逆らうとはどういうことでしょうか？

   _____

   _____

3. 背きには、常にどんな態度が伴うでしょうか？

   _____

   _____

4. あなたは不従順になっている時に神から隠れる傾向がありますか？（隠れる
   ということは、自分の罪を無視したり、自分の罪を弁明したり、正当化したり、
   果ては教会や聖書、他のクリスチャンから遠ざかったりすることです）。

   _____

   _____

   _____

5. あなたは自分の罪で主を傷つけることを恐れるよりも、自分の罪の成り行きの方をもっと恐れていますか？

_____

_____

6. あなたと神との関係を損ねたり、妨げたりしていると思われる親しい友人や家族を３人挙げてください。

_____

_____

7. どうやって彼らと距離を置き始めるか、その方法を２つ挙げてみてください。

_____

_____

メモ

子どものしつけ

✳✳✳

本課の学びは、前課の大人のための神の訓戒についての学びをすでに終えていれば、より役立つものとなるでしょう。私たちが主から受ける訓戒の多くは、私たちが子どもたちをしつける時に使うべき模範です。私たちは生活の中で神の矯正を受けるようになると、家族に対し、従順さと聖さを示す輝かしい模範として生き始めるようになります。

おことわり！

私はまず初めに、私自身の子どもたちを育てる上で私が決して良い親ではなかったことを言っておきたいと思います。ただ神の恵みによって、子どもたちとの関係は修復されました。しかし、神の子どもとして、神の愛に満ちたしつけを22年間受けてきた私は、神が私たちにどのように子どもを育ててほしいと望んでおられるのかを理解していると思っています。神の御言葉はまた、私たちに多くの情報を与えてくれています。この学びの大半はそこから書いています。

　　加えて、あなたにはこの学びについて強い意見があるかもしれませんし、中には、ここにある真実を真っ向から否定する人もいるかもしれません。この学びで使用されている言葉の中には、あなたが受け入れられないものもあるかもしれません。私たちは社会によって「政治的・社会的に正しい」とされる語彙に慣らされてしまっているので、特定の言葉の使用をやめてしまっています。他の人が「不快に思う」かもしれないからです。私は「しつけ」とか「スパンク（お尻を平手打ちする）」、「罰」などの古風な言葉を使いました。あなたにとっては身の毛がよだつような感じがするかもしれませんが、これらは聖書の言葉なのです。そして、神は何千年もの間、聖書の中のこれらの言葉の意味や名称を変更しておられないので、私もそうします。

　　あなたはこれを読みながら、やや自己弁護的に感じているかもしれません。私た

ちのかわいい太郎ちゃんや花子ちゃんをどうやって育てるべきかについて他の人たちが口出ししようとすると、私たちはそのように感じる傾向があります。そして、私たちの社会は、私たちが生活の中で子どもたちのことを最優先し、彼らの大事な人格が損なわれないように、何でもその子たちが望むことをさせなければならないと思うように私たちを洗脳しています。

ですが、もしあなたの子どもが、無礼で自制を欠いているなら、私はあなたがこの学びを通して神にあなたの心に語りかけていただくことを願っています。この重要なテーマについて、あなたが時代を超えた神の知恵から恩恵を受けることができるように祈っています。クリスチャンとしての私たちの仕事は、自分自身を神のやり方に合わせることであり、頑なにそっぽを向いたり、変わるのを拒んだりすることではありません。たとえあなたが信仰を持っていなくても、これらの真理は価値あるものです。

ここでは体罰に関する段落があるので、最初に言っておきたいのですが、体罰の正当性を信じていない人は大勢います。私が気づいたのは、ほとんどの人が良い親になりたいと思っていながら、その方法を知らないために、聖書に基づいた子育てができていないことが多いことです。今日では、母親や父親は、子どもの人生における権威を取り戻すための「許可」を与えられなければならないと言ってもいいでしょう。中には、2歳児や3歳児に、なぜそのように振る舞うべきではないのかを説明することで、子どもを矯正できると思っている親もいます。本当のところは、その年齢の子どもたちの多くは、知的にも心理的にも未熟すぎて、この形態の訓練を本当に理解することはできません。

終わりに、しつけが必要な時に体罰を必要としない子どもたちも確かにいます。ですから、言うまでもありませんが、必要でないなら、子どもに体罰を与える必要はありません。時には、「目つき」や言葉で十分なこともあります。しかし、たいていの子どもには、時折、健全な体罰が必要になることがあります。もしあなたの子どもがとりわけ強情ならば、以下の学びには、平和な家庭を取り戻すのに役立つ神の御言葉からの素晴らしい真理が含まれています。

あなたの子どもたちが落ち着いていて、行儀が良いなら、私はあなたに敬意を表します。子どもたちを「主の道に従って」しつける方法を理解するのに苦労してい

るご友人にこの学びを教えてあげると良いかもしれません。

まずは、子育てのスキルを簡単に自己評価することから始めましょう

- 自分がどのような親だと思うか書き出してみましょう。リベラル、自由放任主義、適度に厳格、威圧的、支配的といった言葉が使用できます。

- では、あなたの子どもたちのことを考えてみましょう。彼らは行儀が良いですか、それとも、かなりわがままですか？　あるいは彼らはあなたの家庭を支配して（そして台無しにして）いますか？

リベラルな子育ての始まり

スポック博士は完全に間違っていたようです。彼は、子どもたちをしつけるには、体罰（お尻を平手打ちする）以外のあらゆる方法を用いるべきだと教えました。他にも、似たような考えを持つ心理学者たちが、私たちのかわいい子どもたちは非常に繊細なエゴを持っているから、どんな形でも境界線を設けたり、罰を与えたりすることは、彼らの精神をくじいてしまうことになると教えています。

　しかし、私たちの社会をちょっと見渡してみれば、聖書的な子育てから受動的な子育てへの移行が、多くの子どもたちに良い結果をもたらしていないことが分かります。もちろん、本当に素晴らしい子どもたちもいますが、ここで私たちは社会がいかにして聖書的な子育ての方法を弱体化させ、力のないものにしてきたかを検討していきます。それは、クリスチャンの子育てにまでも影響を与えてきました。

子どものしつけについて、聖書はどのように述べているのでしょうか？

さあ、いいですか？　箴言19章18節には、子どもをしつけなければ、私たちは子どもの人生を台無しにしてしまうと書かれています。まあ！　私たちが子どもたちをしつけ損ねると、子どもたちは主に服従しなければならない時に困難を味わうことになります。今日の私たちの文化には、権威に対する敬意が著しく欠如しており、神に対する敬意はさらに不足しています。23節には、神を尊敬することは私たちに命と安全を与え、危害から私たちを守ってくれると書いてあります。こんにち、人々がとても不安定で、無防備に感じ、恐れを感じているのも不思議ではありません。

　聖書は、主を恐れることは知恵の始まりであり（箴言9:10）、愚か者は知恵と訓戒を蔑む（箴言1:7）と述べています。主を「恐れる」とは、恐怖を意味するのではなく、主に対する「健全な敬意」を持つことです。ｗ神に対するこのバランスのとれた畏敬の念を持つことが私たちに必要であるように、子どもたちも両親に対して、ある程度の畏れ、つまり尊敬の念を持つように教えられねばなりません。私たちが愛情を持って毅然と子どもをしつけると、このような姿勢を子どもに植え付けることができます。

　あなたの子ども時代を思い出してください－あなたは外出禁止になったり、テレビが見られなくなったりするのが恐かったですか？　そんなことはないでしょう。でも、お父さんの帰宅が迫っていて、あなたが自分のしたことのためにお父さんから体罰を受けることになると知っていたら、それは怖かったはずです！　恐らく、このような健全な恐れを持って育った人たちは、ますます両親を尊敬し、愛するようになったでしょう。そのような両親は、私たちの言うことを拒否し、私たちの周りにそれらの必要な境界線を置くだけの勇気があったからです。彼らは私たちに自制心を教えてくれ、私たちは好きなようにふるまったり、思い通りのことをするのを許されていた場合よりも、はるかにずっと愛されていると感じ、もっと大きな安心感を得たはずです。

　罰が与えられなければならない時、それは親にとっても子にとっても不愉快なものです。しかし、それは大人の人格形成で、神が私たちの気ままさに対処してくださる時に必要なのと同じように、私たちが子どもをしつける時にも、子どもの人格形成に必要なのです。子どもたちが手に負えなくなると、私たちは強い人格を形成するために必要な経験を子どもから奪ってしまいます。そうすると、子どもたちは弱く愚かな人間に育ってしまいます。その結果、彼らは家庭内に不和や争いの種を蒔くことになります。それは主が憎まれることです（箴言6：16-19）。

箴言 19 章 26 節には、子どもが親を軽視する時、彼らは恥となると書かれています。

　これはまさにその通りです！　店内やレストランで私たちは甘やかされた子どもを何度見たことがあるでしょうか。彼らは欲しいを求めて泣き叫びます。大抵の場合、親はあまりにも恥ずかしくなって、子どもの要求に屈してしまいます。その子

どもが必要としているのは、駐車場の車まで連れ戻され、きっぱりと「ダメ」と言われることです。それでもきかない場合は、子どもに自制を教え込むために、時にかなってお尻をぶつことが適切かもしれません。

子どもはしばしば、親に主導権を握らせようとして行儀悪い振舞いをします

近頃は、何を食べたいか、何を着たいか、店で何を買いたいか、どこに行きたいかを、親が子どもに尋ねるのを耳にします。親たちはあらゆる決断に関して子どもの意見を欲しがるようです。子どもはその年齢や成熟度に応じて、家庭内の事柄についていくばくか発言権を与えられるべきですが、多くの決定は大人が行い、実行すべきです。大抵の場合、子どもたちはこれらすべてのことを決断する責任を本当は望んではいません。彼らはただ子どもでいたいのです。

　繰り返します。子どもたちは大人の生活を動かすには若すぎるし未熟すぎます。もちろん、成長に伴って、より頻繁に、より重要な選択をすることが許されるべきです。しかし、子どもの役割は、意思決定者になるために、重要な段階を経て成長することです。その過程における小さな選択は、経験を積んでいくのに適切な練習となります。しかし、子どもにあまりにも多くのことを任せるのは、誰かが一流の大企業をいきなり全く経験のない秘書に引き渡して、「ほら、あなたが管理しなさい」と言うようなものです。それは馬鹿げた発想です！　しかし、私たちが絶えず子どもたちに私たちや私たちの決定をコントロールさせる時、私たちはまさに同じことをしているのです。

スパンク（お尻を叩くこと）

箴言29章15節には、むちと叱責は子どもに知恵を与えるが、わがままにさせた子は母に恥を見させる、とあります。17節には，私たちのしつけの成果は、子どもたちのみならず、私たちの幸せと心の平安でもあると書かれています。箴言23章13節には、体罰によるしつけは子どもの命を救う可能性が大きく、それで子どもが死ぬことはないと書かれています！　体罰は、それが激し過ぎたり、頻繁過ぎたり、あるいは怒りにまかせて行われない限り、適切なものです。世の制度は私たちを騙し、私たちがたまに子どもに体罰を与えれば子どもを損なってしまうことになるとか、児

童虐待だと思われると思わせています。

　　ついでに言うと、児童虐待の存在は誰もが知っています。それは恐ろしい犯罪です。私は決して子どもに危害を加えることを提唱しているわけではありません。しかし、あなたがお住まいの州の法律を調べれば、おそらく、次のような条項が見つかるでしょう。　「子どもを管理するのは親の責任である。」「長期的に肉体的あるいは精神的苦痛を引き起こさないように行われるのなら」かわいい太郎君をぴしゃりと叩くことは許可されているのです。神のしつけ方がもたらす結果は自尊心であって、恐怖ではありません。

　　おもしろい事をしてみましょう。6名の40歳以上の人にお尻を叩かれたことがあるかどうか聞いてみてください。その結果、その人たちが精神的におかしくなったり、人生を台無しにされたりしたと思っているかどうかを聞いてみましょう。このしつけのために、親に愛されていると感じたかどうかを聞いてみましょう。真実のところ、そうされて当然な時に健全なやり方でお尻を叩かれて死んだ人は恐らくいないでしょう。そして、おそらく、私たちが尋ねた人たちは、その矯正は将来起こりうる過ちを避けるために役立ち、両親や他の権威ある人々を尊敬することを教えてくれたと言うでしょう。

子どものしつけは本当に重要なのでしょうか？

今日の私たちの社会では、規律が深刻に衰退しています。大人も子どももです。私たちは、子どもたちは、何でも欲しい物を手に入れるべきだという概念に日々さらされています。テレビでは頻繁に、子どもの横柄さが面白おかしく、容認されるものとして描かれています。昔は、子どもたちは年長者に対し「お願いします」とか「ありがとうございます」と敬意を持って話しかけていました。彼らは家庭で雑用をし、必要な時には「叩かれ」ていました！　今では、子どもたちが親にあれこれと無礼に命令し - 驚くべきことに - 母親と父親は実際にそれに従っているのです！　私たちは間違いなく迷い出しています。

　　サムエル記上3章13-14節には、私たちが子どもの育て方によって神に裁かれることが書かれています。主がこの子育ての問題に大変関心を持っておられる主な理由は、私たちが子どもたちを教えるのに愛に満ちたしつけをするならば、私たちは

彼らが以降の人生で、神に服従するために備えていることになるからです。

　第二に、私たちが子どもたちを神の御心に沿う形でしつけると、子どもたちは早くから自分の意志を制御できるようになるので、大人になってから社会のガイドラインの中で機能するのが容易になります。確かに、私たちは皆、手に負えない友人や家族、同僚を見てきました。彼らは子どものようにふるまいますが、往々にして彼らは子どもの頃にしつけを受けていなかったのです。

境界線を定める

神から何を期待されているかを私たちが知る必要があるのと同じように、私たちの子どもたちも、私たちが彼らに何を期待しているかを知る必要があります。神は秩序の神ですから、私たちが境界線を求め、それを必要とするように私たちを創造されました。しつけに欠かせない要素の一つは、私たちが子どもたちのために設定した境界線を一貫して守ることです。神は一貫していて、毅然として、愛情深いお方です。ですから、私たちもまた、このあり方を反映するべきです。理想的なのは、最初に親が話し合って基本的な家庭のルールをいくつか決め、また、それらに従わなかった場合にどうなるかを決めておくことです。設定したルールは、わずかな柔軟性を許しながらも、一貫して守る必要があります。これまで子どものしつけが上手くいっていなくても心配しないでください。新しく始めるのに不適切な時はありません。ただ、すぐに始めることをお勧めします。年齢が上がるほど、新しい習慣を始めるのは難しくなるからです。

　また、ルールは実行された場合にのみ効果があることを覚えておいてください。嘘をついても、ある日は叱られただけで済んだのに、次に嘘をついた時には1週間の外出禁止になってしまうと、子どもは混乱するだけでなく、腹を立てるようになります。また、その子はあなたのルールを軽蔑するようになります。あなたのルールには何の力もないことを知っているからです。もしあなたが家庭のルールを実行することに不安を感じたら、私たちのルールを道路交通法に例えてみるといいかもしれません。それらの法律は私たちの楽しみを奪うためにあるのではなく、私たちの命を守り、私たちに安心感を与えるためにあるのです。しかし、信号に従わない時に罰が伴わなければ、信号機には何の意味もありません。私たちが時間とエネル

ギーを費やして子どもたちに行儀を教える際にも、同じ考えが適用されます。

子どもをしつけなかったら、どうなるのか？

列王記上1章6節には、もし私たちが子どもをしつけなければ、彼らは家庭や社会という境界の中で、どのように機能するべきかを知ることができないと書かれています。それは、自制の効かない、甘やかされて自己中心的な子どもを作り出し、実際のところ、成長の妨げになってしまいます。今、子どもたちに自制を教えることは、あなたと子どもたちの将来から計り知れない苦痛を省くことになります。子どもが不作法にふるまっている時、今はそれが「かわいい」行動のように見えるかもしれません。しかし、その子が成長した時には、それは決して愉快なものではなくなるでしょう。

　もちろん、成長の過程において、どんな子どもも避けては通らない言動がいくつかあります。彼らは私たちの限界を試し、問題を起こしますが、それはただ、どのくらいやれば罰を受けるのかを確かめるためです。これはある程度正常なことであり、容認できることです。子どもたちは安全な環境の中で自分の強みや能力を試すことで、自分が何者であるかを学んでいるのです。しかし、私たちは子どもの故意の不従順や無礼を許してしまうと、子どもたちに害を及ぼしていることになります。彼らが私たちに向かって怒鳴ったり、蹴ったり、叫んだり、無礼である時、私たちは「ああ、そういう年齢だから」とか、「ビリーはそういう性格なんだよ - 彼は個性が強いから仕方がない」などと言ってはいけません。そうすることによって、あなたは彼らの反抗を奨励し、受け入れていることになります。むしろ、神の御言葉は、体罰によって、子どもの心から愚かさを追い出すことができると述べています（箴言22：15）。

　神は、そむくことは魔術と同じくらい危険だと言われます（サムエル記上15:23）！　そむきは心の頑なさから来るものであり、私たちが頑固さのために神を意図的に拒絶する時、神は私たちに働きかける事ができません。そして、このような態度は幼い時から始まります。もし私たちが子どもたちに服従の仕方を訓練し損ねるならば、神の道よりも我が道を求める方が良いということを、子どもたちに教えていることになります。

加えて、子どもたちが成長し、より自制的になるように私たちが彼らの意欲をかき立てなければ、彼らは将来、高い水準に達するための規律と願望を欠くことになります。反抗は常に人間の性質の一部であり、私たちは一生それと戦うことになります。しかし、私たちは子どもたちを主の道に従って訓練する必要があります。愛情に満ちていながらも毅然とした環境で育てられた子どもたちは、年を重ねるにつれて、実り多きクリスチャンや市民になる可能性が高くなります。人間はバラの茂みのようなものです。私たちは剪定されると、よりよく成長するのです！

親にとっての罠

現代、親が陥りがちな罠に「罪責感」があります。親の罪責感には多くの形態がありますが、一般的なものには、私たちが過去に最善の親ではなかったために後悔していたり、離婚を経験して、子どもたちに「もう十分つらい思いをさせた」から、子どもたちが私たちから否定的な扱いを受ける必要はないと感じることがあるかもしれません。あるいは、子どもたちが手に負えなくなっているのに、私たちには彼らを矯正するための時間やエネルギーがなくて、大きな罪責感を感じているかもしれません。また、完全にしつけに失敗して、今や、子どもが私たちに憎まれ口をきいていても、私たちにはどうしようもなく、彼らを止めることはできないと感じているかもしれません。

私たちの子どもは長年に渡って私たちが関心を払わず、しつけをしなかったために本当に苦しんでいて、今、非行をすることによって私たちの気を引こうとしているのかもしれません。しかし、私たちが常に彼らに「優しく」して何でも彼らの望みどおりにさせれば、何年間も放ったらかしにしてきたことを補うことになると思っているなら、問題は悪化します。私たちは彼らが求める物をすべて与えさえすれば、それが彼らの痛みを麻痺させるだろうと思うかもしれません。もしかしたら、私たちが何もしないのは彼らをこれ以上「苦しませ」たくないためかもしれません。あるいは、そんなことがあってはならないのですが、彼らを矯正したら、彼らは私たちに好感を持ってくれないだろうと思うためかもしれません。神の真理によると、私たちは彼らを慎重に訓練し、矯正することによって愛を示します。苦難を経験している時にこそ、彼らには安心するために揺るぎない境界線が必要なのです。

　自分のしていることが間違っていて、神や社会から許されないことであることを私たちが知る必要があるのと同じように、子どもたちもそれを知る必要があります。神は私たち一人一人に良心を与えておられますが、子どもはその愚かさを抑えてくれる人がいなければ、誰かに止めてもらうために泣き叫ぶことになるでしょう。だからこそ、私たちは公共の場で叫んだり、かんしゃくを起こしたりしている子どもたちをたくさん目にするのです。彼らは誰かが止めてくれるのを懇願しているのです − 安心感を得るためです。私たちが優しい声で彼らをなだめて、彼らの思い通りにさせるだけなら、彼らはひどく不安を感じたままになります！

　もう一つ、今日存在する間違った考えは、私たちが自分の子どもたちの友人であるというものです。友人というのは彼らと同じ精神的、感情的なレベルにあります − 仲間です。私たちは子どもたちと対等ではありません。私たちは彼らの親なのです。私たちは子どもたちの保護者、教師、助言者、指導者、模範となるように神によって設計されています。子どもたちがすっかり成長し、その訓練が完了した時には、私たちは彼らの友人になることができます。子どもがまだ成長し切っていない内に、この「友達」メンタリティーに陥ってしまうと、私たちは、特に子どもが矯正を必要としている時に、彼らに対する自分たちの責任という視点を見失うことになります。

　私たちはこの「友達」的メンタリティーでいると、彼らをしつける能力に欠けてしまいます。「友達」を傷つけたくないからです。私たちは彼らの「友情」を失いたくなくて、彼らを叱責することに消極的になるかもしれません。そして、私たちが彼らを「仲間」として扱うなら、きっと彼らは私たちに対する敬意をある程度失うことになるでしょう。確かに私たちは「友好的」であるべきです！　しかし、忘れてならないのは、私たちは彼らに対して権威ある立場にあるのですから、彼らの生活を大体において管理すべきことです。神が私たちを親密に愛されつつも、その偉大さと力のために一定の距離をおいておられるのと同じように、私たちも子どもたちとそうあるべきです。

　それと同じように、私たちは子どもに何を知らせるかにも気をつけなければなりません。子どもと親密な関係を持つことは素晴らしいことですが、自分たちの問題のことで子どもに負担をかけすぎている親が大勢います。彼らはまた、子どもの耳

に届くところで友人達と電話で会話してしまうのです。最近の子どもは大人の情報にさらされ過ぎています。彼らはこのレベルの知識に対応できるほど成熟してはいません。

大人の事情を知らされると、子どもたちは不安になることさえあります。彼らには親の苦悩が理解できないし、それについて何をすることもできません。私たちは子どもたちに私たちの深い個人的な葛藤を知らせるべきではありません – 私たちの仲間はそのためにいるのです。そのことを覚えておいてください。あなたの子どもが成長するまで待ってください。その時には、あなたがたは一番の親友になることができ、彼らが選ぶなら、彼らと深く共有することができます。

しつけ方を改善するためのツール

健全なしつけの秘訣は、自分が腹を立てている間は子どもを罰しないことです。自分の感情がコントロールできなくなっている時には、私たちは思慮深くなることも、公平になることもできません。冷静になってから、子どもの悪事に対処しましょう。

もう一つ役に立つ方法は、子どもに、何が悪かったのかを彼らの言葉で言わせることです。これは、自分が何をしたのかを彼らが正確に理解するのに役立ちます。子どもが幼い場合は、罪とは何か、なぜ罪が有害なのかを彼らに説明してやるとよいでしょう。子どもが大きくなってくると、彼らは自分の人生のための神の御心と相容れない、自分が頑固に行なった選択を特定できるようになるでしょう。

さらに、子どもが誰かを傷つけてしまった場合は、子どもに自分の行動を謝罪させましょう。子どものとった行動を申し訳なく思うと言って、あなたが子どものした選択の責任を取るのは健全ではありません。彼らに代わって話すことは、悪事から生じる心の痛みを彼らから取り去ります。子どもは自分の行動を恥ずかしいと感じたり、謝らなければならないことが恥ずかしいと感じたりすると、将来の罪にいっそう敏感になります。

最後に、いくらか時間が経過して、彼らが自分の行動の影響や結果を実感したら、あなたは彼らをそばに引き寄せ、あなたがどれだけ彼らを愛しているかを伝えることが非常に重要です。彼らは自分が何をしてもあなたの愛が減ることはないこ

とを知る必要があります。和解について教えることは、後に彼らが神の赦しを理解することを可能にします。これは彼らがその日就寝する前に行うべきです。祈ることは、肯定的な感情を回復させるための素晴らしい手段であり、また、罪を犯した後にどうやって主に立ち返るかを学ぶのにも役立ちます。この時点で抱かれるのを嫌がったり、まだ反抗的な気持ちが残っている場合は、放っておきましょう。彼らは間もなくあなたの愛情が恋しくなります!

愛しながらも毅然としつけるための実践的アドバイス

- 罪に見合った罰を与えましょう!

- 罰を与えるのは、違反行為の後すぐに行うようにしてください。これは、幼い子どもたちにとっては特に重要です。時間が経過し過ぎた場合、彼らにとって、その違反と懲らしめを関連付けることがより困難になるからです。

- 罰した後には必ず愛情を示しましょう。でも、早すぎてはいけません! 子どもには自分のしたことを後悔する時間が必要です。しかし、一時間ほど経ったら(小さな子どもの場合はそれ以下)、何があってもあなたが彼らを愛していることを伝えましょう。

- 罰を与えると断言しておきながら、それをやり損ねてはいけません! あなたは嘘つきになってしまい、あなたの子どもは最終的にあなたの権威を軽視するようになります。また、本当に子どもたちを従わせなければならない時に、彼らはあなたを無視するかもしれません。

- 慌てて罰したり、怒りに任せて罰したりしてはいけません。

- ご褒美で釣ってはいけません! 従順には、正しいことをしたという満足感以外の報いがあるべきではありません。たまに褒美を与えるのはいいですが、行儀よくする度に子どもにご褒美を期待させてはいけません。

- 懇願してはいけません! 子どもたちに対して権威を持っているのは私たちです。法律を守ってくれるようにと警察が懇願するのを私は聞いたことがありません! 私たちが罰を受けるに値する時、警察は性急に、また確実に罰を与えます。彼らが社会の尊敬を得ているのはその権威の用い方によるのです。

- しつけをする際には、なぜ罰を与えているのかを子どもに話してください。先に述べたように、自分がした事の何が間違っているのか、なぜそのために矯正されているのかを述べさせましょう。

  例：「シェリーちゃん、どうしてお尻を叩かれるのか分かる？」もしシェリーが「私が悪い子だったからよ」と言ったら、「スミスさんに嘘をついたからよ」と説明することで、どうやって自分の罪を明確にするかを教えることができます。子どもが自分の罪を声に出して言うことが大切なのは、それが健全な罪の自覚と恥をもたらすからです。やがて、シェリーは自分がどんな間違ったことをしたのか、自ら言葉で特定できるようになります。言うまでもありませんが、子どもの年齢と成熟度に合わせて会話を調整することが必要です。

- 子どもに償いの仕方を教えましょう。シェリーに「ここで話が終わったら、お隣に行って、嘘をついたことを謝ったらいいよ」と言うとよいでしょう。それが済んで、彼女が自分の行動について考える時間が十分にとれたら、子どもを抱きしめて、あなたがどれだけ彼女を愛しているかを伝えてください。このようなプロセスを経ることで、子どもは健全な反省の気持ちを持つことができ、自分の感情や人間関係を和解させる方法を学ぶことができます。さらにそれは子どもが自分の行動に責任を持てるようになる助けとなります。彼らは罪とその結果の間に重要な相関関係があることを知ることができます。このことは、子どもが将来このような行動を避けたいと思うようになる助けにもなります！

  最後に、健全で愛情に満ちたしつけは、子どもの将来の罪に対する強力な抑止力となる場合が多いことを、覚えておくのが大切です。

今こそがその時です！

手に負えない子どもがいる場合は、すぐに手法を変える必要があります。それは刻一刻と難しくなっていくからです！　ある時点に達すると、子どもを抑えることができなくなります。私たちは気が進まないかもしれませんが、神の真理はこう述べています。むちを控える者はその子を憎む者である。子を愛する者はつとめてこれを懲らしめる（箴言 13:24）。「むち」という言葉は、子どもに対する私たちの愛と献身に密接に結びついている物理的な道具であることに注目してください。しつけをしないことは、子どもの人格の発達に対する関心の欠如を意味します。健全なしつ

けは、私たちの愛情に満ちた保護と関心の表れです。子どもたちを主にあって訓練するには、大変な忍耐力とエネルギーを要しますが、子どもたちが成長して手に負えなくなるよりも、ずっと少ない時間で済み、頭の痛い思いをすることも少なくて済みます。

　神は完璧な親です。神はその御言葉と御人格を通して、私たちが子どもたちを健全にしつける方法を示しておられます。思い出してください。私たちと子どもとの関係は、私たちと神との関係と非常によく似ています。私たちが主に従っていくと、子どもたちは、私たちが誰に知恵と力と指示と助けを求めるのかを観察することになります。両親が神のより高い権威に服従しているのを見れば、子どもたちがまずあなたに服従し、それから神に服従するのが容易になるでしょう。彼らと一緒に祈りましょう！　自分たちの人生を御父の支配下に置くことが適切なことであるのを、模範によって示しましょう。

何をしても許される時、子どもたちが
愛されているとか、安全だと感じることはありません。

ふりかえってみましょう

1. 子どものしつけに欠かせない 5 つのポイントとは何でしょう？

_____

_____

_____

_____

_____

2. 親がしつけをしないわがままな子の魅力を一つ挙げてください。

_____

_____

_____

3. 子どもを健全にしつけることから生じる「実」を 5 つ書き出してみましょう。

_____

_____

_____

4.　子どもをしつけなかったらどうなるか、その結果を 5 つ書き出してみましょう。

_____

_____

5.　あなたが毅然と、愛情をこめて子どもたちを矯正すれば、彼らはあなたをもっと愛し、尊敬するようになる。これは正しいでしょうか、誤りでしょうか？

6.　自分や子どもたちが大変な思いをしている時には、あまりしつけをしなくても良い。これは正しいでしょうか、誤りでしょうか？

7.　聖書によると、もし私たちが子どもをしつけなかったら、私たちは子どもを愛していないことになります。これは正しいでしょうか、誤りでしょうか？

8.　子どもが後悔しているなら、その時点で矯正を控えてもよい。これは正しいでしょうか、誤りでしょうか？

9.　私たちは子どもの友達だ。だから、子どもに好かれるように、彼らのために何かをしてやるべきだ。これは正しいでしょうか、誤りでしょうか？

メモ

信仰と行動：親密な関係

キリスト教信仰は、私たちの行動によって証明される

宇宙の創造主との密接な関係を持つために私たちに必要なものが「信仰」だけであるとは信じがたいですね！　同様に、私たちの信仰が、私たちの頭では想像もできないほどの美しい場所で永遠を過ごすための基盤となっているのも理解し難いことです。しかし、神は永遠の知恵をもって、世には愚かに見える方法で、私たちをご自身のもとに引き寄せるということを選ばれました（1 コリント1:20-27）。

信仰とは一体何なのか？

「信仰」という言葉は、「依存、忠誠、完全な信頼」として説明されます。信仰は多くの状況で使われます。それは例えば、あなたの車はあなたを目的地まで運んでくれるというような単純な信念だったり、あるいは、目に見えない神への確固たる信頼のような、もっと複雑な信仰を持つことでもあります。

　　私たちはヘブル書の中に、聖書的に最も優れた信仰の定義の一つを見つけます。それにはこう書かれています。「信仰は望んでいる事がらを保証し、目に見えないものを確信させるものです。」（ヘブル11:1）。神が私たちに書かれた御言葉をくださったのは、神は、私たちが神を知ることを望んでおられるからです。神は、私たちが神の原則に従って生活する方法を学ぶことを望んでおられます。聖書は、私たちが死後にどこにいくのかを明らかにしています。私たちが来世に希望を持てるためです。　聖書的な信仰は、どんな状況であっても、神が私たちを愛し、導き、守り、力を与えてくださるという信頼によって示されます。こういう信仰を、神はすべてのクリスチャンに経験してほしいと願っておられます。

　　聖書は「信仰がなければ神を喜ばせることはできない」（ヘブル11:6）と言っています。私たちの信仰は、まさに私たちが、主とどのような関係を持つかを決め

るのです。私たちの多くは主のもとに来た後で、信じる前は自分の「霊的な目」が閉じていたことに気づきます（1コリント2:13-16）。私たちにはイエスが語られる原則を理解することができませんでした。それが人間の知恵とはあまりにも反しているように思えたからです。

しかし、いったん私たちがキリストに希望を置くと、キリストの聖い御霊が私たちに別の次元で見るための理解をさせてくれるようになります。救われるとすぐに、私たちの霊は超自然的な変容によって、文字通り「生きた」ものとなります。その結果、私たちは霊的な領域において新たな認識を得てそれを理解します。目で見ることができなくても、イエスが生きておられて、私たちの人生の中で働いておられるのを私たちが信じるのは、信仰のゆえです！　私たちがなぜイエスの御手に身を委ね、なぜイエスの原則に従って生きるのか、世には理解することができません。

信仰に至ることは一度きりの決断ではありません。それはイエスを受け入れるという私たちの選択から始まるのですが、それはダイナミックなプロセスを通じて成長し続けるものです。私たちは一貫して自分の道よりも主の道を選ぶ決断をし続けると、ヨハネ10章10節で主が私たちに述べられている「豊かないのち」を経験し始めます。私たちが主との密接な関係を保ち続けると、主はすべての試練を通して、ご自分の忠実さを示してくださいます。最終的には、私たちは自分がどのような状況に置かれても、主は御言葉に忠実であり続けてくださることを悟ります。これが能動的な信仰です。

- あなたの信仰のレベルはどうですか？　もしかしたら、あなたはイエスを知り始めたばかりで、あなたの信仰は目新しいものかもしれません。あるいは、クリスチャンになってしばらく経つかもしれませんが、あなたの信仰はなまぬるいかもしれません。

- あなたはもっと情熱的な信仰を持ちたいですか？

私たちの避け所

信仰には二つの要素があります。信頼と希望です。信頼とは、神が存在することを信じ、また神は聖書で明らかにされている通りのお方であり、ご自身について主張

される通りのお方であることを信じることです。それは神には私たちの必要を完全に満たす能力があり、私たちが頼ることのできるお方であるという確信です。

　「信頼」という言葉はヘブライ語では次のように説明されています。「保護を求めて逃げ、避難のために隠れること。」ダビデ王は詩篇91篇1-2節を書いた時、このことを本当に理解していました。

　いと高き方の隠れ場に住む者は、

　全能者の陰に宿る。

　私は主に申し上げよう。

　「わが避け所、わがとりで、

　私の信頼するわが神」と。

そして4節:

　主は、ご自分の羽で、あなたをおおわれる。

　あなたは、その翼の下に身を避ける。

　主の真実は、大盾であり、とりでである。

これが意味するのは、私たちが神に頼り、神の約束を信じる時、神は私たちを神の庇護の中に駆け込ませてくださるということです!　雨の日に眠くてベッドに潜り込むのと同じ発想です。それは温かくて居心地のよい場所であり、世からの避難所であり、あなたを隠されているような気分にさせてくれます。私たちが神に信頼している時、神は私たちにこのような体験をしてほしいと願っておられるのです。

　・　あなたは怖くなると、誰に頼りますか?

希望

希望の定義は、「待つこと、我慢すること、予期すること、大いなる喜びをもって期待すること」です。私たちが希望を持つということは、私たちに対する神の将来の約束を信じるということです。この種の希望には、イエスとともに過ごす永遠のいのちの約束、新しい復活のからだへの期待、罪と苦しみが取り除かれた時に経験

する喜びの保証が含まれます。聖書的な希望とは、天国に行けることを「望む」ことや、神が苦しみから守ってくれることを「望む」ことを意味するのではありません。それは、私たちが自分の人生そのものを築くための基盤となる考え方や姿勢なのです。私たちは、私たちの希望の完璧な対象、イエス・キリスト、忠実で真実なる救い主（黙示録3:14と19:11）を知っているからです。

　イエスと親密な関係を持っている人には、イエスが自分の希望にふさわしい方であることが分かります。　イエスは確固として、不動で、永遠で、全く正直で、絶対的に信頼できるお方です。私が希望を置きたいのはここです！　私は、この一時的で欺瞞に満ちた世界に頼るのではなく、時や天候、痛み、感情、人間の弱さに伴って変わることのないお方に頼りたいのです！

　これまでの私の人生で、何度も私を支えてくれたのはまさにこの希望でした。私は勝利のゴールを思い描けるのです！　パウロは、キリストにある私たちの地上での人生をレースに例えました。（1コリント9:24-26）。　スポーツ選手が勝利して賞を得るために訓練するのと同じように、私たちは、イエスに忠実に仕えた報酬として、天でイエスに会えるという確信から目を離さないようにしなければなりません（マタイ25：23）。

　私たちはしばしば、未来が見えたらいいなと思うことがあります。しかし、「希望」というのは将来への期待ですから、もしも今、私たちが望むものをすべて与えられていたとしたら、私たちには待ち望むべきものが何もなくなるので、私たちの信仰を強めることはできないであろうことをパウロが思い出させてくれます（ローマ 8:24-25）。何かを切望することは、私たちを正しい軌道に乗せ、私たちに目的を与えてくれます。

・　あなたには天国に行くという確固たる信念がありますか？

弁解させて！

私たちの罪や不道徳なライフスタイルに関しては、弁解がいくらでもあります。多くの人は自分のルールに従って生きたいと考え、自分の好きなことをする「権利」を激しく擁護しようとします。神の道や訓戒を拒否する時、私たちは自分の罪を恥ずかしく感じたり、自分の罪の結果に苦しんだりしなくて良いように、自然に他人

のせいにしたくなるものです。

　そして、自分は「良い人間」だと思いながら、イエス・キリストを受け入れない理由を絶えず正当化している人たちがいます。だれしも、次のように言う人たちに出会ったことがあるでしょう。「私は霊的な人間であり、霊的な歩みをしている。私は神を信じているが、信仰を実践するために聖書を読んだり、教会に行く必要はない。」これは全くの偽りです。　この考え方の根底にあるのはプライドです。なぜなら、プライドは「私は神なしでも自分の人生を切り盛りできる」と言うからです。詩篇14篇1節には、「愚か者は心の中で、『神はいない』と言っている。」と書かれています。たとえ誰かが「ああ、私は神を信じてはいるが、神との関係を持ちたくないだけだ」と言ったとしても、それは基本的には神を信頼していないと言っていることになるので、実際、神の存在を信じるまでのこともないかもしれません。

　聖書には、私たちの心は陰険で直らないと書かれています（エレミヤ17:9）。また、人の目にはまっすぐに見える道があるが、その道の終わりは死の道である（箴言14:12）とも書かれています。ですから、イエス・キリスト抜きで「霊的な生き方」をしていることに満足を「感じ」ていると言っても、神の御子との関係を持っていなければ、永遠のいのちを受けることはできないということを、神は明らかにされています（ヨハネ17:3、ローマ5:1-11、21）。さらに、私たちは聖霊なしでは、神が私たちに意図された生き方をすることができません（ローマ8:5-11）。聖霊は、キリストに信頼を置いている人にのみ与えられるのです（ヨハネ14:15-21）。

- あなたがイエスに全面的に仕えていないことの言い訳には、どんなものがありますか？

私の信仰はどこから来るのか？

次に、私たちの信仰がどこから来るのかを見てみましょう。ローマ人への手紙12章3節には、私たちの信仰は自分自身ではなく、神に由来すると書かれています。ですから、信仰を得るのは私たちの務めではなく、信仰を受け取るのが私たちの務めであることが分かります。聖書には、信仰はイエスから来るとも書かれています。

イエスもまた神です（2ペテロ1：1）。そして、神は人に余分に信仰を与えてくださることがあります。このような信仰は、聖霊の特別な賜物です（1コリント12：9）。

　ローマ10章17節は、信仰は神の御言葉を聞くことから始まると言っています。だから私たちの信仰は、私たちが聖書を読んだり、聖書の教えを聞いたりする中で、ますます磨きがかかり、強められていきます。また、私たちの信仰が高められるためには、神から学んだことに従うことも必要です。　私たちの信仰が神、イエス、聖霊、御言葉から来るというのは、かなり驚くべきことです！

　聖書には、私たちの信仰が本物であるかどうかを確かめるために、自分自身を「試す」ことが不可欠であると書かれています（2コリント13:5）。どうするかと言うと、私たちが成長しているかどうかを見るために、自分の生活を吟味するのです。キリストに出会う前よりも、私たちはイライラしなくなっているでしょうか？

　第一コリント13章4-7節に概説されているように、私たちはますますイエスに似てきているでしょうか？　私たちの悪い習慣は時間の経過とともに減ってきているでしょうか？　時間の経過とともに、私たちはイエスとのより深い関係をますます望んでいるでしょうか？　私たちが神の目的のために捧げる時間、エネルギー、才能、お金は増えているでしょうか？

　もし私たちが自分自身の必要性に過度に時間を費やし、私たちの賜物や才能を必要としている他の人たちのことを無視しているならば、私たちの信仰は本来あるべき状態にありません。クリスチャンであることには、他の人を積極的に助けることが伴います。それには、神に栄光をもたらすような生き方をすることが含まれます。それは、私たちの古い考えや行動、感情を神に変えていただくことを意味します。

　クリスチャン生活は、私たちが神にもっと好意を持ってもらうために点数を稼いでいくシステムではありません。しかし、私たちが神のためにする行いは、キリストに対する私たちの愛と献身から自然に流れ出るものです。私たちが神の御言葉に浸り、それによって私たちの考え方が形成されていくと（ローマ12:2）、行動が変化していきます。私たちの価値観、道徳、目標が変わっていきます。私たちは神が私たちの必要を満たしてくださることを信頼し始めるので、自分の人生を他の人に

捧げることに集中できるようになります（マタイ6:31-34）。

・ あなたは何に一番時間とお金と才能を使っていますか？

実践的な信仰

人々の尋ねる質問の中で重要なものには、次のようなものがあります。「この世界で生きていくのに、私の信仰はどのように関係しているのか？ 信仰の人として生きるとはどういうことなのか？ また、天国に行くこと以外に、信仰を持つことに意味はあるのか？」ヤコブ2章14-26節は「行動上の信仰」について語っています。私たちは皆、クリスチャンであると「自称」している人を見たことがあると思いますが、その人たちの本当の姿は行動の仕方で分かります（マタイ23:23-28）。この聖句はイエスの時代の宗教指導者たちのことを指していますが、私たちの発言と行動が異なっている場合、その霊的な原理は全く同じです。イエスへの本当の能動的な信仰を持っている人は、イエスに似ていることを示します。そして、彼らは良い行いをします。それがイエスとの関係の実であるからです（エペソ2：10）。

　もう一つ、人々が信仰について抱く疑問には、自分の祈りは本当に効果があるのかどうかということがあります。あなたは、神があなたの祈りに少しでも答えてくれているかどうか疑問に思うかもしれません。祈っていたことが実現しないと、私たちはフラストレーションを感じてしまうことがあります。この疑問の答えは神のご性質にあります。神だけが未来を見通す力を持っておられ、そのため、私たちにとって何が最善であるかを知っておられます。私たちが自分の問題に対する最善の答えを持っていると思ってその方向で祈っても、実際には、私たちの解決策はその特定の状況に対する神のご計画に合わないものかもしれません。

　私たちの子どもたちを例にとってみましょう。あなたの娘が、クリスチャンの友人の家に泊まってもいいかと尋ねてきました。一見すると、それは素晴らしいアイデアのように思えます。しかし、ほんの数日前、その家で恐ろしい犯罪が起こったことを、あなたの子どもはおおよそ知りません。だから、彼女の願いは無邪気で悪くないように見えるものの、全体像が見えていて状況をより深く理解しているあなたにはもっと分別があるのです。それは私たちと神にしても全く同じです。神には、私たちの祈りが答えられたら将来どのような結果になるかが見えています。私

たちは、神は私たちよりも無限に多くのことを見ることができるのを信頼しなければなりません。

　もしかしたら、私たちが友人や家族の救いのために祈っているのに、その人たちはまだ救いを受けていないかもしれません。それは間違いなく、すべての祈りの中で最高の祈りです！　この場合、神が行動されるのを妨げるのは人間の意志だけであるということを理解しなければなりません。私たちは確かに障壁が取り除かれ、愛する人たちが救われる機会が与えられるように祈るべきですが、神はご自身を私たちに押し付けられることはありません。

　これは癒しの領域にも当てはまります。多くの場合、私たちは友人や愛する人の癒しを求めて祈りますが、神はその人の苦しみや死を許されます。すると、私たちは、神は聞いておられなかったのだとか、私たちが祈った人を文字通りに癒す力がなかったのではないかと感じてしまいます。しかし、繰り返しますが、私たちは宇宙の神のご性質と全能の力を信頼する必要があります。神のやり方は私たちのやり方とは全く異なるのであり（イザヤ書55:8-9）、神には一目で永遠を見通すことができるのです。

　私は、強烈な痛みによって、人がキリストを受け入れることができるところまで来た状況を、数多く目撃してきました。愛する人の死後に、自分の人生を変えようという動機が与えられた人たちのことも知っています。私たちは絶対に癒しのために祈るべきですが、また、神が神であることを受け入れる必要もあります。私たちは神の最終的な決断に安らぐことができるように、神を十分に知るようになる必要があります。

- あなたが祈ってきたことで、まだ叶えられていないことはありますか？
- あなたは神に失望させられたと感じますか？
- あなたは自分の計画を放棄して、神のやり方とタイミングで神にあなたの祈りに答えていただきたいと思いますか？

信仰が足りないだけだ！

もしかしたらあなたはクリスチャンで、こんな風に言われたことがあるかもしれま

せん。「あなたの信仰が足りないから、祈りが答えられないのだ。」これは聖書的ではありません！ 私たちの祈りが思い通りに答えられないのには、たくさんの理由があります。ある人たちの信仰が他の人たちよりも弱いものであっても、私たちの信仰は神に由来するものですから、私たちには皆、十分に信仰があるのです（ルカ17:5-6）。

　私たちの祈りが答えられないもう一つの理由は、私たちが自分たちの最善の利益にならないことを求めているからかもしれません（ヤコブ4：1-3）。　あるいは、私たちの生活の中に、祈りが聞かれる前に告白して悔い改めねばならない罪が隠されているからかもしれません（ヤコブ5:16-17）。

　私たちが主の心と思いを持つためには、主と親密な関係になければなりません。この結びつきを通して、私たちがより主に似た者とされていくと、私たちの祈りはもっと主の御心に沿ったものになるように変化し始めます。そうすれば、主は私たちの祈りに答えることができるようになります（詩篇37:4）。私たちの心の願望が変わると、私たちは高級車や大きな家、銀行の預金残高の多さなどにはそれほど関心がなくなります。私たちは新しく、他の人々、つまり自分よりも恵まれていない人々に焦点を向けるようになり、困っている人を助けるための力を求めるようになります。そうすれば、神は私たちの祈りを豊かに祝福することがお出来になります。私たちが神の御心に従って求めているからです!!

聖化と義認

私たちの信仰がなぜそんなに重要なのかを理解したところで、キリストに信仰を置くと、実際に私たちの人生に何が起こるのかを見てみましょう。聖書によると、私たちは信仰によって、実際に世から「分け隔て」られます（使徒26:18）。この「分け隔て」の概念を表す聖書の言葉は聖化と呼ばれています。これはまさに「絶えず清められ、明確な目的のために取り分けられる」という意味です。聖化は二つの部分から成ります。私たちがイエスに私たちの人生の主となってくださることを本気で求めたのならば、私たちの霊は救いの瞬間に聖別されています（ローマ5:16）。つまり、もし私たちが今日死んだら、私たちは天国のイエスのおられる所に行けるということです。

聖化には、それが継続的なプロセスであるというもう一つの側面があります。それには、クリスチャンとしての歩みにおいて、私たちの意志、思考、態度、感情、行動が、常に聖霊の力の下に置かれるように、自分自身を鍛錬することが含まれます。私たちが「肉に死ぬ」（ローマ8：1-14）という言葉を聞く時にそれが意味するところはこれです。

私たちは、ある人の人生における聖化の働きを、その人が結ぶ実のうちに「見る」ことができます（ヨハネ15:1-8）。新生したクリスチャンとして、私たちは世とは異なる姿を見せ始めるべきです。神がご自分の目的に合うように私たちの人生をかたどられるにつれ、私たちははっきりと異なる存在となっていきます。私たちはもはや自分自身のものではありません。私たちは代価をもって贖われたからです！（１コリント7:23）。

私たちがイエスを受け入れ、イエスへの信仰を宣言する時に起こるもう一つの驚くべき霊的な現象に、私たちが義認されることがあります。これは、キリストが十字架上で身代わりとして死んでくださったことを受け入れることによって、私たちが神と正しい関係になり、神に対して完璧な立場に置かれることを意味します。イエスが苦しみを受け、死んでくださったのは、私たちがそうせずに済むためです。これは、信じる者にとっては、とても良い知らせです。なぜなら、それは、神を喜ばせるために、あるいは天国に行くために完璧なパフォーマンスをしなければならないという責任を、私たちの肩から取り除いてくれるからです。これは、次のテーマに繋がります…

誰も島のように孤立してはいない

主と関係を持つことには、イエスを信じる他の人々と並んで生きることが含まれます。本当のところ、私たちは独りだけでクリスチャンの歩みをするように造られてはいません（ヘブル10:25）。神は、私たちには支えと教えと祈りのためにご自分のからだである教会が必要であることを知っておられました。

また、私たちは聖書を読んでそれに従うことなく「善良で霊的な人間」になろうとすると、全く的外れなことを信じてしまいがちです。イエスでさえも、信じる者たちに説教したり教えたりする中で、聖書に書かれていることを聴き手に説明され

ました。　キリストのからだの一部であることは、選ばれた集団や最上のクラブ、その他いかなる人間の組織に所属することとは何の関係もありません。その本質はただ、この世での人生と永遠のいのちに関して私たちがすべき事を、神がどう指示されているかということです。

　教会に行かない人からよく聞く口実にはもう一つ、「私は組織的な宗教はやらない」というものがあります。あるいは、「以前に宗教熱心な人たちに傷つけられたことがあるので、もう二度と教会には足を踏み入れません」というものです。本当のところ、人生は私たちを失望させたり、私たちを苦しめたりする人たちで常にいっぱいです。だからと言って、傷つくのを避けるために、私たちがすべての人間関係を断ち切るということにはなりません!

　教会はあらゆる類の不完全な人々から構成されています。そうです、中には偽善的な人たちもいます。そして忘れてはいけないのは、恐らくあなた自身の人生において、あなたが偽善的になり、誰かを傷つけたことがあるだろうということです。私たちは他人を裁くのをやめなければなりません。それは神の仕事です（ヤコブ4:11-12）!　私たちの務めは、完璧なお方であるイエスから目を離さないことです。イエスは決して私たちに嘘をついたり、私たちを騙したり、私たちの噂話をしたりしません。私たちが頼りにできるのはイエスだけなのです。互いを批判する代わりに、イエスが命じられたように互いを愛し合うようになったら、私たちは望ましい調和を手に入れることができるでしょう!

　一番大切なことは、神が最終的な権威者であるということです。神はご自身の手で私たちを造られたので（詩篇139:13-16）、神だけが、私たちが追従しているかもしれない人間のいかなる知恵よりも、私たちの道をまっすぐにする方法をはるかによく知っておられるのです。イエスは、私たちの負債を払ってくださり、私たちと永遠の関係を持とうとしてくださっています。イエスご自身が言われます。「わたしが道であり、真理であり、いのちなのです。わたしを通してでなければ、だれひとり父のみもとに来ることはありません」（ヨハネ14：6）。もし私たちの「霊的な」歩みが、神が聖書の中で私たちのために詳細に示してくださった生き方と一致していないならば、私たちは非常に危ない橋を渡っていることになります。

　以下の聖句を考えてみましょう：

- 人は心に計画を持つ（自分で決める）。主はその舌に答えをくださる。（箴言16：1）。 カッコ内筆者
- 主はすべてのものを、ご自分の目的のために造り、（箴言16:4a）
- 人は心に自分の道を思い巡らす。しかし、その人の歩みを確かなものにするのは主である。（箴言16:9）。
- 神はまた、人の心に永遠を与えられた（伝道者の書3:11）。

私たちが自分の選ぶ通りにではなく、神が定められた通りに神と関係を持つとき、私たちの人生は最も充実した、目的のあるものとなります。実際、私たちにはすべての道が「神につながる」わけではないことが分っています。

さあ、頑張るぞ！

世界のほとんどの宗教では、信徒は神々をなだめるために努力をすることが求められます。この「努力」には、多くの場合、詠唱、人身御供、奇妙で時に残忍な儀式、厳しい自己規制が含まれます。いわゆる「信仰に厚い」これらの人々は、「聖戦（矛盾した表現ですよね?）」に参加し、神々との関係を良好にするために必要なポイントを「稼ごう」とします。彼らは神々を怒らせないためにはどんな苦労も惜しまず、神々がどう感じるかを常に恐れて生きています。彼らは、神々とは怒りと承認の間を揺れ動くものだと信じているからです。彼らは自分たちの神を信じない者を殺すことさえあります。「神の名の下に」です！ そして、彼らの神が満足しているかどうかは、豊作や、健康な子どもたち、雨や日照といった自然界における結果によってのみ判断されます。これらの慣習は何世紀にもわたって修正変更されてきましたが、その根底にある信念は何世代にもわたって受け継がれてきました。

　アメリカでも、神を喜ばせるために様々な種類の奉仕や儀式をしなければならない宗教はたくさんあります。時には、天国で「代表者」となるために、子どもをたくさん産まなければならなかったり、割り当てられた数の家のドアをノックしなければならないこともあります。そして、神を喜ばせ、天国への切符を得るのに十分な「善い働き」をするために、十分な数の改宗者を連れてこなければなりません。自分たちは神を喜ばせるのに十分なことをしているのだろうかと疑問に思い、自分

たちの救いを日々心配しながら生きている人々を見るのは心が痛むことです。

　　しかし、聖書の神であるイスラエルの神は、イエスがすでに罪の負債を払ってくださったことを信じる私たちを全面的に喜ばれます。私たちのツケは完済されているのです！　神は、私たちが自分の力では決して罪を償うことができないことを知っておられたので、私たちのために愛をもってそうしてくださいました。実際、聖書には、私たちが義とされるのは、信仰のゆえであって、働きのゆえではない（ローマ4:5）と書かれています！善い働きは私たちがイエスと関係を持っていることの結果として生じるものですが、これらの善い働きは、イエスに対する私たちの愛から生まれるのであって、自分で十分な行いをしていないのではないかという恐れから生まれるのではありません。

　　私たちは自分の救いについて自分がどう感じるかに頼るのではなく、聖書が述べていることを信じることがとても大切です。私たちは罪と格闘しているために、日によっては、あまり救われている気がしないことがあるかもしれません。あるいは、暗い時期を経験していて、神はどこにもいないと「感じて」いるかもしれません。しかし、新しく生まれ変わった本物の信者である私たちは、イエスに対する私たちの信頼のゆえに、自分と神との関係に安心することができます（ハバクク2:4、ローマ1:17、エペソ2:8-9、ガラテヤ3:11-12、ヘブル10:38）。　神は常に真実であり、状況に応じて変わることがないので（ヘブル6：18）、私たちは永遠に私たちに忠実でいてくださるという神の約束を信頼することができます。そして、私たちが自分の人生を神の権威の下に位置付け続ける限り、私たちの救いは確実なのです。

　・あなたは自分は神の基準に達していないと感じることがよくありますか？

信仰と行動

私たちが御霊に支配された生き方をする場合にのみ、人々は私たちの人生における神の超自然的な働きを見ることができます。私たちが愛、喜び、平安、寛容、親切、善意、誠実、柔和、自制を示すとき、私たちの振舞いは全能の神を反映するのです！　私たちが噂話をしたり、中傷したり、言葉や態度で他人を傷つけることを拒否するなら、私たちは正しく生きています。そして究極的には、貧しい人々や恵ま

れない人々を助けるためにことさらに努力し、神の御国を発展させるために自分の時間やお金や才能を使う時、私たちは主を喜ばせていることになります。

　私たちは人から見られていないと思ってはいけません - 世は本物のクリスチャンの行動を「異質な」ものとして見ています。人間がこのように行動するのが不自然であることを人々は直感的に知っています。私たちがいつも親切で、寛大で、面倒見がよく、喜びに満ちていれば、私たちは、私たちを変え、やる気を起こさせるのが私たちの人生における神の力であることを周りの人たちに伝えるという特権に与ることができるでしょう。

あの実について

私たちは、真の信仰とは実を結ぶ信仰であることを学びました。この実には、聖霊の導きに従って、他の人に頻繁に福音を伝えることが含まれます。あなたが何をするにも、毎日神に栄光をもたらすことが含まれます。また、キリストのからだに奉仕することも含まれます。この実は永遠のものです。それは永遠に存続します。ぶどうの木（すなわちイエス）に繋がっている人たちは、多くの実を結び、御父に栄光をもたらすのです（ヨハネ15:5-8）。

　イエスは、良い実を結ばない木はすべて切り倒され、火の中に投げ込まれると言っておられます（マタイ3:10）！　もし、あなたが愚かにも自らの利己的な欲望を中心に人生を築いているなら、あなたは裁きの時に打ちのめされてしまうでしょう（マタイ7:21-27）。実に、あなたは自分自身に仕えているか、主であるイエスに仕えているかのどちらかなのです（マタイ6:19-24）。神は、ご自身に栄光をもたらすため、そして失われた人々をご自身との関係に導くために、私たちの人生において実が結ばれるのを望んでおられます。神の第一の関心は人々にあり、神は御子を愛する者を用いて、ご自分のために、この救われていない世界に救いの手を差し伸べられます。

　この世界で私たちを際立たせるものは私たちの信仰です。クリスチャンの神だけが世界で唯一の、いつでもいてくださり、全能で、永遠に生きておられる神です。私たちを激しく愛されるあまり、ご自身を犠牲にし、私たちがご自身との関係を持つことができるようにしてくださった唯一のお方です。私たちの神は、私たちが永

遠に王とともに相続人となるように、しもべとなってくださった唯一のお方です（ローマ8:17、ガラテヤ3:29、ガラテヤ4:6-7）。そして、決して変わることがなく、偽りを言うことがなく、途中で投げ出すことがなく、失敗することがなく、死ぬことのない唯一の神です。

　確かに、私たちには信仰の有無について自分で選択をする自由があります。しかし、聖書には、神の御言葉に従って信仰を実践して生きなければ、私たちは人生の本質が自分のことや、自分の計画、自分の「宗教」にあると思い込んでしまいがちであることがはっきりと書かれています（2テモテ3:16-17）。もしも私たちがイエス・キリストを拒絶するならば、私たちは最終的に、自分では持っていると「思っている」霊的な真理を失うことになります（1コリント4:4-5）。私たちの思考は暗くなり続け、神の真理が全く見えなくなります（エペソ4:18-19）。　そして、最終的に、私たちが行くべき場所は、天国か地獄かの二つしかないのです(2 テサロニケ1:9-12）。

　神は私たちが神の道を拒否することを許されますが、神ご自身が私たちの人生のための取扱説明書を書かれたのです。勘違いしないでください：私たちはただ天国に行くことを「期待する」だけでは、天国には行けません。イエスを信じる信仰だけがただ一つの道なのです。

****

　もしかしたら、あなたはイエスに信仰を置いたことがないかもしれません。もしかしたら、あなたはクリスチャンではあっても、あなたのクリスチャンとしての歩みは全く実りがないものかもしれません。もっと親密な関係を持てるように、あなたは自分の心と人生をイエスに捧げ直す必要があるかもしれません。いずれにしても、今日、イエスにもっと全面的に仕えることを選びましょう。あなたが失望することは決してありません。

永遠になくならないものは、
私たちが神のために行う事だけです

ふりかえってみましょう

1. あなたの信仰はどういった面で世から注目されるでしょうか？

_____

_____

_____

2. あなたの信仰がより明白になるように、あなたはどんな点で行動を改善できますか？

_____

_____

_____

3. あなたの人生の中で、信仰（希望と信頼）が欠けている分野はありますか？

- お金?
- 自分の子どもたち?
- 人間関係?
- 自分が変わるための能力?
- 自分の未来?
- 神のみこころに沿う生き方をするための能力?
- 他の人たちにイエスを伝えるための能力?

4. 自分に信仰があることはどうやって分かりますか？

_____

_____

_____

_____

5. 人は信仰を持っているように振る舞っても、実際には信仰がないことがあるでしょうか？　それはどうやって分かるのでしょうか？

_____

_____

_____

_____

メモ

赦し

イエスは言われました。
「もし人の罪を赦すなら、あなたがたの天の父もあなたがたを赦してくださいます。しかし、人を赦さないなら、あなたがたの父もあなたがたの罪をお赦しになりません。」マタイ 6:14-15

何ですって？　私をあんなにも傷つけた悪い人を一体どうやって許せばいいの？　間違いなく、神は私が彼らを許すことを期待してはいないでしょう!!

当然の報いだ！

「赦し」というのは、今日ではちょっと古風な概念です。他の人が私たちに対して罪を犯した時には、「彼らが私にしたことの仕返しをしてやる」とか、「不当に扱われたのは私なのだから、私が彼らを赦すことを考慮する前に、彼らに謝ってもらわなければならない」とか、「私は彼らを絶対に赦さない」という声を聞く可能性が高いでしょう。しかし、神は赦しについて何と言っておられるでしょうか？

私たちの罪が赦されるためにイエスが支払って下さった圧倒的な代価を私たちが本当に理解するまでは、上記のマタイによる福音書の聖句は、手厳しく、実際、不可能なことのように聞こえます。現実には、私たちは自分の罪に全く言い訳をすることができません。神との関係を持っていない時に私たちがとる行動について、私たちに弁明はありません。

私たちは、私たちがまだ神の敵であった時に、イエスが私たちのために死んでくださったことを覚えておかねばなりません（ローマ5:8）。イエスが唾をかけられ、傷つけられ、打たれ、あざけられていた時に、本質的には私たちはその場にいたのです。イエスはその時点で御使いたちを呼んで、人類を全滅させることもできました。しかし、その代わりに、イエスはクリスチャンを永遠に救うための犠牲を

遂行することを選ばれたのです。それだけではなく、十字架上でのイエスの応答は次のとおりでした。「彼らをお赦しください。彼らは、何をしているのか自分でわからないのです。」（ルカ23:34）

　イエスが私たちのために耐えてくださった苦しみを、私たちが経験することはまずありえなさそうです。

　私たちは神の献身的な愛に全くふさわしくないし、神のいのちの犠牲にも値しません。私たちが神から救いと恵みと恩恵を受けるのは、神の赦しがあってこそです。本当のところ、人を赦すことを拒否し続けるなら、私たちは主と親密な関係にあると主張することはできないのです。なぜなら、私たちが他の人達への憐れみを拒むたびに、私たちの心が硬くなるからです。私たちは、自分が赦そうとしない人に対して心の扉を閉ざすだけでなく、神に対しても心の扉を閉ざしてしまうのです。

　イエスが苦しみながら私たちに示されたような愛は、私たちには理解し始めることすらできませんが、ここで例を用いて説明します。あなたが、史上最悪の犯罪を犯したために、法廷にいると想像してみましょう。サタンが検察官で、彼はあなたについて醜い告発をしています（黙示録12:10）。一方、イエスはあなたの弁護人であり（ヘブル7:24-25）、神は裁判官です。イエスが私たちを弁護された後（ローマ8:34）、神は愛と憐れみと赦しに満ちた目で法廷を見渡し、こう言われます。「あなたは自由にされた。あなたがおこなったことがあなたに不利に働くことはない。」

　それだけではありません。神は続けて言われます。「わたしは、あなたが当然受けて然るべき罰をあなたの弁護人に受けさせる。彼は、あなたが受けなくて済むように、あなたの受けるべき報いを受け、痛み、苦悩、孤独、恥を経験する。わたしは見返りに一つだけ望む － あなたの生涯の献身だ」。イエスがなさったのがまさにこのことであると分かるとき、私たちは、私たちに対して犯されたもっとささいな無礼を赦すようにイエスが命じておられる理由を理解することができます。

赦しの本質を理解する

まず、私たちは自分自身の力では赦すことができないことを自覚する必要がありま

す。赦しは超自然的な手段によってのみ起こるのです。多くの人は、自分の努力で聖書に書かれている基準に達しようとします。私たちは皆、こうしようとして無惨に失敗したことが一度はあります。なぜなら、私たちがクリスチャン人生を一人で生きていくことは決して神の意図ではなかったからです。まさにこの理由で信仰から離れていった人たちが実際に大勢います。彼らは「正しく振舞おう」として、とても苛立ち、苦しむのですが、神の望みを達成するために神の力を使うことができないのです！　主は、私たちが聖書に述べられている通りに生きることができるように、聖霊を送ってくださいました。赦す力は、私たちと主との関係と同じだけ強くなるのです。

　私たちが絶えずイエスと交わっていると、イエスは私たちに人を愛し、神の御心を実行する力と願望を与えてくださいます（ピリピ2:13）。私たちが聖霊に支配されているならば、聖霊は私たちが神を喜ばせるように考えたり、行動したりできるようにしてくださいます。私たちがキリストに信頼を置く時、私たちはキリストの思いと知恵を持つようになります（1コリント2:16）。その時になって初めて、私たちはなぜキリストが、人間的に不可能なこと、例えば赦すことを、私たちに求めているのかを理解することができます。それに従うならば、私たちは平安な人生で報われるのです（ローマ8:5-6、ピリピ4:6-7）。

　もう一つ理解しておくべき重要なことは、赦しは必ずしも互恵的である必要はないということです。人は、私たちが彼らを赦した後も、それ以前と全く変わらないことが多いのです。多くの人が赦すことを拒否するのは、誰かを赦すことで、自分を怒らせた人が罰を受けずに済むと考えるからです。彼らは、相手が自分にしたことを承認しているような気がします。しかし、私たちがこの件で神に従うならば、神が私たちの魂に安らぎを約束してくださることを、私たちは理解しなければなりません。キリスト・イエスにあって生きるということは、イエスの求められたことを実行することを私たちが積極的に選ぶということです。そして、どんなにそれが嫌な事でも、私たちはクリスチャンとして、赦しに向けて最初の一歩を踏み出す責任があるのです。

　最後に、赦しは一つのプロセスであることを覚えておくと良いでしょう。私たちはただ「その人を赦します」と言って、すぐにその人を愛するようにはなりません！

多くの場合、私たちは神に「赦したい」という<u>思い</u>を求めることから始める必要があります。私たちはこのプロセスを百回繰り返さねばならないかもしれません。しかし、私たちが御父の前に自分の意志を屈服させ、神の道に従って生きるための助けを求めるたびに、私たちは一定の癒しを受け、強められていくでしょう。赦すことは、私たちが不当に扱われた際の人間的な自然の反応ではありません！　傷が癒えるまでには時間がかかります。しかし、赦すことによって神の御心に従うならば、私たちはある日、その人に対して嫌な気持ちを抱いていないことに気づくでしょう。そして私たちは、私たちの心に食い入る苦味から解放されるのです。

- 自分を傷つけた人たちを赦したいという思いを求めて祈ろうと思えますか？

私たちは御座の間に近づくことができます

イエスの血の犠牲のおかげで私たちは直接神の御前に進み出ることができると聖書は言っています（エペソ3:12、ヘブル10:19-22）。この概念の重要性を理解する方法には一つ、この地上の王や大統領を思い浮かべてみることがあります。あなたはスペインの国王に手紙を書いて、彼の宮殿に一週間滞在したいと頼むことができると思いますか？　あるいは、オーストラリアの首相の個人的な電話番号に電話をして、2～3時間話をすることができると思いますか？　もちろん、そんなことはありません！

しかし、驚くべきことに、私たちはいつでも宇宙の創造主（スペインの国王やオーストラリアの首相を<u>造った</u>お方）に話しかけることができるのです。これは、イエス・キリストが私たちの罪の代価を支払うことによって、私たちを神との正しい立場に立たせてくださったから可能なのです。この負債が支払われたおかげで、私たちは神の御前に進み出ることができるほどに「聖い」と見なされてるのです（ローマ5:9-11）。

また、私たちとイエスとの関係を通じて、私たちを赦してくださるのが神であることを理解することも重要です。私たちの罪は他のどんな人間によっても赦されるものではありません。私たちは人を傷つけた行為に対して他者からの赦しを受けることはできますが、私たちの罪深さは主によってのみ、赦されることができるのです。私たちが素直に悔い改めて神の御前に出る時に、私たちの告白が神の赦しをも

たらすことを知っていると、とても慰めになります（１ヨハネ1：9）。人に罪を告白することは、癒しのため、責任を果たすために重要なことですが（ヤコブ5：16）、御父と直接に接することは真の回復と贖いをもたらします。

　また、多くの宗教の慣習とは違って、聖書には、神に罪を告白するために私たちが宗教的な人物を介する必要はないことがはっきりと書かれています（ヘブル4:14-16）。私たちには、他のどの宗教にもない神の独自の恩恵があります。私たちには仲介者である<u>イエス</u>がおられるからです（ヘブル　8：6）。それは、イエスが私たちのために執り成してくださり、私たちのために御父に祈ってくださることを意味しています。そのために、私たちは祈りを終える際に「イエスの御名によって」と言うのです。御父とイエスが私のことを話しておられるのを想像しただけで、私は大きな喜びを感じます！

　十字架上で起こったことを本当に理解し始めると、私たちはこの赦しという分野で、聖霊に導いていただくことがどれほど重要であるかが分かってくるでしょう。現実的に考えれば、私たちの御父が私たちの罰をこんなにも寛大に取り除いてくださっているのですから、私たちには過去の不平不満を固持する権利がないことに気づくでしょう。だからこそ、イエスは、私たちが神からいただく赦しを、私たちが他者を赦すことと結びつけられたのです。イエスは、神が私たちに非常な愛をもって与えてくださったのと全く同じ優しさを、私たちもまた他の人たちに与えることを願っておられるのです。

・　あなたは、神があなたの罪を本当に赦してくださったと信じていますか？

要塞化した私たちの壁

私たちが痛みや攻撃から自らを守るのは自然なことです。しかし、再び傷つけられないようにと自分の感情の周りに壁を築き続けると、私たちは自らを<u>不能にしてしまいます</u>。私たちの生活は、もろく、不安定なものになります。私たちが埋めてしまった痛々しい古い思い出が常に私たちを圧倒してしまう恐れがあるからです。私たちは自分の感情を恐れるあまりに、どんな人間関係においても本物の親密さを経験することができないかもしれません。次のことを覚えておいてください。私たちの壁は、他者を入らせないものかもしれませんが、それはまた同時に、私たちを閉

じ込めておくものでもあるのです。実に、私たちの防護のメカニズムは、私たちからいかなる感情を感じる能力をも奪ってしまう可能性があるのです。

　私たちが年齢を重ねるにしたがって、自分自身を守るために築いた壁がだんだんと効力を失ってきていることに気づくと、状況は悪くなる一方です。もしかすると私たちは、過去に私たちを傷つけた何かに対して、激しい恨みを抱いているかもしれません。私たちは自分がそれに対処する代わりに「仮面」をかぶっていることに気づきます-　「私は大丈夫」、「私は怒ってない」、「私は何とか切り抜ける」という仮面です。

　問題なのは、これらの仮面を常に使っていると、私たちは他の人たちに対して正直になる能力を失ってしまうことです。私たちが自分の感じている強烈な痛みや怒りを隠そうとして自分自身を欺くのに忙しいからです。私たちは自分の人生をうまくコントロールしていると見せかけようとして自らを自分の本当の気持ちから遠ざけ続けるため、自分自身のことにも疎くなる可能性があります。しかし、苦悩には発散が必要なもので、私たちは実際にはそれほど極端なようでない状況でも、極度の痛みや怒りを経験するかもしれません。

　神は私たち以上に、私たちの癒しを望んでおられることを覚えておいてください。そして、私たちが神との親密な交わりを続けることを選ぶならば、神は私たちを助け、死ぬまで私たちを堅く保ってくださることを約束されます（１コリント1:8-9）。

- あなたは上記の不健全な対応例のいずれかに共感することができますか?
- 「うまくやりこなしている」という印象を与えるために、あなたはどのような仮面をかぶっていますか?

赦さなければ苦しむのは私

人間は、自分が傷つかないように自然と壁を築きます。これは全く正常な反応であり、それは一時的には健全な盾（シールド）にもなりえます。しかし、生活の中で、絶えず感情的、精神的、肉体的に自分自身を守らねばならない経験をしてきたならば、私たちは癒しを受けるためにこれらのつらい記憶を再訪する必要があるかもしれません。

　傷ついたことがあると、不健全な反応を起こすのはよくあることです。けなされたり、恥をかかされたり、無視されたり、虐待されたことのある人々は、様々な破壊的対処法を示すことがあります。一方では、非常に批判的になり、人を見下すようになるかもしれない人たちがいます。これらの人々は、自分が常に正しいと思い、誰も寄せ付けません。彼らは喜びを経験することが殆どありません。彼らはうわべだけでも自分の人生をコントロールしていると感じられるように、ことのほか計画的できちんとしている必要があります。心の奥底では、自分の感情がコントロールできないことを知っているからです。

　それとは正反対に、完全に受動的な人たちもいます。彼らは人の言いなりになります。自制心や自尊心がほとんどなく、過去の傷について誰にでも率直に話します。そういう人達は自分のことを利用したり、悪用したりする人々を引き付けるようです。このような人々は、自分の人生の中で起こるほとんど全てのことに対して、罪悪感を感じる傾向があります。

　これらは極端な例であって、私たちはその中間のどこかに位置している可能性があります。要は、恨みを持って生活することは、文字通り私たちの人生を台無しにしてしまうということです。私たちが何度も繰り返し自分の古い傷を思い出し続けるなら、それらは最終的に私たちを破壊してしまいます。私たちは気づいてもいないことが多いのですが、私たちの不健全な欲望、感情、行動を駆り立てるのは、私たちの不寛容な心なのです。そして、他の人への敵意が、私たちを自分にとって良い人間関係や、勝利のクリスチャン生活から遠ざけているかもしれません。もしあなたが他人を赦すことができていないなら、あなたは自らの過去の奴隷になっているのです。自分のつらい思い出に縛られているからです。重要なのは、神に私たちの心と思いを変えていただくかどうかは、_私たちの_選択であるということです（ローマ12:2）。

　私たちは、赦すときにのみ、自由を体験することができます。過去を取り除くことで、聖霊がますます私たちの内に住まい、働けるようになります。私たちが癒しを得られるように神に私たちの痛みを表面化していただくことは、恐れを伴うプロセスであることが多く、それはある程度の苦しみをもたらすでしょう。しかし、私たちはこれらの問題に対処できるよう神に助けを求めることで、このプロセスを開

始することができます。クリスチャンのカウンセラーからサポートや指示を受けることが必要になるかもしれません。私たちの人生は回復されうると神は約束されていますが（ヨエル2:25）、それは私たちの選択なのです。超自然的な癒しは私の人生の中で起こりましたし、私は人生の中でひどいトラウマを経験した人々が大々的に癒されたのも目にしてきました。

- あなたの人生に喜びと平和が欠けている理由は、赦していないことが原因の一つであるかもしれないと思いますか？

私は神に名誉をもたらしているだろうか？

真の悔い改めは、私たちが自分の態度を悲しむことから始まります。私たちは自分が不当な扱いを受けたことは否定できませんが、神は私たちが怒りの感情を克服することを求めておられます。私たちがキリストに従う者であると自称するのなら、私たちはどんなことをされたとしても、神を讃えるような行動と対応をする責任があります。このことは、あなたを傷つけた相手をその責任から解放することにはなりません – 彼らは自分がおこなったことに関して神に答えることになります。しかし、正直になれば、私たちは、恨みを抱いたり、復讐を求めたりする私たち自身の行動もまた、神のみこころに沿った行動ではないことが分かるでしょう。

だからこそ、神は「復讐はわたしのすることである」（ヘブル10：30）と言われるのです。私たちを傷つけた人々に立ち向かい、罰する権利を持つのは、神だけです。私たちの務めは神の命令に従うことであって、他人の罪を裁くことではありません（ルカ6:37、ローマ2:1-4、16、ヤコブ4:11-12）。

さらに、私たちが赦そうとしないなら、私たちは聖霊を悲しませます。なぜなら、私たちが心を頑なにすると、聖霊は私たちの人生に働くことができないからです（エペソ 4:30）。私たちは、私たちを怒らせたり傷つけたりした人たちを赦し、その人たちのために祈り始めなければなりません！　他者を赦すことを選ぶというプロセスは、自分に害を与えた人を一人一人思い出そうと頭を絞って考えねばならないということではありません。しかし、まだあなたを怒らせたり、傷つけたり、否定的な感情を引き起こす人のことが心に浮かぶなら、あなたは赦す必要があります。

神は私たちに赦すことを命じられます。私たちが赦さなければ、大きな報いが伴います。なぜなら神は、霊的、精神的、感情的に自由になる唯一の方法は、私たちが自分の痛みや怒りを手放すことであると知っておられるからです。その状況から手を放して神に働いていただく時に、　私たちはすばらしい平安を得ます。それだけでなく、神は私たちが自分でするよりもはるかに優れた働きをしてくださるのです!

- その人のことを思い出すと今でもあなたが否定的に反応してしまう人を、あなたの過去から何人か挙げてみてください。

- 一週間目は、そのリスト中の人物一人のために毎日祈り始める決意をしてください。二週目には、その人のために祈り続けながら、リストからもう一人の人を追加します。たとえあなたが誰かを赦したくなくても、その人のために祈ることができるように、あなたの心を変えてくださるよう、神に祈ることができます。あなたと同じように、彼らもイエスを必要としていることを忘れないでください!

こんなの楽しくない

私たちを深く傷つけたり、私たちに嫌な思いをさせたりした人を赦すプロセスには、おそらく痛みが伴うでしょう。私たちが自分の肉を十字架につけるのはいつも痛みを伴うものです。しかし、痛みには「良い痛み」と「悪い痛み」の二種類があります。悪い種類の痛みは、自己憐憫と自己嫌悪につながります。自分の置かれた状況の犠牲者として生きることを選ぶ時、私たちはこの種の痛みからは何も良いことが生じないのを心の奥底で知っています。ただ「人生を成り行きに任せる」人たちの多くは、実は、自らを尊重していません。人生を改善するために何もしていないことが彼らには自分で分かっているからです。神は、私たちが勝利して、神の国の戦士となるように意図されたのです!

「良い」種類の痛みとは、私たちが成長したり、癒されたりしていく間に経験する苦しみです。神の似姿に変えられていくにつれ、私たちはたとえ痛みを感じても、試練の末には勝利がもたらされることを知っているので、望みを抱きやすいのです。そして、古い苦い感情を克服していく時、私たちは自分の人生の中に神によ

る回復を見ることができます。赦さないことは、イエスの語る豊かないのちを締め出してしまうのです（ヨハネ10：10）。

　最後に、私たちが注意する必要があるのは、この成長と癒しと自省の期間を通過していく際、私たち人間には、深く自分自身に向き合わねばならないのを避けるために何かを「行おう」とする傾向があるかもしれないことです。私たちは自分の睡眠時間が増えていたり、無理をしてもっと多くの活動に関わっていたり、自分が孤独を避けたりしている事に気づくかもしれません。これは否認と呼ばれるものです。問題なのは、赦しなさいという神の命令に抵抗し続けるなら、私たちの否定的な態度が他の形で現れ始めることです。私たちはますます敏感になったり、怒りっぽくなったり、批判的になったり、欺瞞的になったり、無関心になったり、孤立したり、落ち込んだりすることになるかもしれません。

直接会って赦さなければならないか？

あなたが赦すべき相手が亡くなっていたり、どこに住んでいるのか不明な場合もあるかもしれません。あるいは、面と向かって赦しを申し出ることが危険だったり、有益でなかったりするかもしれません。赦した結果として相互に関係が修復されるのが理想的ではあるものの、場合によってはそれが不可能なこともあります。さらに、相手側が主のために生きていない場合、おそらく彼らにはあなたを赦す能力がないでしょう。それで、その関係において赦しているのはあなただけになってしまいます。この難しい期間を乗り切る方法の一つは、信頼できるクリスチャンの友人に、あなたが過去に関わった人を赦そうと取り組んでいることを伝えることです。彼らにあなたのために祈ってもらい、あなたに経過説明の義務を負わせるようにしてもらいましょう。この場合、赦しは主との静かな祈りの時間の中で起こることもあります。

　あなたもまた、あなたの人生に関わる人たちを傷つけてきたことを忘れないでください。おそらく、あなた自身も赦してもらうのを望んでいることでしょう。私たちは愛と赦しと回復を必要とするべく造られました。たとえ時に傷ついても、神の方法で物事を行う結果、私たちはよりキリストに似た者となります。本当のところ、赦すことを拒否すれば、私たちは決して勝者にはなれません － その代わりに、

私たちは私たちの関係に害を与えることになるでしょう。自分の痛みに対する「権利」を放棄するまで、私たちはクリスチャンとしての歩みにおいて苦悩し続けるでしょう。このように考えてみてください － 私たちはどちらにしても、人生の中で痛みを経験することになります － あなたが望むのはそのための惨めさや悲しみですか、それとも大いなる報酬ですか？

- ここで立ち止まって、あなたが自分自身に正直に向き合うことを妨げている障害物があれば、それを示してくださるように主に静かに祈りましょう。あなたが自由になれるように、これらの問題について祈り始めてください。

赦すのを拒んだら？

私たちは、私たちが赦そうとしないことを神が非常に問題視されることを学びました。私たちの罪は十字架上のイエスの死のお陰で赦されていますが、私たちが他の人を赦さないでいると、私たちと神との関係は損なわれてしまいます（マルコ11：24-25）。私たちに対する罪の大小にかかわらず、私たちが誰かに対して恨みや苦い思いを抱いていると、結果は同じことです。それは私たちの人生に不健全な産物をもたらします。赦さないことは、私たちがクリスチャンとしての勝利のうちに歩むことができない理由の中で最も一般的なものの一つです。

あなたは「私を傷つけた人のことはみんな赦している」とか、「そんなことは過去のことだから忘れてしまった」と自分に言い聞かせているかもしれませんが、あなたが実際にこのことについて自分自身を見つめ直し、ふりかえってみましょうするための時間をとらない限り、あなたの古い感情はおそらくまだ残っているでしょう。もしあなたが人間関係の中で深い親密さをなかなか経験できないでいたり、あなたに本物の健全な自己愛や自尊心が欠けていたりする場合は、苦い思いが問題になっているかもしれません。

他の人や状況にコミットすることができない人もいるかもしれません。比較的「良い」環境で育った人であっても、私たちは人生の中で誰かしらから害を与えられたことがあるもので、時には気づかないうちにその人たちに対してまだ怒りを抱いていることがあります。私たち全員が、「赦しを拒む怪物」を隠し持っているわけではありませんが、これは間違いなく考えてみる価値があることです。

・ あなたの人生にはあなたが赦すのを拒否している人がいますか?

自分自身を赦し、神を赦す

私たちが赦しを考える際にしばしば見落としがちなのは、自分自身です。私たちは過去に誰かを傷つけたために、途方もない罪悪感を抱えていることがあるかもしれません。自分自身を赦すことは、自由への大きな一歩です。真実を言えば、イエスが私たちの罪のために死んでくださったのですから、自分自身を赦さないのは傲慢なことです。私たちが心から悔い改めれば、イエスは私たちを赦してくださるのですから。

　自分を赦すことに関して私が耳にする最も一般的なケースの一つは、親として子どもの成長過程に不在だったことに関するものです。この罪責感のせいで多くの人が人生を台無しにしています。私たちが理解する必要があるのは、神に赦しを求めたのならば、私たちは過去を手放し、神が私たちの心を癒してくださるようにする必要があることです。私たちにできるのは、現在と未来について何らかの手を打つことだけであるのを忘れないでください。過去は過ぎ去ってしまい、変えることはできません。実際のところ、私たちが傷つけた人たちは、彼らの人生に私たちを再び受け入れてくれるか、受け入れてくれないかのどちらかです。何年間も自分を責め続けても、その結果が変わることはありません。しかし、自分自身を赦すことで、私たちは求めている平安を手に入れることができるのです。

　もう一人、私たちが赦しの対象として思いついていないかもしれないのは、主ご自身です。私たちは、不幸や虐待を経験していた時に神は助けてくれなかったと思い込んでいるために、神に対する古い怒りの感情を抱いているかもしれません。多くの人が次のように問います。「神が私を愛していて、神に支配権があるのなら、なぜ神は私がその苦しみを経験することを許したのか?」　真実のところ、神は人が自由意志を持つことを許されています。私たちが苦しむことは神の意図ではありませんが、人類は反抗によってこの世に罪をもたらしました。そのために、人間の経験には痛みと失望が伴うのです。

　しかし、私個人は、自分が体験した痛みや苦しみをどんなものとも交換したいとは思いません。そのお陰で、ひどい苦難を経験している人たちに対して思いやりを

もてるようになったからです。素晴らしいのは、私たちが神を私たちの人生に受け入れるならば、神は最終的には、私たちに対して図られた悪から善をもたらすことを約束してくださっていることです（創世記50:20）。

- あなたが自分を赦していない可能性はありますか？ あなたは神を赦しましたか？

赦しには大きなメリットがある！

赦すことを選ぶと、私たちは神の声をはるかに受け入れやすくなります。神が私たちの人生において何をなさりたいのか明かしてくださるのを自由に聞くことができるようになります。私たちが神の御霊の声を聞くことを学ぶにつれ、神は私たちの歩みを確かにしてくださり、私たちの重荷を引き受けてくださり、私たちが成長すべきところを示してくださり、その間ずっと成功するための力を与えてくださると約束されています（箴言3：5-6，マタイ11：28-30，エペソ3：14-21）。神との愛に満ちた親密な関係は、私たちの空虚な人生を霊的、精神的、感情的、身体的に満ち足りた、目的のある人生に変えてくれます。神のみが、この上ない喜びと平安の賜物を私たちに与えることができるのです。

　私たちが赦すときに受け取るもう一つの報酬は、私たちが頭の中で否定的な古い「録画テープ」を再生してそれに反応することから解放されることです。赦しはその古い痛みの力を奪います。主は「主をおのれの喜びとせよ。主はあなたの心の願いをかなえてくださる。（詩篇37:3-5）」と言われます。この聖句にある「喜ぶ」という言葉は、私たちが恋人のことを考えるように頻繁にイエスのことを考えることを意味しています。それには、日常的にイエスに語り掛け、イエスの意見を求め、イエスの指示を求め、生活のあらゆる面でイエスの助けを求め、一日を通してイエスを賛美する方法を探すことが含まれます。私たちが恨みや苦い思いを持って生きていると、このようなライフスタイルは完全には実現できません。

　過去を手放し始めると、私たちは壮大な神との親密な関係に投資するための時間とエネルギーをもっと持てるようになります。私たちは心が柔らかくなっていくのが分かり、神が私たちのために望んでおられることを強く望むようになります。主の御心を行うことははるかに容易になるでしょう。また、神に従い、神を信頼する

につれ、私たちは自らのために用意された正しい道を歩んでいることが分かり、人生においてもっと安心感が得られるようになります。それはうるわしいプロセスなのです!

　最後に、神のやり方と神のタイミングに自らを委ねると、私たちはこれから先の人生について心配することが少なくなります。救い主をより完全に知るようになると、私たちは自分が将来のことをそれほど恐れなくなっていることに気づくでしょう。主が完全に支配しておられることを理解するようになるからです。主が私たちのために戦い、私たちを守り、私たちに力を与え、私たちを愛し、慰めてくださることを信じるようになると、私たちは自分自身に向いていた焦点を神や他の人たちに向けることができるようになります。

神は絶対に私たちから離れず、私たちを見捨てられません

神は何があっても私たちと共にいてくださいます。たとえ最悪のことが起こったとしてもです。主は、私たちの一生を通じて、私たちのあらゆる必要を備えるための力と意志と願いを持っておられる唯一のお方です。私たちが求めるよりも前に、主は私たちの必要をご存知です。信じられないかもしれませんが、神は地を創られる前から、私たちの人生の道を定めてくださっています（エペソ1：4）。そして私たちが最後まで主との関係を保つならば、私たちは天国を楽しみにすることができるのです!

　神は私たちが神の道を歩むことを全面的に望んでおられます。それは神の道が、私たちに深く永続的な喜びと安心をもたらす唯一の道であることをご存じだからです。私たちが神の声を知り、神の心臓の鼓動を聞くようになる時、つまり、私たちが深い癒しを受ける時、そして私たちを創ってくださった方によって、私たちの最大の必要を満たしていただく時に、私たちは自分自身と他者を完全に愛し始めることができるのです。私たちは、人生に必要な方向性をついに手に入れることができるのです。私たちは、世や他の人たちからも、また自分の努力でも決して受け取ることのできなかった新しい自信を得ることができるでしょう。

　今こそ、過去に関わった人たちを赦したいという願望が与えられるように、神に願うべき時です。神があなたの心を変え、あなたの持っている赦しの能力を変えて

くださるに従って、それらのネガティブな感情を手放してください。過去にあった
出来事を悲しんだ後には、あなたに不当なことをした人たちのために祈り始めるこ
とが不可欠であることを覚えておいてください。そして辛抱強く待ってください　‐
私たちの心が新しい考え方をするようになるには、時間と努力が必要です。しかし
ながら、その報酬は素晴らしいものです！　あなたは不寛容という束縛から本当に解
放されることができるのです！

ふりかえってみましょう

これらの質問に答える際には、急がないことが重要です。私たちは何とかうまくやっていくために、これらの過去の思いや感情を押し殺してしまっていることがよくあります。あなたには隠れた感情を神に明らかにしてもらう必要があるかもしれません。

1. あなたの人生には、許せないことが原因で否定的な結果が生じていませんか？

_____

_____

2. この学びを読む以前に、あなたは神があなたに他の人を赦すことを求めておられることを知っていましたか？

_____

_____

3. あなたが他者を赦すことの妨げとなっているかもしれない恐れを３つ挙げてください。恐れには、以下のようなものが含まれるかもしれません。

- 「彼らは決して私のことを赦してくれないだろう」
- 「私が彼らを赦したら、彼らは私を傷つけ続けるだろう」
- 「彼らを赦したら、私は彼らがした事は問題なかったと言っていることになる」

_____

_____

_____

_____

4. あなた自身の人生において、他者を赦すことを妨げているかもしれない障害にはどのようなものがありますか？ （プライド、心の頑なさ、恐れ、自分の罪深さの否定などが含まれるかもしれません。）

_____

_____

5. あなたには自分自身や神を赦すことが困難ですか？

_____

_____

6. あなたの不寛容な態度を明らかにしてくださるよう、神にただ求めることは、あなたが自由への道の第一歩を始める助けとなります。もしあなたが特定の人を赦していないことを自覚しているのであれば、あなたがこれらの感情を手放し、彼らを赦すことができるように、あなたの心が神の恵みで圧倒されるよう願いましょう。

_____

_____

_____

_____

7. もし赦すことは不可能だと感じるなら、そうするための願望と能力を与えてくださるよう神に求めましょう。次のような計画も良いでしょう。今週は毎日、自分の心を柔らかくし始めてくださるように神に願います。そして来週は毎日、人生の中で自分が赦す必要のある人を明らかにし始めてくださるように神に願います。そしてその次の週に、その人たちのために祈り始めます。あなたの経験を書き留めておくと、自分の成長経過を追うのにとても役立ちます。今は不可能だと思われることが、後になって現実になるのです。試してみてください！

_____

_____

_____

_____

_____

メモ

自由

✻✻✻

イエス・キリストが私たちの自由です！

「自由（無料）」と聞いてあなたが真っ先に思い浮かべることは何ですか？　誰か
が「無料だよ」と言うと、あなたは懐疑的に感じるかもしれません。私たちの大半
は、人生において、本当に自由（無料）なものはほとんどないことを経験から学ん
でいます。そしてもっと重要なことですが、私たちの多くは、自分が束縛されてい
ると感じるような習慣や特性を持っているのです。しばしば、私たちは自分が本当
に自由になれるチャンスがあるのかどうか疑問に思うことがあります。

イエスと私たちの自由

あなたは、私たちが人間として罪の中に生まれていることを知っていますか（詩篇
14:1-3、ローマ3:9-12）？　多くの人は、自分は「基本的には良い人」であると信
じています。しかし、聖書によると、私たちの心は陰険なのです（エレミヤ17:9-
10）！　私たちは自分の罪の性質の奴隷になっています（ローマ7:14-25）。そし
て、神のご介入なしには、私たちが自分の罪深さを軽減するためにできることは一
つもありません。

　「自由」という語はギリシャ語では、「解放する、奴隷であることをやめる、責
任を免れる」という意味です。神の視点からすると、私たちは間違いなく罪の責任
を負っています。しかし、イエスはまさに、私たちをこの生まれつきの性質から解
放するために来られました（1コリント1:30、1ヨハネ3:4-6、黙示録1:5）。イエ
スは、私たちがどんなに努力しても、絶対に自分の罪の性質を克服することができ
ないことを知っておられました。

イエスはなぜ私の罪のために死なねばならなかったのか？

イエスは私たちの救い主と呼ばれています。それは、私たちが何かから救われる必要があったことを意味しています。イエスが私たちのところに来ることを選ばれたのは、世界が創られる前から私たちを愛してくださっていたからです（1ヨハネ4:9-10）。イエスは、私たちが神と和解し、神との親密な関係を楽しむことができるように、私たちを罪の性質から解放したかったのです（2コリント5:18-21）。イエスは、私たちの罪に対して神が要求された罰の支払いをされました。私たちは自分の命で支払うことはできませんでした。私たちの聖さは十分ではないからです。私たちの命だったら、不潔ないけにえとなっていたでしょう。神は完全であり、私たちは完全ではないので、神が要求された犠牲は、純粋で汚れのない支払いであり、全く罪の伴わない支払いでした（出エジプト記12:5、1ペテロ1:18-19）。

　完全に人間であり、完全に神であるイエスは、生きながら一度も罪を犯したことのない唯一のお方でした（ヘブル4:14-16、1ペテロ2:22-25）。ですから、イエスはこの偉業を成し遂げることができる唯一の完全なお方でした。誰かが私たちの罪の代価を支払わねばなりませんでした。それによって、汚れた私たちが聖い神に近づけるようになるためです。その代価には死、つまり罪の代償として流される血が含まれていました。神の御言葉は、命の支払いは誰かの命によってしかできないと言っているので、血が流されなければ、罪の赦し（解放、赦免、赦し、救い）はないのです（レビ記17:11、ヘブル9:22）。

私は自由だ！

罪を犯すことは簡単です！　これまで私たちにはいつでも背く「自由」がありましたが、本当の強さと品性は、私たちが持っている肉の欲望に抵抗する能力において証明されます。イエスなしでは、私たちは自分の罪の奴隷なのであり、敬虔さと義を選ぶことは全くできません。これは、聖霊が私たちの罪深い古い肉の中に宿ることができないからです。しかし、私たちが神に人生を捧げれば、聖霊は私たちのうちに働いて、私たちをキリストに似た者に変えてくださいます（2コリント3:16-18）。そうすれば、私たちは神の栄誉となる有益な選択をすることができるようにな

ります。それは神が、私たちに望んでおられることを行うための超自然的な強さを神が私たちに与えてくださるからです（ピリピ2:13）。

　イエスはご自身の血によって私たちを贖われます。その血は、私たちが神と親しくなれるように、私たちの罪を消し去ってくれます（イザヤ1:18、1ヨハネ1:9）。キリストが私たちを和解させ、神のもとに連れ戻してくださった時、主は私たちの霊にいのちを与えてくださいました（ヨハネ3:5-8、エペソ2:4-7）。そして聖霊は今、すべての真の信者の中に住んでおられます（ローマ8:9）。これは驚くべきことです！

　イエスの犠牲のおかげで、私たちは今、律法の呪い、利己主義、また、悪魔や世の影響から真に自由になっています（ローマ3:21-26、ローマ6:1-18）。十字架の力は私たちに新しいいのちを与えてくれます。なぜなら、イエスを死者の中からよみがえらせたまさにその力が、私たちの罪の性質、つまり私たちの「肉」に打ち勝つために、私たちに用意されているからです（コロサイ1:19-22、ガラテヤ6:14-16）。

　聖書には、私たちはキリスト・イエスにあって新しく造られたと書かれています（エペソ2:10）。これは、私たちが二度造られたことを意味します。私たちが自然に生まれた時に一度、そして再び、私たちが霊的に誕生した時です。そして、神の素晴らしい備えのおかげで、私たちが生まれ変わると、聖霊が私たちの人生において神の永遠の実をもたらすことができるようになります。この種の実は、人々をイエスに引き寄せます。そのため、クリスチャンは迷い出ている人たちが神と和解するのを助けることができるのです。他の人たちをキリストのもとに連れてくることは、永遠に損なわれることのない収穫であり、天で私たちに与えられる報いは、それに対してのものなのです。

イエスにあって自由であるなら、神の旧約の律法はまだ守らなければならないのでしょうか？

旧約聖書において神の「律法」に含まれていたのは、十戒と、ヘブル人が国として成功するため、さらに重要なことには、神の民として成功するために与えられた、道徳上の市民としての必要条件でした（申命記7:6）。イスラエル国家を形成した

神の目的は、イスラエル人を通して神の愛を世界に示すことでした。こんにち、私たちが「律法」という時、それは通常、十戒を指します。古い儀式的な律法や集団生活に関わる律法の多くは、もはや私たちの文化には適用されないため、効力を失っています。 しかし、神の道徳的な律法は永遠であり、すべての文化、時代、世代を通じて適切なものです。

　イエスは来られた時に、神の道徳的律法を完全に満たされていました（コロサイ1:15-20）。それゆえ、イエスは旧約聖書の律法を二つの声明に要約されました。「心を尽くし、思いを尽くし、知力を尽くして、あなたの神である主を愛せよ。」「あなたの隣人をあなた自身のように愛せよ」（申命記6:4-9、マタイ22:36-40）。簡単に言えば、私たちが全身全霊で神を愛する時、私たちが他者を愛せるように、神は私たち自身の能力を超えた力を与えてくださるのです。私たちは主と他者を愛する時に律法の要件を「満たし」ます。私たちはもはや神や、他者、また自分自身を傷つけたくはないからです。

　この概念をさらに理解するために、イエスの時代を振り返ってみましょう。イエスが来られたユダヤ社会には、神が最初に定められたもの以上に<u>何百件</u>もの余分な口伝律法を作った宗教熱心な指導者たちが大勢いました。人間が作ったこれらの規則は、礼拝時の振る舞い方から、食べ物、話し方、服装、商売の仕方まで、すべてを規定していました。

　追加されたこれらの律法の多くが抱えていた問題は、

1. それらは神が要求されたものではなく、人々を強制的に服従させようとするものだったこと、

2. 彼らは自分たちの規則に圧迫されるあまり、主の喜びや、人に仕える喜びを失ってしまっていたこと、

3. 高ぶりと欲のために、彼らの心は主に対して完全に頑なになっていたことです（イザヤ29:13）。

彼らにとっては「規則を守る」ことがすべてだったのです。 それだけでなく、彼らは自分たちの律法を<u>非常に</u>誇りにし、「聖人」ぶって町中を気取って歩き回るのを好みました。彼らは貧しい人たちから奪い、庶民からの敬意を要求しましたが、彼

ら自身は敬虔な生き方をしていませんでした。これこそが、イエスが彼らと対決された際に憤慨されたことなのです（マタイ12：33-37、23：27-28）。

　さて、私たちはこのような人々の態度を見下す前に、私たちクリスチャンが全く同じサイクルに囚われる可能性があることを覚えておかねばなりません。自分たちで作った細かなルールを他人に押し付け、その規則のことで優越感に浸るのです！誰しもきっと、霊的に非常に優れているかのように振る舞う人たちに遭遇した経験があるでしょう。彼らは高ぶって、何でも知っていると思われたがりますが、愛、喜び、平安、思いやりに欠けています。彼らと一緒にいるのは全くもって悪い夢でも見ているかのようです。

　皮肉なことに、彼らは「宗教的な」分野ではうまくやっている「ように見える」ので、私たちは彼らに劣等感を感じることさえあるかもしれません。しかし、人生に喜びや愛がないまま「キリスト教のルール」に従っている人々を掻き立てている動機は、主にとっては悪臭を放つものです。彼らは神を「喜ばせる」どころか、神の名誉を傷つけています（ルカ18:9-14）。イエスは失われた者を救い、弱者に力を与えるために来られたのですから、未信者や弱いクリスチャンに対して、このように高慢で無慈悲な振る舞いをすることは、主を侮辱することなのです。

大きな見返り

何かを与えられた際に恩返しをするのは人間の本性であり、イエスが私たちのために代価を支払ってくださったためにイエスに「お返し」をしたいと願うのも同じことです。問題は、私たちの救いに関しては、この考え方が大変邪魔になってしまうことです。私たちは救われるために何かを<u>しなければ</u>ならないと感じます。あるいは、イエスにもっと愛してもらえるように、もっともっと頑張ろうと思ってしまうのです。私たちは、「もっと教会に行ったり、もっと献金をしたり、アベマリアをもっと唱えたり、人にもっと優しくしようと『努力』したりすれば、神にもっと評価してもらえるだろう」と言います。最も純粋なクリスチャンでさえも、この概念と格闘しています。新生したクリスチャンとして、私たちは自分の罪を償う必要性を感じているかもしれません。もしあなたに以下のような感情が少しでもあるなら、あなたはまだ古い考えに鎖でつながれているかもしれません。

- イエスに赦しを求めた後も、過去の罪について常に罪悪感を感じている。
- 常に自分を評価していて、自分が完璧ではないと感じる。
- あるいは、あまりにも自分が恥ずかしくて神となかなか向き合えない。

そうであるなら、あなたは、イエスがあなたに対する絶対的な愛のゆえに、あなたの人生に適用してくださった恵みを理解しなければなりません。イエスはすでに、あなたの罪と私の罪のために、今も、また永遠にもその代価を支払ってくださっています。イエスにお返しをしようとするのは、新車を贈り物として受け取ってから数日後、ディーラーに戻って、すでに支払いの済んだ車のために高額で負担の大きい月々の支払いをさせてもらえるかと尋ねるようなものです！ これは滑稽に聞こえるかもしれませんが、時として、私たちが神に対してしていることは、まさにそういうことなのです！ 私たちは逆戻りして、すでに終わっている取引の支払いをしたがるのです。

　ですから、私たちは神の愛や、好意や、備えを獲得するのに時間とエネルギーを費やす代わりに、努力の焦点を定め直す必要があります。私たちは、神の注目や愛情を得ようとするのをやめなければなりません。それはもう、そこにあるのですから！ 私たちはイエスとの歩みにおいて何かをすることを求められてはいますが、それは自分の罪を覆い隠すために働いたり、自分を良く見せようとしたり、自分には問題がないと他の人たちに思わせたりすることではありません。イエスがご自分の素晴らしい贈り物と引き換えに本当に望んでおられるのは、私たちの心が愛と献身に満ちている結果として、私たちが従順になることです。

　私たちの務めはキリストにすがり、

　キリストをよりよく知るようになり、

　祈りを通してキリストをますます愛し、

　真理を求めて聖書を熱心に調べ、

　自分の時間、才能、宝物を他の人に捧げることでキリストに完全に仕え、

　自分の人生に良い影響を与えてくれる本物のクリスチャンと一緒に時間を過ごすことです。

- あなたは神に愛されるために、「もっと多くのことをし」なければならないような気がしますか?

決意していない「クリスチャン」

未信者からこのような質問をよく聞きます。「イエスが実在し、彼が人々を自由にするために来られたのなら、なぜ多くのクリスチャンの振舞いはイエスに従わない人々と違いがないのか?」 私たちは皆、間違いを犯すものですが、そのライフスタイルが、聖書の中で神が私たちに与えてくださっている原則を反映していない人たちもいます。そのような人たちはキリストへの深い献身に欠けています。彼らは「自分の肉に死ぬ」決断をしていないからです(コロサイ3:5-9、ガラテヤ5:24-25)。肉に死ぬことには、自分の願望、夢、目標、態度、罪を積極的、意図的に神の御手に委ねる選択をすることが含まれます。それは、充実した祈りの時間を過ごすことを選び、日常的に聖書を読み、それに従う決意をすることを意味します。そして、それには、御霊の力によって神の御心を実行するために、意識的な努力をすることが必然的に伴います。

キリスト教を禁止している、世界中の多くの国々の隠れクリスチャンたちを観察すると、肉を十字架につけることについて、驚くような実例を見ることができます。その人たちは、キリストの福音を広めるために自分の命を賭けることをもいとわない力強い集団です。彼らの焦点ははっきり定まっていて、揺るぎないものです。彼らは自分たちの信仰の代価を正確に知っていますし、真剣です!「今日はクリスチャンらしくしよう、明日はどうかな」というような姿勢ではありません。彼らは聖書に述べられている生き方をし、絶えず自分の肉に死んでいます。自分の命を危険にさらしている彼らには、妥協点がありません。これが多くのアメリカ人クリスチャンに欠けているものです。私たちは世の一部になることにあまりに忙しく、世は彼ら自身とクリスチャンを見分けることができません。

もっともながら、キリスト教に対して多くの未信者が問題を抱えているのはこの点です。彼らはクリスチャンの言動に何の力もないのを見ています。実に、私たちは神ご自身の死によって、代価をもって贖われたのです(コリント6:19-20)! もしも、あなたが自分はクリスチャンだと言いながらも、暮らしの中で神の御国のた

めに全く何の実も結ばず、栄光ももたらしていないのであれば、猛省する必要があります。神が私たちを救ってくださったのは、私たちが失われた魂を御国に導くことで、神に栄光をもたらすためです（ローマ1:5）。クリスチャンライフは霊的な祝福に満ちていますが、悔い改めと従順も必要です。 私たちは神の目的のために自分の時間、賜物、お金を犠牲にすることなく、神の祝福を享受することはできません。

　勘違いしないでください。中には、自分は永遠に天国に行くと信じながら、さばきの日にイエスと対面することになる人たちがいるでしょう。イエスが「わたしはあなたがたを全然知らない。わたしから離れて行け」（マタイ7:15-23、マタイ25:1-13）と言われるのを聞いて、彼らは愕然とすることでしょう。クリスチャンであると自称しながら、全くイエスのように振る舞わないなら、私たちはイエスの名を汚してしまいます。自分勝手で罪深い生活を続けるなら、私たちは主の犠牲と恵みを安っぽいものにしてしまうのです。私たちが変われるようにと、その代価を払ってくださった主にとって、それは何と嘆かわしいことでしょう。

クリスチャンの自由 - それは心の問題です

私たちは、クリスチャンの自由が規則や規制に関するものではないことをすでに学びました。私たちが、意志の力や「頭脳の力」で罪を克服しようとしているならば、私たちは大きな問題に直面することになるでしょう。そのクリスチャンライフは、本来の心躍るものとなる代わりに、死刑宣告のようになってしまうでしょう。私たちが罪を克服するための本当の秘訣は、熱心にイエスを求めることです。私たちはイエスにあって喜ぶとき、イエスを喜ばせます。イエスが私たちを変えてくださるにつれ、私たちは自分の罪をありのままに見るようになります。私たちがイエスの存在によって清められていくからです。そして、私たちはイエスを愛するようになるが故に、イエスに従い<u>たい</u>と思うようになります。私たちは、「あなたは最近、<u>私</u>のために何をしてくれましたか」と要求する代わりに、顔を神の方に向けて、「我が主よ、私はあなたのために何ができるでしょうか」と尋ねるべきです。

私たちがイエスの素晴らしい贈り物にお返しできる唯一の方法は、イエスが全てである人生を送ることです。

　神の御言葉は、私たちがクリスチャンとしての歩みにおいて何をすべきか、どのように振る舞うべきかについて、絶対的な指示を与えてくれています。そして私たちは誰しも、愛が私たち自身の力や自己中心さを超えた物事を行う力を与えてくれることを知っています。私たちは愛のゆえに主に従う時、主が私たちに何かを要求されるのは、主が私たちを愛しておられるからであって、主が私たちを支配するためや、私たちに楽しみを与えないためではないことを理解し始めます。

　それは、私たちの子どもたちと同じことです。私たちが子どもたちの周りに境界線を設定するのは、私たちが意地悪で、彼らをコントロールしようとしているからですか？ そんなことはありません！ それは私たちが彼らを愛し、彼らができるだけ素晴らしい人物に成長してほしいと思っているからです。もし子どもたちが不従順であれば、彼らにはその報いが待っています。私たちは、子どもたちが私たちのルールを無視し続ければ彼らが傷つくかもしれないことを私たち自身の経験から知っています。また、彼らの反抗によって、親密な関係が損なわれてしまいます。これは神の子どもとして、私たちにも全く同じことが言えます。

　私にそれが分かるのは、イエスに命を捧げる前は、私は何でも自分のやりたいようにやって、自分は自由だと思っていたからです。しかし、振り返ってみると、世の道徳や価値観に沿って生きていた時には、私は本当は自由ではなかったことに気づきます。自分の選択を楽しむよりも、私は恐れと罪悪感を感じていました。私は自分の人生には何の目的もないことを知っていました – 人生を全く無駄にしていました。私は孤独で、自分が嫌いでした。しかし、神を敬うことを選び始め、聖霊に満たされると、私は生まれて初めて本物の自由を感じました。私には今や、善を行うことを選択し、正しい選択をすることを可能にしてくれる神の力がありました。その上、私はイエスに出会うまで無条件の愛を経験したことがなかったので、この愛の関係の中にいるだけで、超自然的な強さと自信を得ることができました（テトス3:3-8）。私は、私の人生には目的があり、神が私をご自分の栄光のために用いてくださることを理解するようになりました。やがて聖霊は愛と喜びと平安と希望の賜物を与えてくださいました。私は一度も自分の決断を後悔したことがありません。

・ あなたは今、自由を感じていますか、またはこの世の気遣いによって気が重く

なっていますか?

- あなたは自分が自由になれると信じますか?
- あなたは自分の信仰を貫く決断がなかなかできないでいますか?
- あなたは現状が快適なために、神にあなたの人生を変えていただくのを恐れていますか?

追い払わないで!

多くの人は無条件の愛を感じたことがありません。それが彼らを救い主の腕の中に引き寄せるものになっています。救われていない人は、「身を清め」てからでないと、教会に入ったり、神に近づくことはできないと誤解しているかもしれません。この誤った信念は、神の好意を得るために「行わねばならないこと」についてクリスチャンたちが繰り返し力説することで、しばしば強化されていきます。もしも私たちが、彼らもすぐに私たちの堅苦しい規則に従うべきだと主張するなら、私たちは彼らに、私たちの素晴らしいイエスに対して背を向けさせることになってしまいます! イエスは、私たちをさらに隷属させるためではなく、私たちを自由にするために来られたのです(使徒15:10-11)。

　現実には、人は自分が罪を犯すことを知っています。自分に罪があることを心のどこかで知っています。だから、教会に来た時に彼らが耳にすべきでないのは、彼らがどれほど「悪い」人間であり、「私たち」のようになるためにどれほど変わる必要があるかということです。彼らはイエスの愛と恵みについて聞かなければならないのです。ペテロはそれを「みことばの乳」(1ペテロ2:2-3)と呼んでいます。なぜなら、新しい信者たちは信仰においてはまさにその通り、つまり、赤ちゃんだからです。明らかに、これは彼らが信仰において成熟する必要がないという意味ではありませんし、また、彼らが神によって自分の人生を変えていただくことを拒んで、自分の罪に溺れ続けることが許されることも意味していません。真の改心は変えられた生き方を示します。彼らは間もなく、イエスという王に仕える特権のためには、どのような犠牲が必要なのかを知ることになります。そして、もし古い生き方を拒むために彼らに助けが必要ならば、イエスがなさったように私たちが本物の愛に満ちた訓戒を行うとき、神は私たちを通して彼らに対処してくださいます。

- 失われた人をイエスに導くために、あなたは今、生きていく中で何をしていますか? 今日からできることを二つ挙げてください。

どうすれば私はキリストにあってずっと自由でいられるでしょうか?

クリスチャンになると、やがて「聖霊の力において生きる」とか、「聖霊の力を使って聖い生き方をする」とか、「聖霊に満たされたクリスチャンとしての生き方」などという表現を聞くようになります。自分の肉やこの世に打ち勝つ力を私たちに与えるために、神は聖霊を遣わされました。私たちは聖霊の力によって生きることができなければ、やがて、自分の「肉の」自由が制限されていると感じるようになります。これは、私たちの肉が再び支配をしたがり始め、この世で私たちを惹きつけていたものが、再び私たちを誘惑することを意味します。そして、私たちはおそらく昔の生活に引き戻されてしまうでしょう。この時点で主に従おうとすると、自分で自分の首を絞めているような感じがするでしょう。私はこのようなことが起こるのを何度も見てきました。薬物、不良集団、虐待、厳格な宗教に代表される人生から信仰に至る人がいます。彼らはイエスに出会えてとても喜びます! しかし、クリスチャンになろうと「努力」して数ヶ月たつと、彼らの決意は揺らぎ、元の生活に戻ってしまうのです。

しかし、私たちが御霊によって生きるなら、御霊は私たちの救いが完全であることを超自然的に私たちの心に伝えてくださいます。 聖霊は、神が望まれる生き方をするための力を私たちに与えてくださいます。私たちは、神が私たちのために設計してくださったものがすべて私たちのために最善のものであることを、聖霊の力によって理解します。聖霊を受けるには、「悔い改め、バプテスマを受けることです。そうすれば、聖霊の賜物を受けることができます」(使徒2:38)。悔い改めと救いの賜物は決して安価なものではありませんし、私たちの人生における神の力を見せかけで装うことはできません。しかし、あなたが神のみこころに沿った願望、思考、行いを経験し始めると、あなたは、聖霊があなたに力を与えておられることを理解し、また、主の足元にいのちを差し出すことほどに素晴らしい生き方はないことが分かるようになるでしょう。

あなたが今、キリスト教は自分には「効力がなかった」と感じているとしまし

ょう。もしかしたら、あなたは昔の生活に手を出して、幸せをもたらしてくれなかったことが分かっているものから救いを得ようとしているかもしれませんし、もしかしたら、子どもや経済や、恋愛関係に執着しているかもしれません。もしかしたら、あなたはこの「キリスト教というもの」に一生懸命取り組んできたけれども、自分は全く進歩していないと感じているかもしれません。あるいは、あなたは聖書を通して、神があなたに与えてくださった約束に幻滅を感じているのかもしれません。「神は私を自由にすると約束したのに、私は今まで以上に惨めな思いをしている」というようにです。

　もし、これがあなたが経験している現状に似ているなら、今こそあなたには、牧師や信頼できるクリスチャンの友人からのとりなしの祈りと助言が必要であることを理解してください。あなたの魂を強固にするためには、御言葉を丹念に調べ、個人的に一人で祈ることに時間をかけることが不可欠です。私たちが真の意味で生まれ変わったならば、私たちの救いは確かなものです。しかし、もし私たちがイエスを完全に拒絶するところまできたら、私たちの「改心」がどれほど誠実なものだったのか、疑問に思わざるを得ません（ヘブル3:5-14、ヘブル6:4-6）。

　真の改心は長期にわたる献身と実りを生み出します。そして、私たちの歩みには確かに山や谷があるものですが、実際のところ、私たちは決断をくだすたびにイエスに近づいているか、敵に近づいているかのどちらかなのです。イエスが「わたしを信じてわたしに仕えるか、敵に仕えるかのどちらかである」（マタイ12：30＊筆者言い換え）と言われたのはこのためです。サタンはあなたを取り戻そうとするでしょうが、彼が成功するかどうかはあなた次第なのです。

　ですから、昔の生活に戻る前に、真の自由とは神の道を拒否することではないことを理解してください。それは無謀です！　クリスチャンの真の自由とは、神の境界線の中に留まることを選択することです。「誰に影響しようとも、私には何でもしたいようにする自由がある」という、自由に対する今の社会の姿勢とは逆に、真のクリスチャンの自由は自制に満ちていて、結果として他の人の幸せを気遣うものです。イエス・キリストに従うことを選ぶと、二次的に、気持ちが浮き立つような結果が得られます。それは、きよい心と正しい良心と偽りのない信仰とから出てくる深い愛を経験することです（1テモテ1:5）。私たちはまた、聖霊の賜物も受けます

（ガラテヤ5：22-23）。

- 人生の今の時点で、あなたは、a)イエスと深く関わっていますか、b)キリスト教と世の間でどっちつかずの態度で生活していますか、c)人生からイエスを排除するような選択をしていますか?

簡単ではない

クリスチャンライフを送るのは簡単だと言うと嘘になるでしょう。ですが、イエスのいない人生はどれくらい簡単だったでしょうか？　何であれ、人生は往々にして苦しいものです。私たちは皆、人間関係には努力が必要であることを学びました。私たちは、価値あるプロジェクトにはどんなものでも決意と強さとエネルギーが必要なことを知っています。そして、自らを慎むことは通常、私たちにとってあまり楽しいものではありません。

　それは神との関係においても同じです。この関係は、私たちが入ることを選択する最も重要な関係であり、それには時間と努力と犠牲が必要です。しかし、イエスを心から受け入れ、永遠の救いという計り知れない贈り物を受け取る時、私たちには非常に喜ぶべき理由があります。なぜなら、私たちはイエス・キリストの血潮によって「無罪」と宣言されているからです。私たちは文字通りに自由にされたのです。

　私たちがイエスから離れずにいれば、程なく私たちはイエスが私たちのあらゆる必要のためにそばにいてくださることに気づくでしょう。イエスの御霊は、私たちがそれを許すならば、私たちの内で神のみこころにかなう実を結ぶことができる唯一の存在です。私たちは信仰を貫くならば、私たちがこの世から受け得るどんなものよりも、はるかに多くのものをイエスが私たちに与えてくださることが分かるでしょう（コロサイ1:23）。要するに、私たちは真の自由を得るために、神の御心と神のタイミングに委ねることを選ぶこともできるし、あきらめて一番楽な道を選び、昔の生活に戻ることもできます（ガラテヤ6:7-10）。ただ、神はいつもあなたを「永遠のいのちの道」へ連れ戻したいと願っておられることを覚えておいてください。そして、私たちは聖霊の力によって、私たちの人生のために神が定められた道に服従して生きることによって、真の自由を得るのです。

ふりかえってみましょう

1. クリスチャンの自由とは何を意味しますか？

   _____

   _____

2. 私たちが自由になれるように、どんな代価が支払われましたか？

   _____

   _____

3. 主に近づくために私が始められることは何か？3つ挙げてください。

   _____

   _____

   _____

4. 私は聖霊に人生を変えていただくことを恐れているだろうか？それはなぜか？

   _____

   _____

   _____

5. 私の生き方は人々を主に引き寄せるものだろうか？私の言動によって私がクリスチャンであることが他の人には分かるだろうか？

    _____

    _____

    _____

6. 私は、もし自分が「十分に良い人間」であれば、天秤を傾けて何とか天国に行くことができると信じているでしょうか？　じっくりと考えてください。私たちは「クリスチャン」として、「いいえ、イエスが私のために代価を払ってくださったのです」と反応するかもしれません。しかし、私たちは皆、「良い」ことをすれば点数を稼げるという考えと格闘しています。

    _____

    _____

    _____

メモ

罪責感

✻✻✻

私たちに対する神の愛は、私たちの罪や罪責感よりも
はるかに力あるものです。

罪責感はあなたの人生で大きな役割を果たしていますか？　子どもをきちんと育てていないことに罪責感を感じている人がいるかもしれません。あるいは、結婚生活がうまくいかなかったことについて罪責感を感じている人がいるかもしれません。もしかしたら、何か子どもの頃にした事について罪責感を抱き続けている人がいるかもしれません。　現実には、私たちの大半が、人生のある時点で罪責感に悩んだことがあります。中には、罪責感でいっぱいになっている人たちもいます。

罪責とは何か？

罪責という語は、「裁判所やその他の法的機関によって決定される、法的な罰を伴う犯罪を犯したことに対する責任」と定義されています。私はこれを罪責の「行為」部分と呼んでいます。私たちは何か悪いことをすると、代償を払います。この罰は、霊的、経済的、感情的、肉体的、心理的であったりします。

　　それはまた、「何か悪いことをしたという意識であり、恥と後悔の感情を伴うもの」でもあります。私はこれを罪責の「感情」部分と呼んでいます。自らの行動を後悔することは、警告灯のようなもので、私たちが何か神の御心に反したことをしていることを教えてくれます（ローマ3:23）。主は実際に、私たちが正しい道を歩むことができるように、健康的な罪責感を意図的に作ってくださったのです。

でも、知らなかったんです！

社会が健全に機能する唯一の方法は、法的、道徳的境界線を持つことです。人類が創造されて間もなく、神はヘブル民族を形成し始められました。神はご自身の民の

信仰と行動を通して世界が神の力と栄光を見ることができるように、一つの民族を特別に選ばれました。神は彼らの神となり、彼らをご自身の宝として受け入れることを望まれたのです（申命記7:6-11）。

　彼らが新しい民族として協調して暮らせるように、神は、違反時に罰則を伴う市民生活上、道徳上、儀式上の律法を定めなければなりませんでした。これらの規則は彼らから楽しみを奪うためのものではなく、逆に、彼らに紛争や混乱を避けさせるためのものでした。彼らが神の御心に従うならば、彼らは平和と繁栄の中で生きることができることを神は約束されました（出エジプト記6：7，レビ記26：12）。そして、それ以来、神の原則は変わっていません。今日、多くの人々が惨めな思いをしているのは、彼らが自分たちのための神の計画に反する生き方を選んでいるからです。

　その上、神の戒めが与えられたのは、何が正しくて何が間違っているのか、また神が彼らに何を期待されているのかを人々が知る必要があったからです（ローマ5:12-13）。一度これらの命令が与えられると、人々はそれに背いた時に潔白を装うことができなくなりました（ローマ3:19-20）。例えば、こんにちで言えば、私たちは「おまわりさん、あの『止まれ』の標識で止まらなければいけないとは知りませんでした」と正直には言えません。私たちは「止まれ」の標識が何を意味するか、知っているからです。そして、私たちは強制的に従わされる規則がどんなに嫌でも、もし規則がなかったら、完全な混乱と無秩序の中で生きることになることを知っています。

　また、私たちは法律に背いた場合の罰則についても知っています。私たちは自らの反抗を償うために時間やお金、エネルギーの代償を支払うことになるのを理解しています。神の道に反した生き方をすることには、罰金を科せられたりたり、刑務所に入れられたりする以上に、もっと厳しい罰があります。たとえすぐには罪の報いを受けることがなくても、私たちは自分のお粗末な選択のために、いずれ必ず苦しみを味わうことになります。私たちは今は神の道を無視して、その時になって代償を払うこともできるし、あるいは今、私たちの人生にある罪のジレンマに対する神の解決策を受け取ることもできます（ローマ3:21-28）。

　私たちは、「止まれ」の標識のような単純なものについては完全に正しい選択を

することができても、イエス・キリストとその聖霊と関係を持たずして神のために聖い生き方をすることは絶対にできません。私たちの罪の性質が、一貫して賢明な選択をすることを妨げているのです（ローマ7章）。霊的な領域においては、聖書が私たちの「止まれ」の標識です。聖書は、私たちが神の望まれる生き方からそれる時、それを私たちに教えてくれます（ヘブル4:12-13、2テモテ3:16-17）。

　神はまた、私たちの神ともなり、私たちをご自分の民として受け入れることを望んでおられます（エペソ1:12-14、エペソ2:14-16、テトス2:11-14、1ペテロ2:9-10）。これが可能になるための唯一の方法は、私たちが神との生き生きとした関係にあることです。イエスを信じ、イエスを私たちの人生の主とすることは、私たちがこの人生で行う最も重要な選択なのです。

私には罪がある！

真実を言うと、人間である私たちは生きているだけで罪を犯しているのです！　私たちは生まれもって神に反対するものです。なぜなら、私たちは罪の中に生まれ、本能的に神の御心に沿わない選択をしてしまうからです（ローマ3:9-12、8:5-8）。実際、私たちは聖書の最初の書の2章目を読み終わる前に、アダムとエバに始まった原罪と罪責を目の当たりにします。創世記2章25節には、二人は裸で一緒に園にいた時に恥ずかしさを感じなかったと書かれています。しかし、神はこの直後の創世記3章7節で、彼らが恥じを感じたと語られています。どうしてそんなに早くこのようなことが起こったのでしょうか？

創世記2章25節～3章21節を見てみましょう。

悪魔がエバに話しかける	創世記 3:1
エバが神の御言葉を引用する	3:2
サタンがエバに偽りを言う	3:4-5
エバは神の御言葉の代わりに悪魔の言う事を信じる	3:6a
すぐにエバは夫にも自分の罪に加わるよう勧める	3:6b
彼らの背きは、彼らに神との親密さ、また互いの親密さを損なわせる	3:7

アダムは自分の行動に責任を持とうとせず、エバと神を責める　　　　　3:12

エバは蛇、つまりサタンを責める（悪魔が私にそうさせた!）　　　　3:13b

神は彼らの罪と罪責を覆うために罪のないものの血を流して、愛をもって彼らの罪のために備えを与えられる（アダムとエバが衣を受け取るために、動物が殺されなければならなかった）　　　　　　　　　　　　　　　　　　　　3:20-21

このように、罪責をもたらしたのは罪であることがわかります。アダムとエバは、神が語られたことに従わないという選択をしたために、すぐに羞恥心に襲われました。ただちに、彼らと彼らの愛する主との関係は変化し、彼らはもはや主の前で完全に安らぐことができなくなりました。彼らはまた互いに対しても意見が合わなくなりました!　それ以来、この一連の出来事が人類の青写真となっているのは驚くべきことです。私たちは神を信じず、神に背きます。そして、自分を正当化しようとします。私たちは他人のせいにして、それから彼らにも私たちの不幸を味わわせようとします。そして悲しいことに、罪および罪責の行きつく最終的な結末は、神との別離なのです。

・　上記のような態度があなたの人生にもあると思いますか？

罪は極めて古い

私たちは、罪が一番最初の人類から存在してきたことを知っていますが、神がすぐに彼らの罪と罪責を覆う方法を考案されたのは興味深いことです。レビ記の中で主は、民を清めるために二頭のヤギを犠牲にするように指示されました。彼らの罪が取り扱われるためです。一頭のヤギは彼らの罪の赦しのために指定され、もう一頭のヤギは罪に伴う罪責を取り除くための象徴として用いられました。このヤギは適切にも「贖罪のヤギ（scapegoat＝身代わり）」と呼ばれました（レビ記16:6-10）。なぜ動物の血のいけにえが必要であったのかというと、生き物の血には命があるからです（レビ記17:11）。命は命と引き換えにされねばなりませんでした。「血を注ぎ出すことがなければ、罪の赦しはない」からです（ヘブル9:22）。それはまた、自分たちの罪が死と関連しており、非常に重い代償を必要としていることを彼らにありありと示すものでもありました。

　神は、彼らの罪過に様々なカテゴリーを定められました。「罪過のためのいけにえ」と呼ばれるものです（レビ記5:14-19）。最初に見る罪過のためのいけにえは、「主の聖なるものに対して罪を犯した」者のためのものでした。このいけにえは意図的な罪を扱っていましたが、忘れてしまったり注意不足だったりしたために起こった行為も対象としていました。二つ目のカテゴリーは、自分が罪を犯したかどうかの確信がない人を対象としていました。これは良心が痛んでいる人のために用意されたもので、彼らが神の赦しを求め、赦しの確信を受けるための機会となっていました。そして、罪過のためのいけにえを必要とする罪の三つ目は、無実を主張するものの、実際には有罪である人のためのものでした。彼らは被害を被った人にすべてを返し、利息も支払わなければなりませんでした。

　ヘブル人は何世紀にもわたって、毎日、毎年、罪のためのいけにえを捧げることが要求されていました。しかし、イエスが来られた時、彼はその負債を一度限りで完全に返されました（ヘブル9:11-14、9:18-22）。イエスは旧約聖書で必要とされていた、傷も汚れもない子羊でした（出エジプト記12:5、1ペテロ1:18-19）。だからこそ、イエスは「神の子羊」と呼ばれているのです（ヨハネ1:29-30）。この複雑ないけにえの制度は、やがて来るメシアを神の民（イスラエル）に指し示すために使われました。これが制定されたのは、イエスが来られる時に、人々が自分たちの罪のために血が流されるという概念に馴染んでおくためでした。残念なことに、これらの人々の大半は自分たちの「宗教的」なやり方に固執していたので、イエスが彼らを救うために来られた時に、イエスのことを認識しませんでした。しかし、だからこそ、イエスは死を選ばれたのです。イエスがその代価を支払い、私たちが神と和解できるようにするためです（コロサイ1:15-22）。

どうしてイエスはそんなに重要なのか？

「クリスチャン」を名乗る宗教はたくさんあります。しかし、彼らが本物の信者かどうかを見分ける方法は、彼らがイエスについて何を信じているかを見ることです。多くの人は、イエスはただの「善人」だったとか「預言者」だったと思っています。しかし、聖書によると、イエス・キリストは三位一体の神の第二位格であり、そのため、永遠の神でもあります（イザヤ書9:6-7、ヨハネ1:1-5、ヨハネ17:20-21）。ヨハネの福音書のこの聖句で言及されている「ことば」とは、生け

ることばであるイエス・キリストのことです。私たちはまた、聖書を「書かれた言葉」と呼んでいますが、これもまた、生きていて力のあるものです（ヘブル4:12）。このように、ことば（イエス）と御言葉（聖書）は、どちらも生きていて、私たちの人生を変えることのできるダイナミックな力なのです！

　私たちはたいてい、「父と子と聖霊の名において」と言われるのを聞いたことがあります。私たちはあまり意識していないかもしれませんが、この言葉の意味するところは非常に重要です。聖書が書かれた文化では、それらが等しい立場でなかったとしたら、これらの名前を同じ文章の中で一緒に並べることは冒涜であったでしょう。彼らの頭の中には、全能の神に匹敵するものは何もありませんでした。実際のところ、ユダヤ人は「神」という言葉を口にすることすらありませんでした。彼らは神をとても敬っていたからです。

　聖書は、父なる神、子なる神（イエス）、聖霊なる神が、過去永遠に、地球が形成されていた時でさえも共存していたことを明らかにしています（創世記1:26）。この聖句中の「神」を表すヘブライ語は「エロヒーム」で複数形の神を表します。これは、一部の人々が考えているように、三人の神が存在するという意味ではありません。キリスト教は「一神教（monotheistic）」信仰です。「Mono（モノ）」は「一つ」を意味し、「theistic」は「神」を意味する「Theo」という語から来ています。実のところは、父も子も聖霊も、力と威厳と権威においては同等なのですが、異なる機能を果たされます。それは、私たちの政府と同じ概念です。行政機関、立法機関、司法機関がありますが、それらはすべて「政府」とみなされます。それらには同等の権威がありますが、全てが異なる役割を果たしています。

　イエスが神であることを理解し、信じることは不可欠です。なぜなら、私たちの罪の負債を赦すために必要な犠牲を払うことができたのは神だけだからです。このように考えてみてください。もし、あなたの罪を償うために別の人が死んだとしたら、それは強烈な行為ではあるでしょう。ところが、その犠牲にはあなたと神の関係を正しくすることはできません。その人も罪人であるからです。しかし、（神として）イエスは唯一の完璧な人間であったので、イエスだけが欠点がなく、私たちの人生に真の聖さをもたらすことのできる独特の資格を持ち、私たちの罪の闇を消し去ることができるのです（イザヤ53）。神はご自身の尊い血で私たちを「贖っ

て」くださいました。まさにこの行為のゆえに、神には私たちの全面的な忠誠と愛情を要求する権利があるのです（1ペテロ1:17-19）。

　ちなみに、イザヤ書53章は、イエスがこの地上に来られる700年近く前に書かれました。イエスが神のご計画に対する奇跡的な答えであることを私たちに分からせるために、それはずっと以前に預言されていたのです。イエスのおかげで、私たちはもう動物の血を流さなくてもよいのです。コロサイ人への手紙2章13-15節には、私たちが真に悔い改めて神のもとに来ると、私たちは赦しを受け、私たちの負債が無効になると書かれています。イエスが私たちの罪を赦してくださる時、その取引は完了します（1ヨハネ1:9）。実際のところ、イエスはそれらを文字通りに忘れられるのです（エレミヤ31:33-34）！

- あなたは、あなたが心から赦しを求める時、神が本当にあなたを罪から解放し、あなたの悪行を忘れてくださると信じていますか?

イエスは私たちが自由になれるために来られた

私たちはイエスから目を離さず、私たちを救うために来られた時のイエスの使命が何であったかを忘れないようにすることが不可欠です。

イエスが私たちのために死なれたのは：

- 私たちをきよめ、
- 私たちを神に近づけ、
- 私たちを赦し、
- 私たちを解放し、
- 私たちをいやし、
- 神のために生きるための力を私たちに与え、
- 永遠に神と生きるために私たちを天に連れ帰るためです!

私たちが神に敵対して生まれてきたにもかかわらず、イエス・キリストはご自分の死と復活によって、御父から孤立した私たちの状況を逆転させてくださいました。罪に対する神の怒りを満足させるためにイエスが払われた犠牲を受け入れることに

よって（1ヨハネ2:1-2）、私たちは今、イエスの清さによって、聖く、罪のない者となりました（コロサイ1:21-23a）。私たちが「キリストにある」（エペソ2:10）と聖書に書かれているのは、こういう意味なのです。

　イエスに私たちの心の中に入っていただき、悲しんでイエスに赦しを求めたならば、私たちはそれが完了したことを受け入れる必要があります。自分の罪を思い出し、自分を責めることは、裁判官に法廷から自由の身として釈放してもらった後で、刑務所に入れてくれと懇願しに戻るようなものです！　神ご自身が私たちの罪を清め、赦し、忘れてくださるのですから、私たちが罪責感にしがみつき続けるならば、基本的に私たちは、神は私たちを贖うのに十分なことをしてくれなかったと言っていることになります。神の犠牲を無視しているのです。聖書は私たちに与えられた神の真理なのですから、私たちが赦されていることを信じようとしないなら、私たちは神を嘘つきと呼んでいることになります。

- 神に赦しを求めたにもかかわらず、あなたがまだ悲しみや罪責感にしがみついているところがいくつか思い当たりますか？

二種類の罪責感

罪責感には、健全なものと不健全なものの2種類があります。「健全な罪責感」は、私たちが何か間違ったことをしていることを神が私たちに知らせるための一方法であることは既に見ました。健全な罪責感は、私たちを悔い改めに導くものです（2コリント7:10a）。真の悔い改めとは、自分のあり方に背を向けるだけでなく、主のあり方に目を向けることを意味します。健全な罪責感は私たちが神を喜ばせ始めるように、私たちのあり方を変えることに焦点を当てます。それには、神から離れていることに悲しみを感じることと、神との関係を回復するためにどんな事でもすることが含まれます。もし私たちが罪を犯し続けているために罪責感を感じているのなら、それは良いことです！　願わくは、そのために私たちがあまりにも気まずくなり、自分の不敬な振舞いに背を向けるようになることです。

　ところが、変わることなく、このような罪責感を抱えたまま生き続けると、祈りをもって主のもとに進み出ることに気が咎めるようになる危険性があります。私たちは、主は私たちに愛想をつかされ、私たちの言うことなど聞きたくもないので

はないかと思うかもしれません。また、教会に行くことにも気まずさを感じるかも
しれません。自分が偽善者のような気がするからです。しかし、このような時にこ
そ、神は私たちに離れていてほしくないと願っておられるのです！　私たちは主から
癒しを受け、罪の赦しを受けねばなりません。私たちは神の御言葉が説かれるのを
聞かなければなりませんし、クリスチャンとしての歩みに苦悩している他の信者の
力と支えも必要なのです。

　他の人たちが罪から離れることを選び、それゆえに彼らの人生が回復されていく
のを見ることが私たちには不可欠です。このことは、私たちにも自分の弱さを克服
することができるという希望を与えてくれます。私たちは孤立すると、神の視点か
ら物事を見ることをやめてしまい、自分の罪の中にさらに入り込んでしまいます。
これはまさに敵の思う壺です – 敵は私たちが暗闇にいて、孤独で、恐れと罪責感と
恥ずかしさでいっぱいになるのを望んでいます。いったんそこに入ると、前に進む
ことはさらに難しくなります。私たちは未来への希望を失い、自分が変わるための
能力にも希望を失います。このような生き方をしていては、私たちは神の国にとっ
て何の価値もありません。

不健全な罪責感

不健全な罪責感は、自分自身に焦点を当てます。それは第二コリント7章10節前半
で、「世の悲しみ」として描写されています。この種の罪責感は、悔い改めや変化
のための動機を生み出しません。自分が捕まってしまったからとか、誰かを傷つけ
たことでその人が怒っているから、「残念」に思っているのです。しかし、実際の
罪に対する後悔はありません。不健全な罪責感は、私たちを過去に隷属させます。
そこからは良いことは何も生じません。この種の「罪責」は、霊的な死を招くこと
があります。それは最終的に私たちを神から遠ざけてしまうからです。

私がどんな罪責感を感じているのか、どうしたら分かるのか？

私たちの罪責感が健全かどうかを判断する方法は、私たちの行動を吟味することで
す。私たちの罪責感は私たちを神の方へと導き、私たちを罪から遠ざけているでしょ
うか？　それとも、私たちはますます自分のことに没頭し、自分の行動を正当化す

る方法を考え続け、神に関する事柄をあまり望まなくなっているでしょうか?

罪責感は以下のような形で現れることがあります。

- 変化に対する恐れ
- 親しい人間関係を持てないこと
- 親密さへの怖れ
- 約束することへの怖れ
- 自分にとって居心地良い場所から踏み出せないこと

以下のようなことを経験するかもしれません。

- 体重の増加あるいは減少 自己破壊的になる
- あらゆる状況で自らを責める
- 自分を赦すことができない
- 身体的な痛みの発症
- 孤立
- 自分の深い感情を感じることをひどく恐れる
- 泣いたり、悲しんだりすることができない
- 状況が深刻になると、自殺願望を持つこともある

あなたが未解消の罪責感を抱えて生きているなら、これらの症状のうちであなたがこれまで経験したことがあるものをいくつか書き出してみましょう。(もちろん、私たちがこれらの問題を経験するのには様々な理由がありますが、罪責感が関係しているかもしれない可能性をちょっと検討してみてください。)

でも、私は罪責感を感じない…

それから、もちろん、罪があるのに罪責感を感じない場合もあります。ですから私たちは、何かについて罪責感を感じないからといって、私たちに罪がないわけではないことを知る必要があります。エペソ4章17-24節および1テモテ4章2節による

と、私たちの良心は「麻痺する」ことがあります。時間が経つにつれて、告白され
ておらず、悔い改められていない罪は、私たちの良心と感情を「焼いて」しまうの
で、私たちは健全な罪責感を感じることが段々と少なくなります。そして、自分で
正しいと分かっている事に逆らい続けるにつれ、私たちの感情は頑なになっていき
ます。

　この種の態度は、抑圧された罪責感につながっていきます。私たちが認めようと
認めまいと、罪責感はまだそこにあるからです。自分の好きな事をし続けられるよ
うにと、それが間違っていることを知ってながら罪責感を押しやっていると、私た
ちの罪責感はどこかに「行き」ます！　私たちが自分の行動について「申し訳ない」
と思っていなくても、私たちの潜在意識はどうにかして私たちの反抗に対応しなけ
ればなりません。医学界や心理学界さえもこの現象を認識しています。今日私たち
が目にする身体的、感情的、精神的な病気の多くが罪責感から生じる直接的な結果
であることはよく知られています。神は、私たちの罪に伴う罪責感が、罪そのもの
の結果と同じくらい壊滅的なものになることを知っておられました。

- あなたが罪責感と格闘している（格闘したことがある）場合、あなたが経験し
たのは健全な罪責感でしたか、それとも不健全な罪責感でしたか？

- それはあなたをどんな気持ちにさせましたか？　それはあなたを悔い改めと行
動の変化に導きましたか。それとも、あなたは罪を犯し続け、さらに惨めさや
罪責感を経験しましたか？

赦されたが、気が楽にならない

私たちはまた別のタイプの不健全な罪責感を経験することがあるかもしれません。
私たちが心から反省して、自分の罪を告白し、態度を変えても、まだ罪責感という
重荷を背負ったままで、罪に伴う痛みを手放すことができていないかもしれませ
ん。これは、霊的にも、身体的にも、感情的にも、精神的にも、私たちを破滅させ
てしまいます。それはまた、サタンが私たちを束縛しておくために使う強力な道具
でもあります。

　このような状態では私たちは自己憐憫を感じるかもしれませんが、神の御言葉に
浸り、神に私たちの思いを変えていただくことが私たちの責務であることを認識し

なければなりません。赦しを求めた後も罪責感に苛まれているのであれば、現実には、私たちは古い記憶を思い出すことを選んでいるのであり、過去の罪のことで自分を責めることを選んでいるのです。このような考えを続けていると、私たちはしばしば「被害者」意識に陥ってしまいます。私たちは、私たちを傷つけた世は「私たちに借りがある」と感じるようになってしまうかもしれません。このように感じることは嫌だと思うかもしれませんが、真実のところは、もし自分の考え方を神の考え方に変えようとしないならば、私たちは自分の悪い感情を引きずり続ける選択をしていることになります。私たちが安定した考え方ができるように、神は私たちが感情や思考を神の真理に服従させることを望んでおられるのです。

奇妙に思えるかもしれませんが、私たちはあまりにも罪責感に慣れてしまって、それを手放すことに躊躇してしまうかもしれません。もしかすると私たちは、それがある程度自分のアイデンティティの一部を放棄することになると思っているのかもしれません。かなり可能性があることですが、私たちが罪責感にしがみついているのは、そのために自分は罪や失敗を償うために何かをしていると感じることができるからかもしれません。私たちは苦しむ必要があると感じるかもしれません。私たちは誰かに危害を加えてしまったので、自分の痛みが何らかの形で自分のしたことの埋め合わせになると感じるからです。あるいは、私たちは罪責感を手放せば、傷つけた人との「絆」が壊れてしまうと考えるのかもしれません。

ピリピ3章13-14節には、私たちは過去を「忘れる」べきだと書かれています。これは、自分が経験したことや行なったことを思い出すのをやめるという意味ではありません。実際、過去の失敗を記録しておくことは、私たちを昔の生活に戻らせないようにし、私たちに良い影響を与えることができます。また、失敗や勝利を他の人と分かち合い、自分の過去を神のくださった恵みと備えの証として使うことも有益です。パウロは、過去の過ちをくよくよ悩まないことについて語っています。それらの過ちはすでに起こってしまったことであり、ダメージはすでに起こってしまいました。私たちがやるべき事は、それらの過ちに関連した否定的な感情を手放すことです。私たちは心の中に、神に働いていただくための余白を作る必要があります。神は、私たちのまずい選択を神の栄光のために変える名人であることを忘れないでください（創世記50:20）。私たちの感情はあまりにも容易に私たちを欺き得るので、私たちは神の御言葉に浸り、私たちの罪と罪責感について神が語ってお

られることを信じるように思考を訓練しなければなりません。

- 聖書は、あなたの思考と感情に癒しをもたらすために聖霊が用いる橋渡しであり、私たちを清め、慰めてくれます。毎日少なくとも15分間、神の御言葉を読み始めることを、自分自身と神に約束できますか？ ヨハネの福音書から読み始めるのが良いでしょう。

望みは来る!

イエスは私たちを神との関係に連れ戻すためにこの地上に来られました。イエスが来られたのは、私たちを裁くためではなく、私たちを救うためでした（ヨハネ12：44-50）。イエスはご自身の犠牲の死と復活によって、すべての霊的な力に勝る力を証明されました。私たちは今、罪を克服するために、その同じ力を持っています。私たちの内に聖霊が住んでおられるからです（ローマ8:11）。そして、イエスが私たちを赦してくださり、罪に対する勝利を与えてくださる時、私たちは罪に伴う罪責感と決別することを決心しなければなりません。平安と喜びと希望に満ちた人生を送るために聖霊から与えられた力を使うかどうかは、私たちの選択です。神の御霊は、私たちが委ねさえすれば、私たちに罪責感を手放す力を与えることができるのです。

忘れないでください。私たちには罪を犯す能力は常にありました! 救われる前の私たちには、神を敬う選択をする力がありませんでした。しかし、今、私たちには正しい生き方をする自由があります。イエスは死と罪に打ち勝たれた時、その選択を私たちの手に戻してくださいました。イザヤ書53章5-6節には、イエスは私たちの罪と罪責を負われた（ご自身の身に受けた）と書かれています。イエスはご自分の犠牲によってそれらを消し去ってくださったのです。それが十字架と血の奥義です。今、私たちにあるのは私たち自身の力だけでなく、イエスの力なのです。

では、どうすれば罪責感から解放されるのか？

神が御霊と御言葉によって、私たちに解決策を与えてくださることを褒めたたえます! 詩篇32篇は告白と悔い改めについて語っています。興味深いのは、2節の「咎（罪責）」を表すヘブライ語の言葉がギリシャ語では「罪」と訳されていることです。それらは切り離すことができません。詩篇作者は、告白と悔い改めの結果、

主との関係が回復されて圧倒的な喜びが得られるのを知っていました。この聖句には、感情の癒し、肉体の癒し、精神の癒し、霊の癒しが含まれていることに注目してください！　私たちは回復した後には、神が私たちを守ってくださることを確信できます。私たちが神の御心に従って生活しているためです（8節）。私たちが神に向かい続けると、神は私たちの心を清めてくださり、私たちには神の声が聞こえやすくなります。そして、私たちがこの健全なプロセスを続けていくと、神は次回には私たちが神に従う力をもっと与えてくださり、私たちはさらに平安を得ることができるようになります。

　　私たちは、取り返しのつかない損害を与えてしまったと私たちに告げる「古い録画の再生」をやめる選択をしなければなりません。主に人生を捧げる以前に、私たちが他人をひどく傷つけてしまったことがあるのは事実かもしれませんが、主の御言葉は、「イナゴの大軍勢が食い尽くした年々を、主は私たちに償ってくださる」（ヨエル2:25）と言っています。私たちの罪のせいで失われたものは、赦され、新しくされ得るのです！　私は、神の力によって人生が回復されるのを数えきれないほど見てきました。あなたがあなたの人生において神を正当に位置づけるなら、神はあなたの人生にも同じことをしてくださるでしょう。

　　あなたがつまずいたり、従わなかったりしても、その度に神の方に向かい続ける限り、あなたはあなたのいるべき場所にいます。私たちの責務は、否定的な思いが来たら、自分の思いを捕らえて、古い考え方を神の御言葉に置き換えることです。思い出してください。私たちの選択の一つ一つが極めて重要なのです。私たちは主に近づくか、主から離れるかのどちらかだからです。神に対して中立であるということはありません（マタイ12：30）。神の凝視や、あなたへの強い愛から逃げてはいけません。もし私たちが救い主と毎日親密に接していれば、主は私たちを意図的な罪から遠ざけてくださり、私たちは罪責感から解放されます（詩篇19:13）。

- あなたが罪責感からの自由を得るために、今日から始められることは何ですか？　二つ挙げてください。

あなたの人生に「潜んでいる」罪を聖霊が照らしてくださるように祈りましょう（詩篇19:12-13）。時々、私たちは自分の欠点について盲点を持つことがあります。私たちは自分自身の罪を無視して、他の人の人生にある罪を見てしまいがちで

す（マタイ7：1-5）。自分の不従順さを克服するために、神の強さと力を願い求めましょう。もしあなたが本当に申し訳ないと思っていないのなら、そのことも神に伝えてください！　神があなたに用意してくださっている人生を生きたくなるように、あなたの心の願望を変えてくださるよう神に願ってください。毎日主を求め続けてください。一朝一夕で変化が見られなくても、自分を責めないでください。

　罪責感から解放されるように、あなたの思考を訓練する知恵と力を神に願い求めてください。真の告白とは、ただ言葉を口にするだけではなく、変わろうとする意思を持ち、私たちの人生に必要な変化を神に与えていただくことです。私たちが本当に申し訳ないという心で赦しを請うたびに、神は超自然的に私たちを清めてくださいます（詩篇51:1-17）。私たちがより深く、より頻繁に神を求めれば求めるほど、私たちはますますイエスに似た者に変えられていくのです！　私たちはこのプロセスを完全に理解しているわけではありませんし、主が私たちの中でなされる働きは、私たち自身の能力をはるかに超えるものです。しかし、聖書には、<u>私たちは打ち勝つことができる</u>と書かれています。私たちがこのことを信じることができるのは、神の御言葉が永遠であり、常に真理であり、絶対に信頼できるものだからです。

　主の犠牲によって、私たちの古い考えを洗い流していただきましょう。主が苦しまれたのは、もはや私たちが醜い過去を追体験することなく、悲しみの中で生きる必要がなくなるためでした。主には私たちの人生の回復を享受する資格があります！私たちが主に私たちの心と思いを変えていただく時にのみ、主は私たちを通して、この苦しんでいる世界に主の栄光を現すことができるのです。

変化の伴わない後悔は、私たちを被害者にし、他人への責任転嫁に
繋がります。しかし、真の悔い改めは、結果として心を変え、
態度を変え、行動を変えるものです。
私たちは本当に罪責からの自由を体験できるのです。

ふりかえってみましょう

1. あなたの人生には、解決されていない罪責がありますか？　これには、あなたの配偶者、生まれ育った家族、子どもたち、または過去にあなたが傷つけたかもしれない人についての感情が含まれるかもしれません。

   _____

   _____

   _____

2. あなたが何故これらの古い感情にしがみつく必要性を感じるのか、自問してください。

   _____

   _____

   _____

3. あなたが罪責感を抱き続けることで、あなたが傷つけた人の痛みが軽減されていると思いますか？

   _____

   _____

   _____

4. あなたは罪責感から解放されたいですか？（この質問への答えは、少し考え
   てみる必要があります。あなたはおそらく自動的に「はい！」と答えるでしょ
   う。しかし、私たちは非常に慣れ親しんだ感情を手放すことを恐れることが
   多々あります）。

   _____

   _____

   _____

5. あなたは、イエスがこれらの古い考えや感情からあなたを解放できると信じ
   ていますか？　もしそうであれば、どのようにしてあなたはあなたを開放し
   てくれる聖霊の力に働いていただき始めるのでしょうか？

   _____

   _____

   _____

メモ

聖さ

✳✳✳✳

あなたにとって「聖い」という言葉は何を意味しますか？　あなたが思い浮かべるのは、あまりにも善良で人間と肩を並べられない、遠く離れた神のことですか？　あるいは、これは古風な言葉で、「特別な」人々を表すためだけに使われるものだと思っていませんか。もしかしたら、この言葉が思い起こさせるのは、一日中祈って過ごし、世間から離れて生活している人たちのことかもしれません。では、聖さとは何でしょうか。　聖さには「前提条件」があるのでしょうか。また、人はどのようにして「聖い」生活を送ることができるのでしょうか。

特別な目的

まず、聖さとは何を意味するのかを調べてみましょう。　旧約聖書が書かれたヘブライ語では、聖さは「分け隔てられた」、または「捧げられた」、「神聖な」物や人であると説明されています。　　それはまた、「清める、浄化する」という意味もあります。神は人類を創造されて間もなく、イスラエルの民をご自分の愛する民として選ばれました。神は彼らに、彼らの命そのものを神に「聖別し」捧げるように命じられました。神は、信仰を持たない人々が神の栄光を見ることができるように、ご自分の愛と力が彼らを通して反映されることを望まれたのです（出エジプト記6:6-9）。

　多くの人は、聖なる者になるのは達成不可能だと考えて、この概念自体から逃げ出します。ある人には、それはたくさん努力しなければならないことのように思えます。それよりも「自分流に」する方がはるかに簡単だからです。人はしばしば、神との関係を持つことは自分の人生のすべてを変えねばならないことを意味するのだと思い込みます。また、神に献身して生きることは「ただ退屈でつまらないこと」だと考える人もいます。

　しかし、神の聖さは一度も変わらず、神がすべてのクリスチャンに求められる

生き方を表現するために今も使われています（ローマ12:1）。実際、聖書の至る所で、神はご自分の民に「聖なる者となりなさい。わたし（神）が聖であるから」と命じておられます（レビ記11:44-45）。私たちは救われるまでは、自分の罪深い性質を克服することができません。　しかし、聖霊の力のおかげで、私たちは今、清く生きることを選ぶことができるようになっています（ローマ15:16）。もちろん、私たちはこの地上では完璧になることはできませんが、もし私たちが神に人生を支配していただくならば、神は私たちを清めてくださると約束しておられます。そして、聖なる者になりなさいと書いてあることに注目してください。これは私たちの側に一定の責任があることを暗示しています（2ペテロ3:11-14）。

あなたは一人じゃない！

キリスト教は、世界で唯一、私たちが一人きりで、あるいは自分の努力で信仰を貫く必要のない宗教です。神は、私たちが神に命じられた生き方を達成するために、喜んで私たちを助けてくださいます！　神は生きておられ、創造の力を持っておられます。それゆえ、神はご自身の創造物に新しい命を吹き込むことができる唯一の神です。実際、ピリピ2章13節には、神は私たちのうちに働いて、神に従いたいという願望と、神に喜ばれることをする力を与えてくださると書かれています！　私たちは自分の力では聖なる人生を送ることはできません。私たちの主の素晴らしさはここにあります。主が私たちを内側から変えてくださるのです。私たちの責務は、主に近づき、主に私たちを変えていただくことです。

　もちろん、父なる神、子なる神、聖霊なる神は宇宙で唯一の絶対的に聖なる存在です。しかし、驚くべきことに、私たちがイエスを救い主として信頼する時、主はご自身の聖さを私たちに授けてくださるのです（テトス3:3-8、2ペテロ1:3-4）！

　私たちが聖くなろうと選択すると訓練が必要になるのは事実ですが、神を敬う生活から得られる利益には、何でも思い通りにすることよりもはるかに価値があります。私たちが気づいていないのは、神から離れて生きることが、私たちを文字通りに自分の罪深い性質の奴隷にすることです（2ペテロ2:18-22）。私たちは神の権威の下で生きていないうちは、自分は自由だと思っているかもしれませんが、自分自身を欺いているのです（ガラテヤ5：16-17）。真実を言うと、私たちが自分自

身を主に明け渡す時ほどに、満足感と充足感が得られることはありません。私たちには、引き換えに、主の喜びと平安と愛と希望が与えられるからです。

　私たちを聖なる者にしたいという神の願いは、キリストが私たちのために死んでくださった主な理由の一つです。神と私たちの間にあるギャップが埋められるためです（エペソ1:3-8）。イエスは私たちが完全に聖なる神に近づくことができるように、私たちの罪の汚れを拭い去ってくださいました（コロサイ1:21-22）。　イエスは私たちとの関係を築くために、骨惜しみしませんでした。私たちが今も、そして永遠にも、イエスと一緒に生きることができるようにするためです!

　それでも不十分だったかのように、イエスはご自身の血もまた犠牲にして、私たちが大胆に神の恵みの御座に近づけるようにしてくださいました（ヘブル4:16）。私たちは拒まれることを恐れずに宇宙の支配者の前に出ることができます。私たちが神との親密な関係を持つために必要な手続きや笏はありません。考えてもみてください-私たちは地上の王たちとだって、そういうことはできないのです!

- あなたは神に近づくのに抵抗がありませんか?
- 主は忙しすぎて、あなたの祈りに耳を傾け、応えることができないと思いますか?
- 神はあまりにも聖なるお方であるから、あなたとは何の関係も持ちたがらないだろうというような気がしますか?

神の神殿

神は、私たちが神の戒めに従って生きることを選ぶなら、多くの祝福と特権を与えてくださいます。　クリスチャンライフの最も驚くべき真理の一つは、私たちが聖霊の宮（神殿）であるということです（1コリント3:16-17）!　旧約聖書では、地上に最初の神殿が建てられました。それは、地上で最も神聖な場所でした。神ご自身がそこにおられたからです（列王記上8:10、ハバクク2:20）! そして奇跡的にも、私たちクリスチャンもまた、イエスを心に受け入れる時、神である聖霊を宿すのです。

　イエスご自身がこの神殿の「礎の石」です（1ペテロ2:4）。驚くべきことに、

イエスが試されて揺るぎのないこの礎の石となることは、ほぼ660年前に預言されていたのです（イザヤ28:16）！「礎の石」とは、建物の中で最も重要な部分であり、建物の構造を安定させるものです。同様に、キリストは教会の頭であり、教会を一つにまとめておられます（エペソ5:23）。

　私たちが過去を手放し、神に癒していただくにつれ、私たちの「神殿」は聖霊にとってますます居心地の良いものとなります（エペソ2:19-22）。神をもっと親しく知るようになると、自分の生活を罪から守りたいという新しい願望が湧いてきます。主に対する私たちの愛が深まり、もっと主を喜ばせたいという願望が生じるからです。そして、じきに私たちは主を悲しませたくないと思うようになります（エペソ4：30）。

私たちはいと高き神の祭司です

ヘブライ人の国には多くの祭司がいましたが、「大祭司」と呼ばれる者は一人だけでした。大祭司は「至聖所」と呼ばれる、神殿の最も神聖な部屋に入ることを許された唯一の人物でした。彼は年に一度、ユダヤ人の罪のために生け贄を捧げるためにそこに入りました。この儀式は、私たちの大祭司となったイエス・キリストを予告するものでした（ヘブル2:17、3:1、4:15、10:19-21）。イエス・キリストは、私たちに神ご自身の聖なる間に入る手立てを与えてくださったお方です。イエスはまた、私たちと神の間の最高の仲介者であり、弁護者でもあり、それによって祭司としての務めを果たしておられます（1テモテ2:3-6）。そして、神であるイエスは罪のない聖なるお方であり、私たちもそうあるべく求められています（ヘブル7:26）。

　私たちには、旧約聖書を読んで理解することが不可欠です。旧約聖書は、こんにちの私たちの信仰の「原型」であるからです。例えば、私たちクリスチャンは神の祭司です（1ペテロ2:5,9、黙示録1:5-6、黙示録5:9-10）。これは特権と責任のある重大な職業です！　祭司としての私たちの仕事に必然的に伴うのは、絶えず神に賛美のいけにえを捧げ、神の王権に身をゆだねることです。私たちはまた、神の御名の栄光と神のご性質の美しさを他の人々に宣べ伝えねばなりません。私たちは自分の持っている物を困っている人たちに分け与えるように命じられています。これも

また神に喜ばれるいけにえだからです（ヘブル13:15-16）。

- 信者として、あなたは自分が聖霊の宮であり、いと高き神の祭司であることを知って、どのように感じますか。

私たちは聖なる地に立っている

ヘブライ人は神と関わるにあたって、自分たちが聖なる地に立っていることを常に意識していました（出エジプト記3:5）。彼らの信仰は日常生活の中に織り込まれていたので、彼らは常に自分たちが神の御前にいることを知っていました。信者である私たちもまた、主との関係を持つ際にこの重要な真理を心に留めておく必要があります。

　私たちは、イエスが私たちに神の御座に自由に近づく手だてを与えてくださったことを見てきました。　しかし、この恵みは決して安くはつきませんでした。私たちは神のみもとに進み出る際には、敬虔な態度で臨まねばなりません。今日、あまりにも多くのクリスチャンが、神がただの「仲間」であるかのように、不用意に神に接しています。次のことを覚えておいてください。神は完全に聖なるお方であり、それゆえに、私たちからの絶対的な崇拝、尊敬、畏敬に値するのです。何と言っても、彼こそは王の王であり、主の主なのですから（1テモテ1:17; 1テモテ6:15-16; 黙示録17:14）！　そして、神は永遠の、全能の神なのです!

- あなたは神に対してどんな態度で祈りますか?

汚れた生き方を続けるとどうなるのか？

私たちは、聖くなることが、私たちの人生のための神のおもな目的の一つであることを学びました。聖書によると、罪の中で生き続けていると、私たちは人間の規則に背いているのではなく、神ご自身を拒絶していることになります（1テサロニケ4:7-8）。今日、私たちの社会に罪がどれほど浸透しているかは、周囲を見回しさえすれば分かります。そして、このように不従順さが広まっているのは、歴史上、私たちの文化が初めてではないことは興味深いことです。紀元前700年のイスラエルと今日のアメリカには、驚くべき類似点がいくつかあります（イザヤ59：1-14）。ローマ帝国のような強力な文明が滅びたのは、彼らに力がなかったからではな

く、不道徳さが蔓延したことによる必然的な結果でした。 明らかに、私たちは邪悪なものを崇拝し、それを容認すると、邪悪になるのです。神は私たちが道徳的に正しくなるよう命じておられます。神は私たちがこの滅びゆく世界の塩と光となることを望んでおられます。救われていない人たちが主に引き寄せられるためです（マタイ5:13-16）。

　　私たちの聖さへの願望は、私たちのイエスに対する情熱に直結した副産物であることを理解することが重要です。もし私たちが神との関係よりも罪を優先し続けるならば、私たちは間違いなく神への情熱を失うことになるでしょう。私たちは自分が神から離れることはないと思いたいのですが、私たちの心は欺かれ、硬くなってしまうことがあるのです。イザヤ書29章13節には、かつては神を愛し、神に従っていたのに、最終的に口先だけで神を「敬う」ようになってしまった人々のことが書かれています。悲しいことに、彼らの心は完全に神から離れてしまっていました。実際、旧約聖書とは、神を愛することと神に背を向けることの間で揺れ動いていたイスラエルの民の物語なのです。

　　イエスが来られた時、人間のこの状態はあまり変わっていませんでした。と言うのも、その700年後にイエスはマタイ15章8-9節で同じことを言われたからです！もしイエスが今日この世に生きていたら、おそらく私たちにも全く同じことを言われるでしょう。私たちが教会に行くとか、クリスチャンのイベントに参加するといった外面的な活動を続けていても、私たちが聖なる者であり続けることを選ばなければ、主に対する私たちの願望は必ず薄れていきます。そして、その先にあるのは心労ばかりです。

　　それは滑りやすい坂道ではありますが、通常は急降下ではありません。それは、「目覚める」と「偽」クリスチャンになってしまっていた、というような突然の出来事のように見えるかもしれません。しかし、このようなライフスタイルは、主の事柄よりも自己中心さを選ぶことによって、一つずつ、決断ごとに作られていくのです。私たちは、教会、クリスチャン、神の御言葉、そしてその他何でも、イエスに関するものへの関心を失い始めるのです。

　　私たちは生活の中で神に従うことを拒否し続ければ、次第に神を拒否する陣営の中に陥ってしまうことさえあります。神との間には中間地点はありません。だか

らこそ、神は私たちに何よりも私たちの心を守るようにと命じられるのです（箴言4:23、箴言7:2-3、ピリピ4:7）。また、私たちが主の道を歩み続けるときにだけ、主は私たちを悪しき者から守ってくださるのです（2テサロニケ3:1-5、2ペテロ3:17-18）。

　自らの霊的な健康状態を頻繁に「点検する」ことは不可欠です。神と私たちとの関係の質をよく調べさせてくれる素晴らしい聖句がマルコ4章3-20節にあります。四つの土地のたとえは、私たちの信仰が現実にどれほど深いものかを示してくれます。興味深いことに、私たちの人生には、異なる「土壌」が同時に存在することがあります。また、人生のさまざまな時期に、異なる土壌を持つこともあります。私たちは、時間、お金、才能など、私たちの人生の一部（肥沃な土壌）を神に捧げても、同時に、私たちの秘密の人生、つまり依存症や罪深い習慣（岩の多い土壌）からは神を締め出すことを選ぶかもしれません。

　私たちはまた、荒野にいるかのように、神をあまり身近に感じない時期も経験するかもしれません。神との関係に浮き沈みがあるのは自然なことですが、神への愛情を完全に失わないように、神に会い続けることが必要不可欠です。

　自分の態度や行動に気をつけましょう！　もし私たちがイエスからどんどん離れ続けるなら、私たちは自らを危険にさらしていることになります（ヘブル6:4-6、2ペテロ2:19-22）。私たちが時々罪を犯す時にはイエスが御父にとりなしてくださいますが、私たちは自分勝手な生き方をライフスタイルにしてはいけません（2コリント12:19-21）。もし私たちがクリスチャンだと自称しながらも、不敬虔な生活を続けているならば、私たちは嘘つきであり、神は本当には私たちの内におられないのです（1ヨハネ2:3-6、3:7-10）。

- あなたは今、どんな人生を送っていますか？　自分の罪や自己中心さを克服しているのが感じられますか？
- それとも、あなたは自分の肉の性質に圧倒されていますか？
- あなたが自分のためだけに生きているのであれば、神のみこころにそった選択をし始められるように、変わりたいという願望を願い求めて祈ることから始めることができます。

聖い生き方に必然的に伴うもの

1. 私たちの全人生を神に捧げること

これは不可能なように思えるかもしれませんが、人生において本当にやりたいことがあれば、私たちは達成したいものに焦点を合わせます。私たちはそれについて考え、計画を立て、あまり重要ではない課題を脇にやって、目標を達成できるようにします。

　神と関係を持つことも同じです。私たちがイエスとの親密さを確保するライフスタイルを選択すれば、私たちの人生には神が望まれることが完璧な計画として展開していきます。繰り返しますが、私たちはたとえ気乗りがしなくても、神と神の御言葉に向かって突き進み続ける必要があるのです。

　主との関係が深まるにつれ、主は私たちの人生からより多くのことを求められるようになります。私たちは思考や心を神の目的に集中させるよう努力しなければなりません。神の計画から恩恵を受けるには、心から神に向かって進むしかありません。　神は中途半端な献身ではなく、私たちが人生を全面的に捧げることを望んでおられるのです（申命記6:4-9）。

2. 過去を捨てること

私たちは、昔の生活を恋しがって振り返り続けることはできません。創世記19章17節と26節にあるのは、このような態度の典型です。過去、私たちが不敬虔だった頃に関わっていた人々や物事を求め続けることは、霊的な自殺です。私たちの心と思いが二つに分かれていたら、私たちは決して聖い生き方を達成することができないからです。イエスは、自分の古い生き方を欲し続ける者は、神の国にはふさわしくないと言われました（ルカ9:62）！

　聖書によると、私たちは「どっちつかずの態度で」クリスチャン生活をすることはできません。私たちは神にも「自己」にもうまく仕えることはできません（マタイ6:24）。この聖句では「お金」という言葉が使われていますが、それは、いかなる人物や情熱や趣味や目標であれ、私たちが主を望む以上にそれらを望むことを意味しています。

　そして、ヤコブ1章6-8節は、二心の人について語っています。　二つの相反する考え方を持っていると、私たちの心には疑念が生じます。日曜日と水曜日には教会に行きながら、平日は神のみこころに沿わないものを見たり読んだりするのは、二心の生活をする一例です。クリスチャンであるということには、週七日間、毎日神のために生き、神を私たちの一つ一つの決断の一部にすることが含まれます。もし私たちがどっちつかずの生き方をして、主への献身について優柔不断であるなら、神との関係が実を結ぶことを期待すべきではないと主は言われます。もしそのような生活をしているならば、私たちは悔い改めて謙虚にならねばなりません。私たちが世からではなく、主から栄誉を受けるためです（ヤコブ4：7-10）。

　私たちは、私たちが神から望むものと、以前のライフスタイルから維持したいものとの間で、選り好みできないことを理解しなければなりません。私たちは、私たちを過去に縛りつけている人や物、場所から離れなくてはいけないかもしれません。私たちは、栄冠とともに十字架、あわれみとともに裁きを受け入れなければなりません。私たちはイエスに仕えることの代償を計算し、過去に安心を与えてくれたものをすべて捨てる意志がなければなりません（ルカ9:23-26）。

　これは、私たちがすべての持ち物を売却したり、あらゆる快楽も厳格に控えねばならないという意味ではありません！　しかし、私たちは私たちの人生における神の召命から自分を遠ざける邪魔をひとつも許さないような生活をする必要があります。従順な生き方を選択すれば、私たちは神に自分自身を捧げることが、私たちが本当に探しているもの- 平安、喜び、満足、希望、方向性、安全、愛-をもたらしてくれることに気づくでしょう。これは私たちが問題を抱えることはないという意味ではありませんが、私たちが人生の浮き沈みに対処できるように、より肯定的に整えられることを意味しています。

3. 聖さにおいて成長すること

真の意味で成長して聖い生き方をするには、神の御言葉に浸る必要があります。これは、キリストにあって成長し、成熟するために不可欠なことです。エペソ5章26節には、教会（私たち）を聖なる清いものにするためにイエスがご自身の命を捨てられたこと、私たちはバプテスマと神の御言葉によって洗われることが書かれています。第二テモテ3章16-17節には、神の御言葉を読むことによって養われる多く

の徳が記されています。

- それは霊感に基づいています（「神が息を吹き込んだ」という意味）。それゆえ、それは完全に信頼できる堅固なものであり、私たちの人生に真の安心感をもたらしてくれます。
- 私たちに何が真実かを教えるのに有益です。
- 私たちの人生の間違っているものに気づかせてくれます。
- 私たちを正してくれます。
- 私たちに正しいことをするように教えてくれます。
- 神はそれによってあらゆる面で私たちを整えられます。
- それは、神が私たちに行わせたいと望まれる良いことをすべて行えるように、私たちを完全に備えてくれます。

ヘブル4章12-14節には、聖書は生きていて、私たちを変えることができると書かれています。それは私たちの心の奥底にある思いや願望をさらけ出すからです。また、御言葉を読むことで、私たちの思いは神の御霊によって新しくされます（ローマ12:2）。また、私たちは神の指示に従う時にのみ、神が約束しておられる祝福を受けられることを忘れないでください（ヤコブ2:17-20）。

- あなたには聖い生活が魅力的に思えますか？ それとも退屈に思えますか？
- あなたが聖さを拒否しているのは、もしかしたら、あなたがそれによって縛られ、自分のやりたいことができなくなると感じているからかもしれません。

では、私たちはどうやって聖なる者になるのか？

ヘブル10章14節には、キリストの捧げ物と流された血によって、神は聖なるものとされる人たちを永遠に全うされたと書かれています。これは、その意味を理解するまでは、ちんぷんかんぷんに聞こえます。私たちは、キリストと、自分の罪のためのキリストの贖い（支払い）を受け入れると、すぐに霊的に清くされます。それが「永遠に全うされた」という部分の意味です。そして、イエスが私たちの心の中に入って来られる時、私たちは新しく生まれ変わり、霊的に生きた者となります（ロ

ーマ6:1-11）。もし私たちが今日死ぬなら、私たちは救いを受けた後なので、永遠にイエスと一緒にいることになります。

しかし、私たちの肉はまだ改善が必要です。これが先ほど読んだ聖句の「聖なるものとする」という部分です。これは聖なるものとされていく過程であり、私たちが自分の選択を神の真理と願望に一致させるようにすることで御父と協力するときにのみ起こるものです（1ペテロ1:13-25）。

御言葉（ヨハネ17:17）と聖霊によって私たちを清める責任は、神にあります。また、神はご自身の血によっても私たちを清めてくださいます（1ペテロ1:2）。神は、私たちがかろうじて天国に入ることを望んではおられません！　神は、私たちに新しい命を与えたいと願っておられます（エペソ2:10）。神は、私たちが神の求められる通りに行う力を持つことを望んでおられ、私たちが罪に打ち勝つことができるように、私たちが主の御霊で満たされることを望んでおられます。神の望みは、私たちが神に対して熱い情熱を持つこと、それゆえに、この死にかかっている世界に希望と愛を提供するようになることです。そして神のご計画は、私たちが他の人たちに力強く影響を与え、彼らも主を知ることができるようになることです。

現実に私たちの人生を変える働きをしてくださるのは神であるとはいえ、私たちは神との協力関係にあります。キリストの道に従って生きるために賢明な決断をしていくと、私たちは霊的に強くなっていきます。これは、身体的な運動と同じように考えられます。やればやるほど容易になり、私たちは整えられていきます。私たちが自分の道よりも神の道を選ぶことによって霊的な筋肉を鍛えるにつれ、清さを保つことはずっと簡単になっていきます。これがキリストにあって聖い生き方を達成する秘訣なのです。私たちが正しい、神の御心に沿う選択をする決心をする時、神は私たちに神の御声に従う力を与えてくださいます（ローマ6:12-16）。

第一ペテロ1章ｓ13-15節は、以下、私たちがすべきことを述べています。

- 自制を働かせ始める
- 明晰に考える
- 神に従う
- 昔の生き方に逆戻りしない

- あなたは日々の生活の中で、キリストとの関係を反映した選択をしていますか？

- それとも、噂話をしたり、不平不満を言ったり、勝手気ままなことをしたり、感謝知らずな振る舞いを続けたり、不道徳な人間関係に留まったり、性的な罪を許し続けたりしていますか？

自省しなさい！

私たちの人生においては、罪の腐敗からの解放が少しずつ目撃されていかねばなりません。第一ヨハネ3:1-3には、私たちが自らを清く保つべきだと書かれています。私たちにはイエスとの永遠という祝福された希望があるからです。この人生は天国に向けてのリハーサルなのです（1ヨハネ2:15-17）！ 私たちは、罪への既知の誘惑を避けることで、自分の聖さを保ちます。私たちは、私たちの体、思考、言葉、態度、霊を汚し得るすべてのものから自らを清めねばなりません（2コリント7:1）。神への尊敬の念をもって、清さに向かって努力しなければなりません。

　興味深いことに、聖さは単なる罪の不在ではありません。私たちが自分の古い生き方からの自由を得るのは、私たちが罪に背を向けるだけでなく、キリストに向かうことによります。それは、私たちが深く、継続して、熱心に、イエスを積極的に求める姿勢です。思い出してください。私たちが勝利を得られるのは、私たちの内に住んでおられる聖霊のおかげです。しかし、聖霊にその完全な御業をしていただくのは、私たちの選択なのです。聖霊は紳士であり、ご自身をあなたに無理強いされることはありません。そして、心の準備をしておいてください。この新しい生き方は、神へのこの上なく圧倒的な願望と期待にあふれる喜びを生み出すでしょうから（ローマ15:13）！

　祈り、賛美、聖書を通して、毎日神と会うこのプロセスにおいて、私たちは聖く、分け隔てられた者となります。 そうすれば、神は私たちをご自分の栄光のために用いることができます。これが私たちが創造された目的であり、私たちは神の力の中で、神の目的のために生きている時ほど、生き生きと生きられることはありません！ 私たちは恐れることなく、聖さと義の中で永遠に神に仕えることができるように、敵から救い出されたのです（ルカ1:74-75）！

- あなたは神と会うために、毎日まとまった時間を割り当てる意志があります
か？

神は私たちを熱愛されます！

最後に、私たちは神が私たちをどれほど愛してくださっているか、そして私たちが
神の全面的な祝福を受けることができるように、私たちが聖なる者となることを神
がどれほど望んでおられるかを理解する必要があります。 神は私たちがこの暗い世
界にとっての希望の源となることができるように、私たちが分け隔てられることを
望んでおられます。エペソ1章4節には、神は地球を造られる前から私たちを愛し、
神の目に欠点のない聖なる者となるように私たちを選ばれたと書かれています。聖
霊の働きの結果として、私たちはイエスの血によって清められ、イエスに従う力を
得ます。主との純粋な交わりの中に入れば入るほど、私たちは清められていきま
す。私たちはますます神の特別な恩恵を受け、神の素晴らしい平安をますます経験
するようになります。そして、イエスのいけにえの美しいところは、それによって
私たちは謹んで御父の御前に進み出られるだけでなく、御父に親密に近づくことが
できることです。神は私たちのお父さまでもあるからです（ローマ8：15）。

- あなたは自分が絶対に天国に行くと確信していますか？

変化を経験する

あなたがもっと情熱を持って主のために生きたいと望むなら、ここがスタート地点
です。私たちがイエスの御言葉に従うことによってもっとイエスに似た者になるに
つれ、私たちの人生のための神の目的が私たちの目標ともなることを覚えておいて
ください。神の願いは、私たちの人生のあらゆる側面が聖霊の力の下に置かれるよ
うになることです。聖霊に洗っていただき、聖なる者にしていただくことは、清い
生活から生じる豊かな実りをもたらします。私たちは喜び、平安、愛、親切、優し
さ、希望、自制を経験するようになるでしょう。結局のところ、これこそが人間の
心が真に求めているものなのです！ そして、変えられた私たちは、救われていない
人たちに影響を与えることができるようになります。彼らもまた永遠の命を得るこ
とができるようになるためです。

　　私たちの人生の中に見られる神の資質は、私たちを際立たせるはずです。　人々は、私たちがこの世のものではないことを感じ取るべきです（ヨハネ17:13-19）。このことをあなたの人生において考えてみてください。神に対するあなたの献身が、他の人々をイエスに会いたがらせているでしょうか。あるいは、あなたがクリスチャンであることすら知られているでしょうか。

****

私があなたのために祈るのは、あなたがイエスに対して熱烈な願望を持つようになることです。あなたが<u>自分自身</u>のために、毎日、祈りと御言葉を通してイエスを探し求めますように！　あなたには、機会があるごとにいつでもイエスに会いたいと望むようになってほしいのです！　そして私は、あなたが自分の全人生をかけてイエスを喜ばせたいと思うようになることを祈っています。覚えておいてください。私たちのために救い主がしてくださったすべてのこと、私たちに与えてくださったすべてのもののために、私たちには人生を主に捧げることを選ぶ以外に、救い主に恩返しをする方法はありません。罪や罪責感、恐れ、夢や目標を主に明け渡すということには、自分の罪や肉よりも聖さと義を尊ぶ選択をすることが含まれます。これだけでも、私たちは他の人が主のもとに来るべく影響を与えるようになり、それがすばらしい御父に栄光をもたらすことになります。

ふりかえってみましょう

1. 四つの地のたとえを覚えていますか？ 以下の領域において、自分がどの土壌であるのかを考えてみてください。

   a. 神 何かあなたが本当はしたくない事をするように神に求められたとしましょう - あなたはどのように反応しますか？

   b. 仕事または学校 あなたは、文句ばかり言う人、大のパーティー好き、または噂話好きの人間として知られていますか？ それとも、あなたが喜びに満ち、誠実で、協力的な精神を持っているために、人々はあなたと一緒にいるのを喜んでいますか？

   c. 人間関係 あなたは、特に相手が弱い時や、理解するのが遅い時に、他の人たちに優しさを示すことで知られていますか？家政婦や店員、その他、高い地位にいない人々への接し方はどうでしょうか？あなたは結婚生活の中で、また、家族や教会員、同僚に対し、寛容であることで知られていますか？

   d. 私たち自身 私たちは自分の思い、心、魂を深く掘り下げて、神に私たちの汚れを明らかにしていただく勇気があるでしょうか？神が私たちを聖なるものにできるように、私たちが癒され、変わるための方法は、これしかありません。神はあなたの秘密の部分をすべて求めておられます。つまり、自己中心さ、高慢さ、自己満足の態度や、あなたの依存症や偶像も、あなたの恐れや希望も、あなたの願望や限界もです。これらの質問に対する答えを下に書いてください。

2. 私たちは自分自身の力で聖くなるのでしょうか？

   _____

3. キリストを受け入れると、私たちはどのように変わるのでしょうか？

   _____

4.　聖さから生じる実にはどんなものがあるでしょうか？

_____

_____

5.　もっとイエスのようになるために、今日から何をし始めたいですか？

_____

_____

メモ

謙虚さ

謙虚さ。うーん。それは弱さを意味するに違いない。 いつも踏みつけられる玄関マットのような人。弱虫。他の人たちの前で恥ずかしい思いをすること。 卑下すること・・・。謙虚さなんてまっぴらごめんだ。

実際のところ、多くの人は謙虚さが何を意味するかも分かっていません。そして、こんにちの社会文化の中でこの資質を見つけるのは間違いなく難しいことです。私たちは、トップに立つ人たち、つまり最も偉大な人、最も美しい人、最も健康な人、最も賢い人、最も力のある人たちに心を奪われている国民です。「謙虚さ(humility)」という言葉そのものが、謙虚にしていたら人生で成功することはないだろうと思わせます。「屈辱 (humble pie)」を味わうということは、あなたが怖気づいて負けたことを意味します。そして、私たちはしばしば「つつましい人　(the humble)」とは、貧しく、軽蔑され、この世界で虐げられている人たちのことだと考えます。

謙虚さとは…

謙虚さとは、強さ、平安、方向性を主からいただく人の姿です。それは、自分の強みと限界を知っていながらも、神に自分の人生を監督してもらう人のことです。そして、自分の立場にしっかりと自信と安心感を持っているため、地位を求めたり、どんな状況にあっても自らに割り当てた力を行使する必要のない人のことです。

聖書的定義による謙虚さは、私たちの社会が受け入れている自己中心的な性質とはかけ離れています。謙虚さとは、決して弱いという意味ではなく、本当は、「コントロールされた強さ」を意味します。英語の辞書によると、謙虚さは「控えめ」であることや「丁重」であることと説明されています。それは実際には、自分よりも他人を優先するというライフスタイル上の姿勢です。それは多大な自制と不屈の精神を必要とします。神の前でへりくだっている人は、一貫して、自分の罪深い性

質に相反する行動をとるからです。彼らは憎まれている時に愛することを選びます。自分のためにすべてのものをため込むのではなく、時間や才能、お金を分け与えます。そして、たとえ悪に直面しても、他の人たちにとって良いことを行うための神の力と勇気を持っています。真の謙虚さを示す人がなかなか見つからないのも不思議ではありません。

謙虚であることは、神が宇宙の最高支配者であり、私たちはそうではないと認めることのできる能力でもあります。あなたは「当然でしょう!」と言うかもしれません。しかし、現実には、私たちの行動は言葉よりも雄弁です。たとえば、私たちは、「この仕事をきちんとできるのは私しかいない」とか、「子どもを適切に育てている親は私だけだ」と思ったことが何度あるでしょうか。私たちが自分はなくてはならない者だと思う事項を数え挙げると、尽きることがありません。要するに、私たちはまるで自分が全ての状況を管理しているかのように、自分があまりにも重要であると思っていることがよくあります。自らの自己中心さを克服し、真の愛を示すために神の助けが必要であると認めることは、はるかに優れた人格を必要とします。謙虚さとは、自分の力で生きる代わりに、自分の意志、思考、心を神に委ねるという意図的な行為なのです（申命記10：12-21）。

人間は通常、否定的な扱いや、無礼な扱いを受けるのが好きではありません。敬意と優しさをもって接してもらうと、私たちはより好意的に反応します。例えば、行列や渋滞の最中に誰かがあなたを先に行かせてくれると、嬉しくありませんか？あなたが頼んでもいないのに、誰かが助けを申し出てくれると、良い気分になりませんか？ このような姿勢は、競争の精神とは対照的に、仲間意識を生み出します。自分のことよりも先に他人のことを考えることは、謙虚さの本質です。

- あなたの謙虚さはどんなかたちで表れているでしょうか？
- あなたがもっと謙虚になるために始められることはありますか？

謙虚さとは言えないもの…

謙虚さとは、人に振り回されることではありません。屈辱ではありません。また、自分のニーズを無視してまで他人に奉仕することでもありません。謙遜の反対は傲慢です。高慢とも言います。傲慢さは、「私にはやれるし、私はやる」と言いま

す。実際、まさにこの姿勢のために、サタンは天国から追い出されたのです（イザヤ14:12-14）。多くの人は、神を露骨に無視して、いちずな決意だけで生きています。その態度は「私に従えないなら出て行け」というものです。彼らはその業績によって定義され、何があっても自分の思い通りに人生を突き進もうとします。

　　成功することや、自分の業績に満足することは悪いことではありませんが、神の助けを求めたり、神に感謝することなく、自分の人生の成功を完全に自分の手柄にしてしまう人は、誤った優越感を持つ傾向があります。さらに、自分自身や自分の状況だけに頼っていると、うわべだけの安心感を持つようになります。人や状況は日々変化するからです。神ご自身以外には、変化しないものはこの世界には何もありません（ヘブル1:10-12）。ですから、神は私たちの絶対的な信頼と献身にふさわしい唯一のお方なのです。本当のところは、神を無視すると、私たちは真の知恵を欠き、代わりに、全くの愚か者になってしまうのです（詩篇14:1、ローマ3:10-18）。

　　さらに、意図的に神に抵抗すると、私たちは神が私たちの人生のために計画してくださったすべてのことをとり逃してしまいます。自分のルールや欲望だけで生きようとすると、私たちは神が私たちのために備えてくださっている祝福を失うことになります。私たちはまた、神が私たちのために計画してくださった、私たちに必要不可欠な健全な試練や刈り込みを経験することができなくなります。主を求め、主に信頼することは、想像をはるかに超えた満足のいく人生につながります（箴言3:5-8）。

- あなたは自分自身に頼ることが多いと思いますか、それとも神に頼ることが多いと思いますか？

あなたが経験しそこなっているもの

あなたは今のところ、自分の人生はうまくいっていて、神の下にへりくだらされる必要はないと言っているかもしれません。あなたは素晴らしい結婚生活、家庭、仕事、子どもたちに恵まれているかもしれません。しかし、人は神を無視して自分の「道」を歩み続けていくと、たいていの場合、自らの業績や能力、獲得したものに自分が幻滅していることに気がつきます。「人生はこれだけのものなのか」と自問

することになる人たちがよくいます。「私の目的は何なのか」、「私はどこへ行くのか」、「私はなぜここにいるのか」というような質問です。人は、イエスなしでも自分には必要なものがすべてそろっていると思っているかもしれませんが、彼らは自分の人生に非常に多くのものが欠けていることに気付いていないのです。

　キリスト信仰を持って間もないうちは、キリストに支配を委ねることに気が進まないかもしれません。しかし、この関係は時間をかけて築かれていくものであり、私たちがキリストに献身し続けるならば、キリストは私たちの試練を通して、ご自身が信頼できるお方であることを証明し続けてくださるでしょう。少しずつ自らを主に捧げていくと、私たちには、主が私たちの中で、私たちを通して、私たちのために、何をすることができ、何をしてくださるのかが見えてきます。私たちは主が信頼に足るお方であり、常に私たちの最善の利益を第一に考えておられることが理解できるようになるでしょう。やがては、主は私たちを心から愛しておられるので、絶対に私たちを傷つけたり、見捨てたりすることはないことが分かるようになるでしょう。彼は最高の夫であり（イザヤ54:4-5）、友であり（ヨハネ15:15）、父である（ローマ8:15）のです。

　もしも私たちが人間関係において辛く当たられたり、虐待的な扱いを受けたことがあったら、自分の意志や感情、魂をイエスに委ねることをさらに躊躇してしまうかもしれません。このような苦難の後で、自分の人生をコントロールしようと一生懸命に頑張ってきた人もいるでしょう。その状況では、私たちはおそらく、新たに発見した力を、神ご自身をも含めて、誰にも渡したくはないでしょう。

　しかし、私たちは神との交わりの中で生活しなければ、決して完全にはなれません。主はそのように私たちを設計されたのです。ですから、あなたが人生から「もっと多く」を求めているとしたら、あなたこそが主の念頭にある人なのです。人生の意味は、私たちを創造してくださったお方と関係を持ってこそ、真に満たされるものです。主は私たちのことをよく理解しておられ、私たちを熱烈に愛しておられます。主はあなたの人生のために、喜び、平安、希望、目的を含むマスタープランを持っておられます。神はただ、あなたがその人生に主を招き入れるのを待っておられます。

・　あなたは自分の人生の中心にキリストがいると思いますか?

- それとも、あなたは自分で自分の人生を切り盛りして、気が向いた時にだけ主を招き入れていますか?
- 下記のことを考察すれば、この問いに答えやすくなるでしょう。
    * どのくらいの時間、主のことを考えているか
    * 聖書を読むのに、どのくらいの時間を費やしているか
    * 祈るのに、どのくらいの時間を費やしているか
    * 自分の時間、才能、お金を何に費やしているか

でも、ひどく裏切られた気がする

もしかしたら、神に身を委ねていたのに、何か悪いことが起こってしまったということもあるかもしれません。あなたの最初の反応は、「神様、あなたは私のそばにいて助けてくださると思っていたのに!」というものかもしれません。現実には、神はあなたのすぐ側にいて、あなたを助けてくださるのです。私たちが神に服従しているからといって、神が私たちの人生の困難な状況を取り除いてくれるわけではありません。事実、主はしばしば、まさにこのような状況を利用して、私たちをご自身に引き寄せてくださるのです。実際、あなたが神との関係を持っていなかったとしても、あなたはおそらく同じ試練を経験していたことでしょう! 神に信頼し続けることによってのみ、あなたは試練の中で自分のものではない平安と強さを見出すことができるのです(ピリピ4:6-7)。

そして、最終的にはこれまでに生きたすべての人がへりくだって、神に向かって膝をかがめることになるのを忘れてはいけません(ローマ14:11)。それは私たちの選択であり、選択肢は二つしかありません。私たちは今、神の前にへりくだることによって、神を喜ばせるだけでなく、他の人に影響を与えることができる特権を分かち合うことができます。

- あなたは、苦難の間ずっと本当に神がいてくださると信じていますか? どうしてそれが分かりますか?

謙虚に生きるとはどういうことなのか?

多くの人が、キリストのもとに来るための第一歩は悔い改めだと考えています。しかし、実際はそれは謙虚さです。なぜなら、私たちは救い主に私たちの心の中に入ってくださるよう求め、罪から立ち直ろうと決心する前に、自分が救い主を必要としていることに気づかねばならないからです。私たちはへりくだる時に、自分では自らの人生を可能な限り上手く取り扱うことができないことを認めているのです。神に手綱を渡すのは怖いことかもしれませんが、私たちが最も賢明になるのは創造の王の前に屈する時なのです（箴言9：10と11：2）。

マタイ18章1-4節で、神の御国に入るためには、私たちは子どものようにへりくだらねばならないとイエスご自身が言われています。イエスが子どもを例に挙げられたのは、子どもは自分が大人に完全に依存していることを何の問題もなく認めるからです。同じように、私たちが信仰をもってイエスのもとに来て、神の望まれる生き方をするには、子どものように依存する姿勢が必要となります。謙遜さがなければ、私たちは「権力の座」をめぐって神と戦い続けることになります。そして、これは間違いなく、私たちのクリスチャンとしての歩みを惨めなものにしてしまいます。

これは、私たちが神の前に卑屈になって、私たちのあらゆる必要を求めて神に懇願するということでしょうか？　私たちは神の前で恐怖に縮み上がらねばならないのでしょうか？　これらの質問に対する答えは、どちらも「ノー」です！　神は私たちが求める前に、私たちのあらゆる必要を知っておられます（マタイ6：25-34）。実際、私たちが神との情熱的な関係を持つことを選ぶとき、神は喜んで私たちの祈りに答えてくださいます。そして、主を信頼しているがゆえに私たちが確信に満たされるのは、主の願われるところです！（詩篇37:3-5）。主は、私たちを大いに愛するがゆえに、十字架にかかられたのです。それは私たちが、自分たちが主にとって計り知れない価値があることを知るためでした。

しかし、健全な自信と真の安定性は、イエスが私たちの魂の錨であり、イエスが私たちの素晴らしい羊飼いであることを私たちが深く理解して初めて可能になります（ヘブル6:19、ヨハネ10:11）。私たちがイエスの荘厳な力を信じる時、私たちは私たちが安全であるのはイエスのおかげであること、つまり、私たち人間の功績が安心をもたらすのではないことに気づくのです。

覚えておいてください。私たちがこの世界で行うことはすべて、いつまでも残るか、燃えてしまうかのどちらかです。お金も仕事もおもちゃも家も衣服も車も、さばきの日にはすべて無意味なものになってしまいます。もし私たちの仕事が私たち自身に栄光と喜びをもたらすためだけのものであれば、私たちは宇宙の神の前に手ぶらで立つことになるでしょう。今はあまり重要なことのようには思えないかもしれませんが、あなたは永遠への門の前に立って、自分が高慢さのためにキリストに服従しなかったせいで地獄に行くことになるのを知りたくはないはずです。実のところ、私たちが神の力によって、神の目的のために行うこと_のみ_が、永遠の利益と名誉をもたらすのです（ヨブ記22章）。

- あなたの自信は自分自身の業績の上に築かれていますか、それともあなたの人生における神の働きに基づいていますか？

ああ嫌だ！服従したくない！

謙虚になることには服従も含まれます。これもまた、多くの人々に理解されていない言葉です。服従の意味は「降伏すること、屈服すること」ですが、聖書的な服従は、言いなりになることとは何の関係もありません。実際、福音書の至る所から、イエスが何の問題もなく人々の罪を非難されたことがわかります（マタイ7:5、マタイ23:13、ルカ6:42、ルカ13:16）！　へりくだることと同様に、服従することを選択するには多大な自制が必要です。それは私たちの意志による決断であり、努力を必要とします。それは、私たちの心と思考と魂でなされる選択なのです。

私たちはあわれみ、謙遜、優しさ、柔和、寛容を_身_に着けるべきです（エペソ4:1-6、コロサイ3:12-15）。この種の服従は決意による行為であり、強制されて行ったり、恥じ入らされて行うものではありません。私たちはイエスのように振る舞うことを選ぶことによって、真にキリストを中心にしていなければ見られない資質を他の人たちに示します。そして、私たちがそうすることを選択した後には、聖霊は私たちが神の御言葉に従えるよう助けてくださると約束しています。

主に自らを明け渡す時、私たちは文字通り、私たちの人生をコントロールする許可を主に譲ります。それは決して、思考を要しない、その場しのぎの愚かな決断ではありません。神に自らを明け渡すということは、慎重な考慮と、熟慮を必要とす

るものです。

- あなたの人生の中で、まだ神に服従する必要がある分野は何ですか？

罪に背を向ける

謙虚さとは、誘惑から目を背け、神のみこころにかなう選択をすることでもあります。実際、神は私たちが神に従う際にのみ、祝福を約束してくださいます（歴代誌下7:14-16）。

わたしの名を呼び求めているわたしの民が

みずからへりくだり、

祈りをささげ、

わたしの顔を慕い求め、

その悪い道から立ち返るなら、

それならば

わたしが親しく天から聞いて、

彼らの罪を赦し、

彼らの地をいやそう。（「地」には私たちの国だけでなく、私たちの個人的な生活も含まれます）

私たちの道は主の道ではないことを覚えておいてください（イザヤ55:8-9）。主は全権を有し（全能）、すべてを知っておられ（全知）、常に存在しておられます（遍在）。私たちは神なしで自分がどんなに賢く、利口だと思って、自信を持っていても、主の道を歩まなければ、自分を完全に欺いていることになるのです！

あの醜い、馴染みの怪物

謙遜の反対は傲慢であることはすでに学びました。聖書には、このことについて多くのことが書かれています。私たちは皆、「高ぶりは破滅に先立ち、心の高慢は倒れに先立つ。（箴言16:18）」という言葉を聞いたことがあるでしょう。高慢な人は自分を高めすぎる傾向があり、彼らに残されている方角は下に向かって急落する

ことだけであるため、ここでは「倒れ（落下）」という言葉が使われているのだと思います！　興味深いことに、謙遜の語源の一つに「底部」とか「低い」という言葉がありますが、これは、謙遜な人はしっかりと地に固定されていて、簡単には揺るがされたり、動かされたりすることができないということを意味しています！

　高ぶりは、結局は私たちを低くし、心の低い人は誉れをつかみます（箴言29:23）。私たちはこれを読んで、こう思うかもしれません。「お金持ちで容姿端麗で、すごく楽しく暮らしている人たちはどうなんだろう。彼らは謙遜な生き方はしていないけど、何でも持っていて、とても幸せそうだ!」　実際には、よく見てみると、あらゆる「享楽」の結末に人生が破滅した人たちがたくさんいることがわかります。重ねて言います。心の高慢は破滅に先立ちますが、私たちが神に服従するならば、誉れは私たちのものです（箴言18：12）。

　考えにくいかもしれませんが、神の御言葉ははっきりと、しもべとして仕える態度は、高慢で利己的な態度よりも、はるかに満足感をもたらすものだと言っています。また、神は私たちが自分の人生を他者に捧げる選択をするのを喜ばれます。高慢な者は必ず低くされます（イザヤ2:11）。そして謙遜な者が地を受け継ぎます（マタイ5:5）。この世で「最も偉大な者」と見られている者は、裁きの時には「最も小さい者」となります（マタイ19:28-30）。しかし、もし私たちが「最も小さい者」になることを選ぶならば、私たちは最後には高められることを神は約束しておられます（ルカ14:7-11）。

　神の真理の中には、受け入れがたいものもあります。しかし、神の御国のために何も提供しなかった人々は、主が戻ってきた時に驚くことになるとイエスは言われます（マタイ25:31-46）。　私たちが自分でクリスチャンだと名乗っていても、自己中心的で、主の目的のために少ししか与えないならば、私たちに与えられるのはほんの少しだけです（マタイ25:14-28）。私たちがこの地上で生きている間、唯一絶対に重要なのは、イエスについて何を信じているか、イエスのために何をするかということだけです（マタイ16:24-28）。

　高ぶりについて言うと、興味深いことに、それは殺人、強欲、残酷、神を憎む者（ローマ1:28-32、2テモテ3:1-5）と並んで、「罪」のリストのトップを占めています！　主は高ぶりを文字通りに憎むと言われます（箴言8:13）。ですから、私た

ちは主の権威を高慢に拒否する時、実際には敵の陣営で生きることを選んでいることになります（マタイ12:30、ヤコブ4:4-10）。真実のところは、自分の選択によるにせよ、あるいは状況によるにせよ、いずれにしても私たちはへりくだらされるということです（マタイ23:11-12）。

　私たちのほとんどは、自分のことを描写するのに「高慢」という言葉を使わないでしょう。しかし、もしあなたが主イエス・キリストに服従していないなら、あなたは自分の人生を神よりも巧みに管理する方法を知っていると言っていることになります。そして、それこそが純然たる形の高ぶりなのです!

- あなたは家族以外の人を助けるためにどのくらいの時間とお金を費やしていますか? これは、あなたがどれだけ謙虚なしもべであるかを判断するのに役立ちます。

完璧な模範

イエスの人生は、謙虚さを示す模範として完璧なものでした。イエスは瞬時に十万の御使いを呼んで助けを得ることもできましたが（マタイ26：53）、神としての権威の多くを放棄して、私たちのために自らへりくだることを選ばれたのです。ピリピ2章5-11節は、この点を最も美しく示している聖句です。

- あなたがたの間では、そのような心構えでいなさい。それはキリスト・イエスのうちにも見られるものです。

- キリストは神の御姿である方なのに、神のあり方を捨てられないとは考えず、

- ご自分を無にして、仕える者の姿をとり、人間と同じようになられました。人としての性質をもって現れ、自分を卑しくし、

- 死にまで従い、実に十字架の死にまでも従われました。

- それゆえ神は、この方を高く上げて、

- すべての名にまさる名をお与えになりました。

- それは、イエスの御名によって、天にあるもの、地にあるもの、地の下にあるもののすべてが、ひざをかがめ、

- すべての口が、「イエス・キリストは主である」と告白して、

- 父なる神がほめたたえられるためです。

いいですか、神ご自身でさえも謙虚になることを選ばれたのです！　主は意図的に自らを低くされました。主は唾をかけられ、罵られ、誤解されることを知っておられました。それでも、私たちが神の犠牲から恩恵を得るために、意図的に自制されたのです。ここで注目してほしいのは、主の忠実な奉仕に対する報酬が永遠の栄光と力であることです。驚くべきことに、それは私たちの報酬でもあるのです（エペソ3:6、黙示録21:7）。主は計り知れないほどの「抑制された強さ」を示されました。主は私たちが従うべき模範です。

　イエスは究極のしもべでした。「謙虚な奉仕者」（マタイ20:26-28）です。驚いてはいけません － 他人を助けるために自分の人生を明け渡すことは、自然な意志に反しているように感じられることが多いものです。しかし、私たちは、他者に仕えるために利己主義を慎む時、人格的に大きな強さを示します。繰り返しますが、自ら高ぶる者は低くされ、へりくだる者は高められます（1ペテロ5：5-6）。私たちが主の前にひれ伏し、主への依存を認める時にだけ、主は私たちを引き上げ、名誉を与えてくださるのです。

謙虚な者のために神が約束された祝福

私たちがへりくだって神に服従する時、神は私たちに何を約束しておられるでしょうか。

　自らへりくだって神に従うことには、非常にたくさんの恩恵があり、この課ではそのすべてを挙げることができません。しかし、詩篇34篇を読むと、私たちが主と関係を持つことを選ぶ場合に与えられる祝福に関しての美しい構図が見えてきます。主は私たちを守り、私たちの声に耳を傾け、私たちを教え、守り、保護し、救ってくださいます。もっと素晴らしいのは、神が私たち以上に私たちとの関係を望んでおられるということです！　それは、私たちがまだ罪人であった時に主が私たちのために死んでくださったことから分かります（ローマ5:8）。

　神の権威の下に身を置くことの利点はもう一つ、神の聖霊が私たちに悪魔に抵抗する力を与えてくださることです。実際、聖書には、私たちがサタンの攻撃に立ち

向かうと、サタンは私たちから逃げ去ると書かれています（エペソ6:12-17、ヤコブ4:4-10）！ また、私たちが神に近づくと、神も私たちに近づいてくださいます。神は私たちが神のもとに駆け寄るのをいつも待っておられます。けれども、神は無理強いをなさいません。ですから、私たちが神を望み、神に私たちの心と思いを導いていただくことを望む必要があります。主の御霊が私たちを引き寄せてくださる時、私たちには主に向かうか、主に背を向けるかの選択があるのです。

　神はへりくだった人とともに住むと約束されています（イザヤ57:15）。神が私の内に住んでおられると思うと、私はとても素晴らしい気分になります！　私は驚くほど特別な存在であり、選ばれた存在なのです（エペソ1:3-14）！ また、謙虚な人には、自分の人生や他の人の人生に神が働かれるのを見ることができる霊的な能力も与えられます（詩篇69:32）。また、私たちは自分の勇気を「奮い立たせる」必要もありません。私たちが人生の重荷や苦難にもっと前向きに対処できるように、神が本物の勇気を与えてくださるのです（詩篇18:25-36）。

神の守りの約束

私たちが真に成功するためには（つまり、私たちの人生のための神のみこころによる道を歩むためには）、自分が弱さと不完全さに満ちていることを認識する必要があります。私たちは皆、自己中心的になり、愚かになることがあります。しかし、神が私たちの人生をコントロールしておられるなら、聖霊は私たちの人生の内外で、私たちの歩みを正すことができます（詩篇 25:8-10; 32:8-9と箴言3:5-6）。

　神に服従することのもう一つの大きな利点は、私たちが困難を経験している間、神は私たちを慰め、癒し、守ってくださると約束してくださることです。神は、私たちの手に負えないものは与えないと言われます。ですから、私たちは何を経験しようとも、私たちにはそれを乗り越えることができるのを神が決断されたとという確信を持つことができます（1コリント10:12-13）！　神は永遠の存在であり、いつでも、すべてを知っておられます。私たちが神を信頼し、自分の人生を神の「御翼」の下に置くなら、私たちは襲ってくる嵐から守られます（詩篇91）。それだけでなく、もし私たちが主の護りの傘の下に入るなら、私たちは知らず知らずのうちに危害から守られていることが数え切れないほどあるのです（箴言30:1-6）。

キリストなしで生きている人は、自分自身や他の人間に頼るしかありません。これは、私たちが途方に暮れている時には恐ろしいことです。この世界に目をやりさえすれば、「自分のやりたいようにすること」で私たちにもたらされた憂鬱、怒り、絶望、無礼が見えるでしょう。逆に、宇宙の創造主との親密な関係を持っているクリスチャンには、進んで助けてくれるだけでなく、絶対に助けることができるお方がいるのです！　神は、私たちがもっと主に似た者となることを望んでおられます。私たちは古い考えや古い行動を手放し、謙虚に主を信頼することで、価値のある素晴らしい実を結ぶことができます。

・ あなたが謙虚で従順であったために神が祝福してくださった時のことを思い浮かべてみてください。

神の精錬する火

大半の私たちは、困難を経験するのが好きではありません。しかし、私たちが神の力強い御手の下にへりくだる時、神は私たちを洗練するために、しばしば私たちの人生において困難な状況を利用されます。神がそうなさるのは、私たちを愛しておられ、私たちを神の民にしたいと願っておられるからです（ゼカリヤ13:9）。

金細工師が金属を加熱して精錬するように、実際に神は私たちの苦しみを利用して、私たちの人生の中にある不純物を「焼き」払われます。熱が高まるにつれ、液体となった金属の上から「金かす」または「浮きかす」と呼ばれる不純な膜状の物質が取り除かれていきます。そして、最も純度の高い金属だけが残ります。

私たちの人生にある「スラグや浮きかす」とは、私たちが利己的になったり、噂話をしたり、時間を浪費したり、心や身体で性的な罪にふけったり、自己中心的になったり、貪欲になったり、他人を見下したり、他にも多くの不道徳な態度や行動をとったりする傾向のことです。この洗練過程は最終的に私たちの人格を試すものです。なぜならば、苦しみの後には、純粋に私たちの本質以外には何も残らないからです。

主はまた、私たちの主に対する依存度を深めるためにこのような苦難を許されます。そして、私たちの試練を通して主の栄光が示されることができます。なぜなら、主は私たちを養ってくださり、私たちの人生において明らかに人間的ではない

方法で動いてくださるからです（詩篇86:1-13）。私たちの創造主である神は、私たちが最もうまく機能できる方法を知っておられ、また私たちの最大の可能性を見出すために何が必要なのかを知っておられます。そして、神は、これらの貴重な試練の時が、私たちに最大の喜びと平安と目的をもたらすことを知っておられるのです。

- あなたは試練にあう時、神によって形成され、整えられることを許していますか？

- あなたは怒りを爆発させて、被害者面をしますか？

- それとも、自分のやり方を主張して、主の権威を無視しますか？

今こそその時です

もしあなたがまだイエスに信頼を置いていないなら、今こそその時です。一生涯好きなように過ごして、天国に行くためだけに最後の最後でキリストを選択する決断をすればよいと思っている人が大勢います。しかし、これは悪魔の嘘です。自分が永遠に召される時刻を知っている人はいません。あなたにはそのチャンスがないかもしれません。

　　もしあなたが既にキリストに信仰を置いているなら、今、自分の謙遜のレベルを測ってみると良いでしょう。あなたは本当に利己的な自己をキリストに服従させていますか？　この失われた世界に対して、あなたはイエスの明るく輝かしい模範となっていますか？　それとも、「部分的」にしかイエスのために生きていないでしょうか？　実のところは、今すぐに謙虚になることが必要なのです。時は迫っています。この世界がどうにもならなくなりつつあるのは天才でなくても分かります。今日この日こそがキリストのために 魂を収穫する日なのです。そして、次のことを忘れないでください。私たちが神の御手の下に入ることを選んだ時にだけ、私たちは、私たちの魂の敵からの攻撃に立ち向かうことができるのです（1ペテロ5:6-9）。神の条件に従って生きると、計り知れない祝福がもたらされます。

今日こそが、へりくだってあなたのあり方を悔い改める日です。

ふりかえってみましょう

1. 謙虚さとは何ですか？

   _____

   _____

2. 私たちは神の前にへりくだらなければなりませんか？

   _____

   _____

3. 私たちがへりくだるなら、神は私たちに何を約束されるでしょう？ ヒント：
   ヤコブ4章7節、第一ペテロ5章6節、歴代誌下7章14節を参考にしましょう。

   _____

   _____

4. 私たちが神に謙虚になれば、私たちの問題は消えてしまうのでしょうか？
   なぜそうではないのでしょうか？

   _____

   _____

   _____

5.   この人生における本当の成功とは何でしょう？　それはなぜですか？

_____

_____

_____

6.   天の御国で「偉大な」ものとなることについて、イエスは何と言われましたか？

_____

_____

_____

メモ

従順
✳✳✳

申命記　第6章

「従順」という言葉は、あなたの中にネガティブな考えを引き起こしますか？　あなたは厳し過ぎる両親のもとに育てられたのかもしれません。あるいは、あなたを批判する教師がいたのかもしれません。もしかしたら、その言葉はあなたに楽しみを味わわせたがらない威圧的な神のことを思い浮かべさせるかもしれません。この従順という、よく誤解されがちな概念に関しては、私たちは皆、様々な考えを持っています。

　従うことを選ぶ際に、私たちには非常にこだわりがあります。大抵の人は信号機に従ったり、新しい電化製品を作動させるための指示に従ったりすることには抵抗しません。しかし、そのライフスタイルに神への不従順さが現れていると言われたら、多くの人々が声を荒げて弁解するでしょう。

従順とは…

従順を表すヘブライ語の言葉は「シャマ」で、「知的に聞く」という意味があります（私はこの言葉が大好きです！）。また、「耳を傾ける」、「同意する」、「聞く」、「宣言する」、「勤勉である」という意味もあります。ギリシャ語では「hupakouo」で、（従属する者として）「聞く」、「注意深く聞く」、「権威に従う」、「従順になる」という意味があります。

　私たちは従う前に、「身を入れて聞く」ことを学ばねばなりません。「聞こえる」というのは、空気が外耳道に入り、音が伝わるという生理的な機能です。しかし、「身を入れて聞く」というのは、精神的、感情的、霊的な機能です。現代人の中には、聞き方を全く知らない人がたくさんいます。話すのに忙しい人たちが多く、彼らにとっては情報を取り入れることさえ難しいのです。そして、「聞こえ

て」はいても、こちらの言っていることを本当は理解していない人たちと関わったことが誰にでもあるものです。人々は神が語られるのに耳を傾けるために、じっと座っていることすらできません。静かな環境で自省したり熟慮したりすることは、滅多にありません。本当に悲劇的なのは、私たちが自分のことにあまりにも夢中になって、私たちの助けや注意を必要としているかもしれない人のことに気づき損ねることです。

　神や権威者、親への服従は過去のものとなっているようです。その代わりに、私たちは「自己」にだけ屈する文化になってしまいました。お金よりも人の方がもっと重要だった時代がありました。私たちはお年寄りを尊敬し、自分の国に誇りを持っていました。私たちの両親は私たちをしつけることを恐れていなかったので、私たちは自分自身をコントロールする方法を教えられました。

　しかし、私たちの国が素晴らしかったのは、それが聖典の原則に基づいて築かれたからです。実際、私たちの憲法と政治形態を発展させた先人たちのほとんど全員が敬虔なクリスチャンでした。これは、今日の歴史書を読んでも耳にすることがないものです！　しかし、私たちが神と神の道を拒絶することが、まさに、私たちの目の前で私たちの国が崩壊している理由なのです。

・ あなたは自分のことを聞き上手だと思っていますか? どうしてそれが分かりますか?

彼らは何を考えていたのか？

聖書は人生のハンドブックです。しかし、時代を超えたその知恵と教えを熱心に学んでいる人はほとんどいません。神の御言葉の大部分を占める旧約聖書は、無視されることがよくあります。規則や制約がリストされたものとして見られているからです。聖書を読んだこともない人たちは、聖書のことを古くて埃っぽい詩や言葉、発音できなさそうな名前や、いつも怒ってばかりいる神のことを寄せ集めたものだと思っていることが多いのです。

　しかし、聖書全体を見てみると、聖書の最初の三分の二はイスラエル、つまり神ご自身によって形成され、愛された民についての物語となっています。聖書は、時には熱心に神に献身し、また時には故意に神を拒絶した民と神との関係を描いてい

ます。神は彼らのことを熱心に愛されたものの、彼らが罪の悲劇的な結果を経験することを許されました。神は彼らが再びご自分の道に従うように、彼らを正気に戻そうとされていたのです。神は彼らが生き生きとした人生と本物の平安を体験できることを望まれました。そして、神はそれが実現するためには、ご自分の戒めへの服従が必要であることを知っておられたのです。

　神は変わってはおられません。しかし、今日、私たちにはイエス・キリストという恵みがあります。キリストは神に対する私たちの意図的な不従順に対する罰を支払われました。神は今でも人間を強く愛しておられ、被造物との関係をこれまで以上に望んでおられます（1ペテロ1:2）。神はイエスが耐え難い死の苦しみを受けることを許された時、私たちに対する圧倒的な愛を示してくださいました（ローマ5:8）。その苦しみは現実には私たちの方にふさわしいものでした。キリストに従う私たちも、イスラエルの民と差異はありません。主を愛し、主を喜ばせることと、利己主義と意図的反抗という自己の道を歩むこととの間で、私たちは時として揺れ動くことがあります。

・ あなたは自分の選んだライフスタイル、またはその結果から恩恵を得ていますか？

知らなかった！

私たちはしばしば、「服従」という概念を苦役として捉えます。本当にやりたくないことを頼まれた時には、特にそうです。私たちは「人はいつも私のことをコントロールしようとしている！」と不平を言います。私たちは変化に対して抵抗することが多く、自分に利益がない限りは他人の意志に屈しようとしません。

　ですが、聖書的な従順が実は礼拝の一形態であることを知っていましたか？　私たちが自分の計画を差し置いて、代わりに、私たちの人生のための神の知恵や方向性を意図的に選ぶなら、神は絶対に喜ばれます（イザヤ55:3-7、ローマ8:1-14）。主は私たちが主の道に従うことを切実に望んでおられます。なぜなら、結果的にそれが充実した、満足のいく人生になることを主は知っておられるからです。　私たちはそれによって、自分の人生に健全な境界線を持つことができるようになります。そして、私たちが愛をもって主に従順に行動する時、そのことは私たちが本物

の喜びを体験する自由を与えてくれます。

　神は私たちの従順を求めておられますし、全くそれにふさわしいお方です。　しかし、私たちは神の前で傲慢さ、あるいは不快感を持ちながら「演じる」ことにする前に、その動機が愛によるものでなければ、私たちの「従順」は神にとって何の意味もないということを理解する必要があります。そうなんです！　神は私たちの人生の計画を立てられた時に、私たちがただ「規則に従う」ことを考えてはおられませんでした。実際、神は私たちの見せかけの正しさや、無意味な儀式や空虚な宗教を嫌悪されるのです（イザヤ1:10-20、マタイ9:13、マタイ12:7、マルコ7:6-8）！

　神に私たちの願望を変えていただくことを良しとするのは、時に、最も難しいことです。それは自分の肉に死ぬことを必要とするからです。私たちの心、意志、感情、恐れ、希望を完全に神に委ねるよりも、神を喜ばせようと「形式的なやり方」に従う方が簡単なことがよくあります。しかし、神が本当に望んでおられるのは、私たちの存在そのものが変化し、その結果として神への強い愛から湧き出る従順なのです。

　繰り返しになりますが、神が関心を持っておられるのは「外面的な」行動だけではないのを理解することが本当に重要です。神が目をつけられるのは、嘘をつくこと、酒を飲むこと、浮気をすること、罵ること、乱交することなどではありません。当然、神は私たちがこれらのことをするのを望まれてはいません。なぜなら、それらのことは私たちの身体に害を及ぼすからです。けれども、神は私たちの動機の方にずっとはるかに関心を持たれています。私たちの行動は心の中にあるものに基づいており、これこそが神が変えたいと本当に願っておられるものだからです（サムエル上16：7）。私たちの態度が変われば、私たちの考えや感情は神のものと一致するようになります。その時に、私たちの行動が変わるのです。

- あなたは自分がしたいこととは反対のことをするように神に求められたら、どのように反応しますか？　これには、他の人を助けるために時間を費やすこと、恵まれない人にお金を分け与えること、悪い習慣を手放すことなどがあげられます。

神は地球を創る前からも私たちを望んでおられました

神は天地創造の初めから、人類との相互の愛に満ちた関係を望んでおられました（創世記1:26-27）。ちなみに、この聖句の中の「われわれ」とは、三位一体の神のことです。父なる神、子なる神、聖霊なる神が一緒に会話をしていたのです！ このことは、ここで使われている「神」を表すヘブライ語の言葉「エロヒム」によって証明されています。この言葉は文字通り「複数の神」を表します。これは三人の神がいるという意味ではありません。聖書全体を通して、神は「神（訳注：単数）」と呼ばれているからです。神は一人だけですが、三つの異なる別々の存在なのです。これは理解するのがとても難しいことですが、神はあまりにも大きく、超自然的な存在なので、神のあり方は私たちにいつも理解できるわけではありません！ 私たちはただ、神がご自分の言葉に嘘をつくことができないことを信じればよいのです（ヘブル6:18）。

当初と同様に、今日も神は私たちとの交わりを切望されています。しかし、自分の心が硬くなるのを許してしまうと、私たちはこの交わりを台無しにしてしまいます。 イスラエルの民と同じように、私たちは教会に通い、「クリスチャン」らしい事を言い、教会に時間とお金を捧げもするかもしれません。しかし、私たちの心は、真の意味で神を愛し、礼拝することからは遠く離れているかもしれません（ヨハネ12:37-40、ヘブル3:5-19）。 主は私たちのことをよく知っておられるのです！

申命記は、ご自身の民に対する神の愛と関心を示すうるわしい書物です。神は、彼らが捧げ得るどんなものにもまさって、彼らの献身的な心から生まれる服従を望んでおられることを教えていました。神は今の私たちにもそれを求めておられます。私たちは心から完全に神に専念すると、自分の持っているすべてを神に捧げたいと思うようになります。そうなれば、私たちの従順は義務ではなく、楽しいものになるでしょう！ 私たちは口で何と言おうとも、自然と自分のしたいことをするものです。そのため、主を心から望めば、私たちはもっと簡単に主に従うことができるようになります。また、その方がずっと楽しいのです！ それは以下のように示すことができます。

主を心から望むこと＝聖霊の満たしによる主との親密な関係＝よりスムーズで、より平和的で、より力強く、そして間違いなく、より喜びに満ちたクリスチャンと

しての歩み。以下はその逆です。

　自分の肉と自分のやり方を切実に求めること＝神との関係が遠のき、聖霊の力が不足する＝クリスチャン生活の苦難と燃え尽き＝最終的には神に関係するものすべてに背を向けることになる。

- あなたと神との関係はどんなものですか？
- あなたは、大体において従順ですか、時々従順なだけですか、それとも滅多に従順ではありませんか？

いやだ！

「服従」という言葉は従順と密接に結びついています。より高い権威に従うためには、私たちは降伏、または服従する必要があります。しかし、往々にして、服従というのは私たちが本当には理解していない概念でもあります。この数十年間のうちに「自己優先」とか「満足するならやれ」とか「誰も傷つけていなければ、やりたいことは何でもできる」という考え方が浸透してきました。しかし、悲しいことに私たちは「降伏」と呼ばれるこの美しい本物の愛のイメージを歪めてしまっているのです。

　特に今日の文化では、「服従」という言葉を聞くと、私たちは息苦しく感じたり、過剰な自己防衛意識を感じるかもしれません。女性解放運動は家庭や教会、市場において、神のみこころにかなった女性の立場を再定義しました。また、多くの男性が経験する「中年の危機」の問題は、神の意図によって男性が負うべきはずの責任から、多くの男性を遠ざけました。これらのことはすべて、利己主義で独立したライフスタイルの発展の一因となってきました。なぜ多くの人が自分の人生を誰かに委ねることに消極的であるのかは容易に理解できます。また離婚も多く見られます。夫婦が互いに服従することを頑なに拒んでいるからです（エペソ5:21-33）。

　服従とは文字通りには「他の人に服従する」という意味ですが、聖書の服従というのは私たちの意志に基づく行為です。ここで私は、権力を乱用することによって神の考えられる服従を悪用する人々がいるという残念な事実を否定しているわけではありません。彼らは肉体的、精神的、感情的、霊的に威圧することによって、他

の人たちを牛耳ります。心配しないでください。神はこのような人々に厳しく対処してくださいます。

　　しかし、イエスは私たちの代わりに十字架に向かわれた時に、服従の本来の意図を見事に示してくださいました（ヨハネ10:6-18、ピリピ2:6-8）。これは、私たちがイエスに服従する際に従うべき模範です。もちろん、私たちが十字架につけられることはないでしょうが、イエスは、神のために「命を捨てなさい」と私たちに命じられます（ルカ9:23-27）。　これは、私たちがクリスチャンと名乗り、主を愛していると言うのならば、生活の中で一貫して主を第一に考えた選択をしなければならないことを意味します。主はまた、私たちに、他の人に仕えるようにとも命じておられます（マタイ20：24-28，ガラテヤ5：13-21）。これは、主の御国の目的のために、私たちの時間、才能、お金を惜しみなく捧げることを意味します。このようにして、たしかに、私たちは主を喜ばせることができるのです。

- 服従しなければならないと聞くと、あなたはどんな風に反応しますか？

あなたの生き方はあなたの愛を示していますか？

服従はまた、神に対する礼拝の一形態でもあります。私たちは自分の人生や計画や所有物を神に捧げる時、神が本当に宇宙の所有者であると理解していることを示しているのです。誰でも自分は神を愛し、神に従っていると言うことはできますが、真の服従は行動によって愛を証明します（マタイ12：33-35，ヤコブ2：14-24）。私たちの言動は、私たちの心の中にあるものから直接生じるものです（マタイ15:16-19）。しかし、私たちの心は生まれつき欺瞞的で陰険なので（エレミヤ17:9）、主に喜ばれる従順な生き方をするためには、私たちは主の御言葉と聖霊によって洗われ、清められねばなりません（ローマ2:29b）。これは「内部のものの仕事」であり、私たちが自分で出来ることではないのです。

　　私たちはエペソ5章21-23節を読みました。それは、婚姻関係における相互の服従の重要性を述べています。　結婚の契約は、神とその愛する信者たちとの関係を示すものとしても用いられています。夫はキリストが教会を愛するように妻を愛し、女性は夫を敬うように求められています。　それはお互いに服従し合うことを意味しています。配偶者の両方が愛をもってまず神に降伏し、次に聖霊の力によって互い

に降伏することを選ぶならば、調和と一致がもたらされます。

　私たちが神に服従することを選ぶときも同じです。この決断は私たちに大きな祝福をもたらします。私たちが積極的に神の支配と保護の下に身を置くからです。神は私たちをお造りになったので、私たちの人生の航路を描く手伝いをするのに最適なお方なのです。神は、私たちに最大の喜びをもたらすものが何か、私たちが永遠の実を最も多く結ぶための助けとなるのは何かを知っておられます。神の戒めは私たちを害から守り、私たちの人生に真の目的をもたらしてくれます。

　神に服従することは、私たちを情熱的に無条件に愛してくださる方への適切で健全な反応です。そして、私たちは主に従順に生きる時、自分がいつも求めてきたもの、すなわち、平安、喜び、愛、希望、目的を得ることができます。 主だけが私たちを変えることができ、私たちの生産性を永遠に高め、完全に満足させることができるのです。

- 最近、あなたが神に心や思いを変えていただいた時のことを思い出せますか？
- あなたの態度はまだこの変化を反映しているでしょうか、それとも以前のあり方に戻ってしまっているでしょうか？

木と枝

ヨハネの福音書15章には、「ぶどうの木につながっている」ことについて多くのことが書かれています。私たちは能動的に「力の源」に繋がっている時にだけ、自分が創造された通りに機能することができます。切れたバッテリーが何の役にも立たないのと同じように、聖霊によって「充電」されていなければ、私たちは神の役に立たないのです。

　この聖句では、イエスがぶどうの木であり、クリスチャンである私たちは枝です。 命を与えるぶどうの木との繋がりがなければ、私たちは霊的な実も永遠の実も結ぶことはできません（マタイ7:17-20）。 これこそが、生き生きとした、健全な、実りあるクリスチャン生活を送るために不可欠な要素です。生ける神を切望し、自分の意志を神の権威の下に置くことによって、私たちはいのちと糧を得ます。

　また、私たちが神である聖霊に正しく深く関わることも極めて重要です（ヨハネ16:5-15）。聖書は、霊的な事柄は私たちの内に住んでおられる聖霊によってのみ見分けることができると言っています（ヨハネ14:15-17）。つまり、私たちは聖霊が宿って働いてくださらなければ、神の御言葉の深い真理を悟ることができないのです。また、善と悪の違いを知覚することもできません。また、聖霊の影響なしには、永遠の実を結ぶこともできません。だから、御霊に属さない人たちは、福音を愚かだと考えるのです（1コリント2:13-16）。

　神の御霊は私たちが救われた瞬間に私たちの内に住んでくださいますが（ヨハネ4：14）、主に近づくか、主から離れるかという私たちの選択によって、聖霊がどれだけうまく私たちの内に働きかけてくれるか、また、私たちが神の促しをどれだけ聞くことができるかが決まるのです。もし私たちがあからさまな罪の中に生き続けるなら、私たちは自分の人生における聖霊の働きを文字通りに消してしまうことがあります（1テサロニケ5:16-22）。また、聖霊に満たされていないクリスチャンは、キリストへと人々を勝ち取る上で非常に重要になる活力と聖さに欠けています（ローマ8:9-11）。私たちは古いものを取り除き、神の聖なるものを受け入れる必要があります。そして、私たちがイエスの真似をすればするほど、私たちの人生は聖霊にとってより居心地がよいものとなるのです。

- あなたは神とどのくらい「つながっている」と感じますか？
- 聖霊がいつあなたに語りかけているか、わかりますか？ どうやってそれが分かりますか？

でも、私は良い人間です…

さて、あなたは「私は良い人間だ」と思っているかもしれません。「私は慈善団体に寄付したり、貧しい人たちを助けるボランティア活動をしたりしている。税金を払い、誰も傷つけないようにしている。」あなたは本当に良い人かもしれません。しかし聖書は、私たちは皆罪人であり、利己的な傾向を持っていると教えています（ローマ3:10-12）。また、「良い人」が天国に行くと神が仰っている箇所は聖書のどこにもありません。神は、イエス・キリストを受け入れて、イエス・キリストのために生きるのでなければ、誰も永遠の命を受けられないことを明確にしていま

す（ヨハネ14:6）。

　神だけが完全な愛です（1ヨハネ4:14-17）。　神のご性質のほとんどは、1コリント13章で概説されています。この章を読んで、自分と比較してみてください。私たちはすぐに、誰一人として、このような絶対的な神の愛の基準に沿って生きていないことに気付きます。これは高い基準なのです！　それゆえに、私たちには救い主が必要なのです。なぜなら、私たちが自らを神と比較すると、皆同じ境遇にあるからです。

あなたは本当に天国に行けますか？

イエスがこの地上におられた間、ご自分の命を捨てて神の計画に従われたように、私たちもまた、神に従うか、自分自身の基準で生きるかの選択を与えられています。注目すべきは、イエスが私たちの心の扉を叩いておられることです。イエスは私たちの忠誠を強いるために特殊部隊を連れて来られはしません。イエスが入ってくるために扉を開けるのは、私たちの選択なのです（黙示録3:20）。そして、イエスは、主が私たちの人生に君臨し続けることを許すのも、私たちの決断であることを明確に示されました（マタイ13:1-23、ヨハネの黙示録3:8-13）。私たちが主を拒むならば、私たち自身が危険にさらされることになります（2コリント5:10）。

　ですから、騙されてはいけません。天国への扉は狭いのです（マタイ7:13-14）。多くの人が自分は天国に行くと信じていますが、彼らはさばきの場で愕然とすることになるでしょう。それは彼らの選択したライフスタイルからわかるように、彼らが主の御心を実行しそこなったからです（マタイ7:21-23、マタイ24:36-51）。

　イエスの流された血が私たちの罪のために恵みを与えてくださることは事実ですが、イエスの尊い名を名乗りながら、自分の喜びのためだけに生きることは不遜なことです。私たちは神を大いに悲しませるだけでなく（エペソ4:30）、神のために何をしたか、あるいは何をしなかったかに正比例した報いを経験することになるのです（マタイ25:14-46）。

　私たちは、この世では自分には二つの選択肢しか与えられていないことを理解しなければなりません。今イエスを受け入れて永遠に栄光の中で生きるか、ここでイエスを拒否して永遠に地獄に行くかのどちらかです（マタイ13:37-43、マタイ

22:1-14）。そして、よくあるいくつかの考え方とは相反して、私たちには死後に
この決断をする機会はありません（ルカ12:8-9、ルカ13:24-30）。　キリストを
認めず、キリストに従うことを拒否する人は典型的にこの真理を無視しようとしま
すが、イエスの救いの力を否定することは永遠の罰につながるのです（1コリント
1:18、ガラテヤ6:7-10）。

- あなたには絶対に天国に行くという確信がありますか？
- あなたは生活の中で、御霊にますます支配していただいていますか？　それと
  も、頻繁に御霊の導きに抵抗していますか？

祝福は呪いとなり得る

あなたが心を尽くし、思いを尽くし、魂を尽くして主を礼拝していれば、神は自然
とあなたの人生に御霊と祝福を注ぎ始められます。神は私たちが主の恵みを経験す
るのを喜ばれます。そして、これは大きな喜びと満足の時となり得ます。しかし、
私たちが霊的、精神的、肉体的、感情的に破綻した人生を送ってきた場合には特
に、神はこの恵みの時期にはことさらに注意を払うようにと警告されてもいます。
もし、自制と識別力という聖霊の賜物が身についていなければ、私たちは新たに得
た祝福を神が意図したのではない方法で使うことによって、台無しにしてしまう可
能性があります。

　　また、私たち人間は、生活に満足してしまうと、偶像を作る傾向があります（申
命記4:9、申命記4:23-24）。私たちは人々が木や石の物体を作ってからそれらの
物を崇拝するのを笑うことがあります。ですが、私たちは間違いなく偶像を崇拝す
るのです。それはお金、他人の意見、性的な罪、権力、名声、スポーツ、美、不必
要な物質的利益といったものです。しかし、神はこのような偶像崇拝の態度に断固
として反対されています（出エジプト20:1-6、ヨハネ1:2:15-17）。ですから、私
たちの時間と愛情を神から奪うものは何でも偶像であることを覚えておいてくださ
い。

　　私たちは、奉仕や礼拝には、心からの愛に満ちた献身が伴っていなければならな
いことを学んできました。そうでなければ、それはただの宗教にすぎません。私た
ちは皆、宗教的な義務を果たしながら生きている人を見てきました。彼らは批判的

になり、愛をなくします。彼らはよく「主の御名において」物事を行いますが、実際には、神はそもそも彼らを任命されなかったのです。さらに悪いことには、彼らは人々をイエスから遠ざけて自らを罪に定めています。

　私たちが利己的で、心の頑なな、うわべだけ宗教熱心な者にならないようにする方法は、一日中ずっとイエスのことを考えるように思考を訓練することです。イエスは、私たちがイエスについて話したり、イエスのことを自慢したりするのが大好きなのです！　聖書は、神がどういうお方なのか、そして神が私たちのためになさったすべての素晴らしいことを私たちの子どもたちに思い出させるようにと教えています（申命記11：13-23）。私たちは、誰が私たちを罪への隷属から贖ってくださったのかを決して忘れてはなりません（申命記6:11-13）。そして、私たちは熱心に、絶えず、主の偉大な御名を賛美し、主の栄光ある力を感謝しなければなりません。また、そうすることで私たちは日々、不平を言ったり心配したりしなくなるでしょう。

　申命記8章10-11節は、この重要な概念をより明確にしています-豊かさの中で、あなたのすべての祝福の源流である主を忘れないように気をつけなさい。私たちは自分が取得したものや霊性の高まりを誇りに思うようになるかもしれません。私たちが人生にある良いものが神のお陰であることを認めるのを止めたら、私たちの益となるべく意図されたものは、簡単に呪いに変わり得ます。

　そして、神が私たちを神の目的のために用いることがお出来になるように、私たちは自らを清く聖なるものとすることが大切です（1ペテロ1:13-19）。私たちには、過去を手放し、キリストにある未来を得ようと手を伸ばす責任があります（ピリピ3:12-14）。

- あなたは生活の多くの側面で神を崇めていますか？　それらをリストアップしてください。
- それとも、あなたは悩んだり、愚痴を言ったり、批判したりすることに多くの時間を費やしていますか？

服従することのメリットは？

私たちが心から主に従うとき、主は私たちのあらゆる必要を満たすことを約束して

くださいます（申命記30:1-10）。主はまた、私たちのことを喜ばれます！　そこを読む時、私は絶対的な愛の眼差しで私を見ておられる主を思い浮かべてみます。私は、主が笑って、私と一緒にいるのを楽しんでおられる姿を思い浮かべます。主が胸を張っているのを想像します。主はご自分の子どもである私をとても誇りに思っておられるからです。それだけで、私は精いっぱい、主を喜ばせたいと思うようになるのです。

　また、聖書は、私たちが神に従順して生きると、次のようになると言っています。

　知性を示す（申命記4:6）！

　真の繁栄を見出す（申命記4:40）

　正しい生き方をする

　私たちはまた、神の道に服従すれば繁栄します。さて、「おーっ、もっとお金がもらえるのかな」と思う前に、神の祝福は私たちが欲しがるかもしれない一時的なものよりもずっと良いものであることを思い出してください。それは、人間関係の修復だとか、良い評判だとか、新しい態度といったような形でやってくるかもしれません。そして、私たちが本当に切望するものが私たちのものとなります。それは、愛、喜び、平安、希望です。私たちにはまた、神と親しく正しい関係を持つことや、神を知ることから来る究極の利益も約束されています。もし私たちが主に夢中になるならば、私たちは主の力、主の愛、主の慰め、主の導きを手にすることができます。

　もちろん、これは、私たちが神を愛し、神に従うことを選んだ後には二度と苦しむことがないということではありません。人はよくこう言います。「私はクリスチャンになったけど、まだたくさんの問題を抱えている。」本当のところは、キリストに従うか否かに関わらず、私たちの人生には問題が生じるものです。そして、もし私たちが純粋に従順にキリストに従っているならば、私たちは人生において全く新しい試練を体験するかもしれません！　主は、主に従う者がこの世で迫害される可能性について頻繁に語られています（マタイ5:10-12、5:44、ヨハネ15:18-25、16:33）。　しかし、神が私たちの益のために許される刈り込みを私たちが忍耐強く耐えるならば、私たちは試練がなかったなら決して持ち得なかっただろう強さ、

人格、希望という収穫を得ることができるでしょう（ローマ5:1-5）。

　　実際のところ、イエスは「幸せ」な人生を約束されてはいません。　しかし、イエスは私たちが全力でイエスを愛し、イエスに従うならば、私たちは喜びを得ることになると約束しておられます（ヨハネ15：10-11）。その上、幸福とは一時的なもので、今日ここにあっても、明日には消えてしまいます。　けれど、聖霊によって与えられる本当の喜びは、私たちの魂の奥深くにあり、簡単には揺るがすことができません（ローマ15:13、1ペテロ1:8-9）。

　　もう一つの驚くべき真実は、神に従う時、私たちは実際に聖なる者になるということです（申命記7:6、1ペテロ1:22）。神の知恵に信頼すると、私たちの人生に新たな活力が生まれ、平安と義の収穫が得られるのです（ヤコブ3：17-18）。　申命記30章は全章において、主に立ち返ることの恩恵について述べています。主が私たちの命であるとき、私たちはすべてを手にしているのです！　しかし、もし私たちが主なしで生きているなら、私たちの霊は死んでいます。私たちは自分の本質の大部分を失っているのです。

あらら！

ここまで私たちは服従の利点をいくつか見てきましたから、私たちが従わないことを選んだ場合には何が起こるかを見てみましょう。

　　申命記28章には、従順の結果として生じる祝福が14項、不従順のために生じる呪いが68項列挙されています！　不従順に対しては2倍数以上の報いがあるので、不従順が本来どういうものなのかを知ることが重要です。それは以下の通りです。

1.　神の愛を拒むこと、
2.　神の権威に反抗すること、
3.　正しく生きるための神の戒めを無視すること、
4.　神との関係を意図的に壊すこと、
5.　あなたが神への信仰について告白した事を実行していないこと。

不従順には、（神のやり方を拒否することによって）心が硬くなること、神が自分

のためにしてくださった事に対して感謝のない態度をとること、他の人々、特に神の家に属する者たちに対して思いやりのない気持ちを持つことも含まれます。

この心の状態は、ある程度の霊的な死を示しています。

あなたは死んでいますか？

ヨハネの黙示録3章1節は、「生きているという評判」があっても、実際には霊的に死んでいることについて語っています。もしこれが私たちの人生に当てはまるならば、私たちは世間や教会に対して外見上は「健康」そうに見せかけているかもしれませんが、御霊はもはや私たちをコントロールしていません。あまりにも多くのクリスチャンがこの「死んだ」状態で生活しています。彼らはキリスト教には「効き目がなかった」と考えて、それが理由で信仰を離れてしまうかもしれません。もし彼らがこの道を進み続けるならば、やがては自分が霊的に堕落していることさえも気にならなくなるでしょう。

　現実には、私たちは神の御霊から離れて生きるはずではないのです。神は、私たちに最初に命を与えてくださったお方です（創世記2:7）！神は私たちの霊に新しい命を与えてくださるお方です。そして、神は私たちに力を与え、正しい人生を送るように導いてくださる唯一のお方なのです。

　もし私たちが神を喜ばせることよりも、宗教熱心になろうとすることや、他人を感心させようとすることの方に関心を持つようになったら、私たちは自分の人生の「外側」をコントロールしているだけで、内側を腐らせていることになります。実際には私たちは神を礼拝していると思い込んでいても、神から外れてしまうのです！

　イエスは、当時の宗教指導者であるパリサイ派の人々を叱責した時に、それについて語られました。彼らは外見上は非常に敬虔でしたが、内面は高慢で、貪欲で、利己主義に満ちていました。イエスは、彼らは白く塗った墓のようで、外見は美しいが、内側では明らかに死んでいると言われました（マタイ23:23-28）。

- あなたはイエスのためにどのくらい「生きている」と思いますか？例えば、最後にあなたが誰かにイエスのことを伝えたのはいつですか？あなたは誰かをキ

リストの救いに導いたことがありますか？

どうすれば生き生きとした霊性を保てますか？

イエスは、私たちが初めてイエスを愛するようになった時に行っていた物事に立ち返るように促しておられます（黙示録2:1-5）。イエスの十字架から始めてみましょう。イエスはあの場所であなたのために何をしてくださったのでしょうか？　あなたが最初に救われた時、イエスに出会ってどれほど嬉しかったか覚えていますか？あなたのためのイエスの血の犠牲をあなたがどれほど深く感謝していたか覚えていますか？　あなたの罪が赦され、あなたが清められ、自由になったことをどれほど感謝していたか？　あなたには、神の御言葉を読み、証しをし、祈るためのエネルギーがどれほどあったか覚えていますか。私たちは、初めて主を愛するようになった時のことを思い出すと、主が私たちのためにしてくださったすべてのことをあらためて認識します。主を讃え始めると、私たちの心は柔らかくなり、主のものに対する新たな感謝の気持ちが芽生えてきます。

　もしあなたがこの恐ろしい状態にあるなら、すぐに自分の思いをイエスに向け直すことを選ぶべきです。あなたの人生の中の一つ一つの細かな事柄に対して、イエスに感謝し始めましょう。心配やイライラした思いがあなたの心に押し寄せてきたら、あなたの思いをイエスに集中させ、イエスがどのようにあなたの毎日をより良いものにしてくださっているかをすべて考えてください。イエスをあなたの「デフォルト（初期設定）」の思考にしてください！

　申命記8章19-20節には、神の道を生きることを拒むならば、私たちは滅びてしまうと書かれています。反抗し続けることを選んだ場合、負けるのは私たちです。次のことを忘れないでください。人生の一部を神のために生き、他の部分を他の「神」のために生きることは、不従順であるだけでなく、偶像礼拝です。神は私たちの全面的な忠誠を望んでおられます。神はあなたを熱愛しておられます！　そして、あなたとの親密な友情を望んでおられるのです。

　聖書は、私たちが不従順の呪いを免れることはないと警告しています。繰り返しになりますが、頑なに我が道を歩み続けていても安全だと思うことは、霊的な死です（申命記29：19-21）。神は愛であり、十字架で驚くべき恵みを示されました

が、神のご性質の一部は義でもあります。このため、神はご自身の聖さに背を向けることができません。神は不従順の代償を要求しなければなりません。もしイエスがすでに支払ってくださった代価を拒否するならば、私たちは自分で支払いをしなければなりません。私たち自身でする支払いは不潔なボロ布に過ぎず、私たちの負債を払うには決して足りないのです。

- あなたは自分の人生が実際にイエスを反映したものになるように、自分の安心領域から踏み出して、変わりたいと思っていますか？

でも、私はとても疲れました…

もしかしたら、あなたは今、谷間や荒野を経験しているのかもしれません。神に従いたいとはとうてい思えないかもしれません。私たちの歩みにおいては、神のためのエネルギーや情熱が全く感じられない時期があるでしょう。私たちはまるで神に見捨てられたかのように感じるかもしれません。あるいは、私たちは疲れ果ててしまって、神が求めておられることに答えるエネルギーすらないような状態にあるかもしれません。しかし、そんな時こそ、主との関係の基本に立ち返るのに最適な時なのです。主だけが、勝利の人生を生きるための強さ、エネルギー、集中力を与えてくださるのです！

問題は、多くの場合、私たちが自分の力でイエスのために生きようとすることです。これは、私たちが神のやり方で物事を進めようとすることに疲れてしまった時に起こります。私たちは、神は動かれるのが遅すぎると考えて、神のスケジュールよりも先に進もうとします。そこで私たちは、私たちの人格を成長させるための試練と待機の時期であるはずの状況を、自分の力で乗り切ろうとするのです。

もしかしたら、あなたは「私は神のためにたくさんの事をしているのに、まだこんなにも虚しい」と思っているかもしれません。もしそれが本当ならば、私たちは今一度自分の動機を確認する必要があります。なぜ私たちは「神のためにこれほどまでに」やっているのでしょうか？ 真実を言うと、もし私たちが神に仕えていながら燃え尽きてしまったと感じるなら、私たちは神の力のうちに生きていないということです（２コリント4:7と13:3-4）！心配しないでください - 私たちは決して完全に従順になることはありません。まさにこのために、キリストは私たちの身代わり

になるために来てくださったのです。私たちは神の怒りを受けるに値する存在であり、神は私たちには生まれつき持っている傾向を克服する力がないことを知っておられました。しかし、イエスの死と復活は、私たちがイエスや他の人たちに仕え、罪に打ち勝つためにまさに必要な力を私たちに与えてくれたのです。

感謝しましょう！ あなたの健康、家庭、子ども、仕事に感謝し、食べ物や暖かさや衣類が与えられていることに感謝し続けましょう。あなたの人間関係を神に感謝しましょう。そうすることで、私たちは自分の問題から目をそらし、自分が現実にどれほどのものを持っているかに目を向けるようになります！ あなたのために主が犠牲になってくださったことを毎日思い出してください。そして、あなたの中に主のいのちを吹き込んでくださるように聖霊に願い続けてください。

- 今、あなたは暮らしの中で聖霊のエネルギーを受けていると感じていますか？
- それとも、あなたは何とか生きているだけで、少し時間ができたらその時に神に向かおうと感じていますか？

では、どうすれば従えるようになるのか？

神は私たちに、神を敬い、神をほめたたえ、神に感謝することによって神の道を歩むようにと教えておられます（エペソ5:15-20）。 私たちは高慢になりがちな生まれつきの傾向に気をつけねばなりません。私たちは、主が私たちのためにしてくださったことを決して忘れてはいけません（申命記8：6、14、15）。私たちは古い生活を破壊し（申命記12:1-9）、代わりに、主にすがらねばなりません（申命記13:3-4）！

私たちが常に主の御言葉と主の御性質について思い巡らすならば、私たちは勝利に満ちた生き方をすることができるでしょう。私たちは日々、主が聖書の中で私たちのために啓示してくださった真理に基づいて生きていくことになります。そして、私たちが主の一息一息に耳を傾け、主の聖霊が頻繁に私たちに啓示してくださることに耳を傾けるならば、私たちは神ご自身によって動かされるでしょう！

それは単純なことですが、必ずしも簡単なことではありません！ しかしながら、あなたが主の臨在にとどまるためのライフスタイルを選択すれば、主に服従して自分の人生を委ねることはそれほど難しくなくなるでしょう。

私たちの人生のための神のみこころ

多くの人々が、「私の人生のための主の御心は何でしょう?」と尋ねます。その答えは以下の聖句にあります。主は私たちに次のことを望んでおられます。

- 主を恐れること（これは崇拝、尊敬、畏怖であって、怖がることではありません）
- 主の御言葉に従って生きること
  主を真似ること
- 主を愛すること
- 心を尽くし、たましいを尽くして主を崇めること、
- 主の戒めに従うこと（申命記 10:12-21）
- 公義を行ない
  憐れみを愛し
- へりくだって主とともに歩むこと（ミカ書 6:8）

私たちは余りにも頻繁に自分たちの行いによって神の好意を得ようとしたり、その資格を得ようとしたりします。ちょっと待ってください! あなたを神の力で満たしてくださるように神にお願いしてください。私たちの行動がイエスの行動を反映するように、私たちの心と考えと態度を変えるのは、神のお仕事です! ピリピ2章13節には、神は私たちのうちに働いて、私たちに神に従いたいという願望と、神を喜ばせることを行なう力を与えてくださると書かれています。神は私たちの面倒をみてくださっています! 私たちの責務は、日々、神に近づくことです。

　　私たちは、主を喜ばせる最善の方法は、心を尽くし、魂を尽くし、力を尽くして主を愛することであると読みました（申命記6:4-6）。私たちは祈りの中で頻繁に主と語り合い、御言葉を頻繁に読むことによって、この愛をさらに深めることができます。私たちは一人でふりかえってみましょうと自省の時間を過ごしたり、御霊の実を結んでいる他のクリスチャンとの高質な時間を過ごすことによって、敬虔さを育んでいきます（ガラテヤ5:22-23）。どんな関係においても言えることですが、私たちがどれだけ努力するかが、私たちがどれくらいの親密さを経験するかに

直接影響を与えます。私たちは主と一緒に過ごすうちに文字通りに変えられ（ローマ12:2）、従順が努力の実となるのです（コロサイ1:9-10）。

　あなたは神を喜ばせようとしていら立っていますか？　霊的な砂漠の中で干上がりかけているように感じていますか？　それならば、あなたの時間、エネルギー、感情、才能、考えを神との関係や神の御国につぎ込むことで、イエスを熱心に礼拝しましょう。イエスこそが私たちの魂のための生ける水なのです。イエスを礼拝するだけで、あなたには計り知れない祝福を体験することができます！　私たちが良いこと、愛すべきこと、価値あることに心を留めるとき、私たちは自分自身に執着するのをやめ、よりイエスに似たものとなります（ピリピ4:4-8）。神はそばにいてくださり、あなたが人生を乗り切るのを助けようと待っていてくださるのです。

「従順こそが御父の心への鍵です」

ふりかえってみましょう

1. 従順とは何ですか？

   _____

   _____

2. あなたは神に従うために自分の人生を神に委ねることを恐れていますか？

   _____

   _____

3. 神に従うことには、どのような利点があるでしょうか？

   _____

   _____

   _____

4. 私たちが主に従わない結果として経験するかもしれないことには、どんなものがあるでしょうか？

   _____

   _____

   _____

5. もしも私たちが霊的な歩みの中で渇きや虚しさを感じたら、どんなことをしたらよいでしょうか？

_____

_____

_____

_____

6. 服従することをもっと達成しやすくするために、私たちにできる2つのこととは何でしょうか？

_____

_____

_____

_____

7. なぜ神は私たちが神に従うことを望まれるのでしょうか？

_____

_____

_____

_____

8. あなたが神に仕え、神に従う動機は何ですか？（完全に正直に答えてください。もしあなたがキリストとの人生の中で苛立ちを感じているなら、これはその理由を見極めるのに役立ちます。）以下は回答例です。「立派だと思われたい」、「神に気に入られたい」、「教会の家族の一員であると感じたい」、「ボーナス点を増やして、神にもっと愛されたい」など。

_____

_____

_____

_____

メモ

自尊心

✳✳✳✳

「自尊心」はここ数十年、よく使われる流行語になってきました。それは少し定義の難しい概念です。しかし、「自尊心の低さ」にはまり込むあまりに自分の力不足を感じて、文字通りに衰弱している人たちがいることを私たちは知っています。それは神経症の女性たちだけが執着するものだと思っている人たちもいます。また、「自尊心の回復に取り組むこと」は全くのナンセンスに過ぎないと信じる人たちもいます。

　真実のところ、自尊心の低さは、人生のあらゆる層で、男性にも女性にも影響を与えます。富んでいても貧しくても、美しくても醜くても、年老いていても若くても、教育を受けていても無教養であっても、私たちは皆、劣等感に苦しんだ時期を経験したことがあるものです。

　どうすればもっと自分に自信を持てるかを教えてくれる本は何千冊とあります。カウンセリングは数百万ドル級のビジネスです。しかし、人々は実際には少しも良くなっているようには見えません！　実に、現代社会には歴史上の他のどの時期よりも、依存症の人たち、混乱した人たち、自殺願望のある人たちが多くいます。それはしばしば彼らが本物の、健全な自尊心を欠いているためです。

自尊心 (self-esteem) とは何ですか？

英語の　　 "esteem"という語には、「高く評価する、賞賛する、敬意を表する、尊敬する、重んじる」という意味があります。よって、「自尊心 (self esteem)」とは、自分自身を肯定的に見ることです。神は私たちが自分自身に自信を持つように私たちを創造され、それが可能な限り健康的な方法で実現されるように、私たちが神との相互関係の中で生きるようにと設計なさいました。

　無能感を克服するためには、私たちは古い考え方を取り払う必要があります。私たちが自分自身について信じている嘘と戦うことは不可欠です。これは、私たちが

自分は本当はどういう者であるかについての真理を学ぶことによってなされます。

なぜ私の自己評価はそんなに低いのか？

人が自尊心の低さに苦しむ理由は、一部に、自己の思考、態度、行動を測る方法に関連しています。私たちは、宣伝されていることを実行したりそれを買ったりしさえすれば、幸福や美しさや長寿を手にできると約束するテレビやラジオ、看板などで溢れかえる社会に住んでいます。私たちは、心理学者や社会学者によって、「適者生存」を信じるよう洗脳されています。そして、多くの人々が、自分の人生は「うまくいっている」という見せかけを維持しようとして、膨大な量の時間、エネルギー、お金を費やしています。

　このような完璧さへの不可能な要求に加えて、女性には、家をきれいにし、美しさを保ち、夫を満足させ、素晴らしい子どもを育てながら働くことが期待されています。男性は仕事をしつつ、優しい父親としての側面を満たし、妻がさまよわないように理想的な夫であることが期待されています。常にうまくやっていなかったり、常に皆からの要求に応えていなかったら、私たちは自分は全くのできそこないであると考えるようになってしまいました。その上さらに、私たちは頻繁に何でも自分が持っているものを失うことが心配になります。

　しかし、神の意図は決して、私たちが日々、常に「それらすべてをこなす」ことではありませんでした。このような見せかけの生き方を続けようとすれば、私たちはこれまで以上に自分は重要でないと感じてしまうでしょう。私たちの誰も、このような終わりのない非現実的な目標を達成し続けることはできません。

　私たちが一人で重荷を負う必要がないように、神は私たちが神の助けを求めるのをただ待っていてくださいます（1ペテロ5:7）。他人の基準で自分を判断することは、長い目で見れば、挫折と失望をもたらすだけです。人や一時的な流行は日々変化するからです。ですから、もし私たちが競争しようとして躍起になって日々を過ごしているならば、私たちは霊的、精神的、感情的、肉体的に何かしらの生活面で失敗することになるでしょう。

- あなたはどんな点で自分を他者と比べて測りますか？
- 比較した後で、あなたは気分が良くなりますか？

神は私のことをどう思われているか？

聖書は、私たちが神ご自身の御手によって造られたことを教えています。私たちはまた個々に造られました（詩篇139:13-16）。これは神が、私たちの母親の胎内で私たちの細胞の一つ一つを創造されたことを意味しています。神はあなたをまさにご自分の望み通りに形づくることを選ばれました。ですから、私たちには神にとって計り知れない価値があるのです！　私たちは神にとって非常に価値のある存在なので、神は罪の奴隷であった私たちを、非常に高価で貴重な代価、すなわち御子イエスの命をもって買い取ってくださいました。これは、私たちに対する神の絶対的な愛を究極的に示すものでした（1ペテロ1:16-19）。

　自分自身を憎んだり、自分をけなしたり、自分には価値がないと感じる時、私たちは実際には、神の創造の中で最も美しく、重要なものを批判し、おとしめているのです！　自分はいまいちだと思うとき、私たちは実に最大の嘘を信じているのです。創世記1章31節によると、私たちはあらゆる面で見事に造られたのであり、神は私たちをどのように創造されたかに満足しておられます！　イエスは私たちを熱愛しておられます。そして、この愛こそが私たちが自信を築くのに必要な土台となっています。

- あなたは日常的に自分に対してどんな事を言っていますか？
    * 「私にはできる」
    * 「私には絶対できないだろう」
    * 「彼らの言う事を聞く必要はない」「全部わかってる」など。
- 自分の「つぶやき」に耳を傾け始めてください。あなたは聞こえてくることに驚くかもしれません。

…だったらいいのに。

人間は自分を他者と比較する傾向があります。そうすることの問題は、その結果として私たちが通常、高ぶりか劣等感のいずれかを感じてしまうことです。プライドが根源にある場合、私たちは他の人をけなすことによって、自分自身をより良く見せる方法を探すことがあります。他人の欠点を見つけると、私たちは得意になりま

す。しかし、聖書によると、神は高ぶりを憎まれます（箴言8:13）から、これが健全な態度でないことは明らかです。皮肉なことに、あなたが自己嫌悪に陥っていても、その原因はプライドであるかもしれません。なぜなら、プライドの根底にあるのは自己陶酔だからです。それは、宇宙の中心に、そこに唯一いるべき存在である神の代わりに、あなた自身を据えることだからです。

そして劣等感が私たちを捕らえている場合、私たちは常に他の人と自分自身を比較しています。私たちは、自分が「ああいった容姿」や「あんな才能」や「そういった物」や「そんなお金」を持つことはないという事実を嘆き、自分はだめだと感じます。

しかし、私たちは三位一体の神のかたちとして造られているのであり（創世記1:26）、イエス・キリストが私たちのためにご自身の血を流してくださったのですから（黙示録1:5）、私たちは自分が神にとって極めて特別で重要であるという真実を信じることを選ばなければなりません。

本質的には、プライドも劣等感も神の御心に沿う資質ではありません。そして、私たちがどうしても神の意見ではなく、世の意見に基づいて自分を評価するなら、そこに私たちの自尊心の低さの核となっているものがあるのです。

- あなたはどんな点で自分が違っていたらいいなと思いますか？
- あなたはどのように自分を他者と比べますか？（自分に彼らのお金、容姿、名声、才能、物、家族などがあったら良いのにと思う）
- あなたは、お金、ルックス、才能、子ども、財産、または仕事があなたを立派にすると思いますか？

だから何だって言うんですか？

私たちが他人と自分を比較する時にぶつかるもう一つの問題は、私たちが自己憐憫に陥るか、あるいは彼らよりも優れたものになろうとするかのいずれかになることです。これは愚かなことです！　私たちが忘れがちなのは、彼らがただの人間にすぎないということです！　人間は基本的に皆同じです。 - 私たちは皆、愛、食べ物、衣類、住まい、そして仲間を必要としています。私たち皆に、恐れや希望や好みがあ

りEします。事実、あなたには、あなたが自分を比較する対象にしている人にはない、特定の賜物があるのです。そして間違いなく、完璧な人は<u>誰もいないのです</u>!

　私たちはまた、他の人たちの生き方を批判するのにあまりにも忙しく、彼らを楽しむ機会を逃してしまいます。彼らをねたんだり、見下したりしている時には、私たちは彼らにも問題があるという事実を無視しています。私たちと同じように、彼らにも人格上、良い特性と悪い特性があります。しかし、私たちが自分に自信を持って、彼らを批判することなくありのままに受け入れるなら、私たちは自分がこの非凡な人物に好意を持っていることに気づき、新しい友人を得ることさえあるかもしれません。

　加えて、自己認識をするのに、お金、名声、体力、美しさなどの外的なものを使う場合、私たちはこれらの条件が変化し得ることに気づきます。この世界はとてもはかないのです!　これらの一時的な物を土台にしてアイデンティティーを築くことは愚かなことです。私たちが今見ているものはすべて、いずれ枯れて死んでしまうからです（1ペテロ1:24）。

しかし、神となら .....

神の尺度で自分自身を測るとき、私たちは個人的に測られます。神が私たちの内で起こしたいと願っておられる変化は、<u>私たちが神が設計された通りの唯一無二の人</u>間に成長できるようにするためのものです。神は、私たちがよりイエスのようになれるように私たちを設計されたのであって、私たちが他の人たちのようになれるように設計されたのではないのです!

　私たちのアイデンティティの基盤が主、および主が私たちをどう思っておられるかにあるとき、私たちの人生はより一貫した、安定したものとなります。神は、決して変わることのない土台だからです!　そして、私たちが自分はすでに「神にとって非常に愛しいもの」であるという真理を認識し始めると、私たちは必要なだけ「価値ある」存在になろうと努力することをやめることができます（エペソ1:3-8）。

　その代わりに、私たちは自分の古い考えを変えるためにエネルギーを使い始めることができます（ローマ12：2）。私たちがますます主に焦点を合わせていくにつ

れ、私たちの心が変わり、私たちは新たな活力を感じるようになります。そしてこの新しいライフスタイルは、自分のためだけに利己的に生きるのではなく、他の人を助けることへとつながって行きます。

　神が御言葉の中で私たちについて語っておられることを信じるなら、それは私たちがクリスチャンとして成熟するために必要な安定感を与えてくれます。私たちは自分のことばかり考えていないで、神の御国の永遠の真理に集中することに時間を費やす必要があるのです！

- あなたは神の基準に照らし合わせて自分を測ったことがありますか？

- あなたは、神の御言葉があなたのことを何と言っているか知っていますか？

- あなたはイエス・キリストを心に受け入れたことがありますか？

私はうまくやっている！

私たちの自己評価の低さにつながるかもしれない問題のもう一つは、私たちが自分だけが自分の人生を完全に掌握していると思い込んでいることです。私たちは時には、采配を振るえるのは自分だけであるような気になります。しかし、現実には、このような態度は恐れや不安や疑念を生み出します。私たちは決して神から離れて生きるように意図されたわけではないからです。神は宇宙の支配者であり、私たちが神ぬきで人生を管理しようとして神の力を侵害しようとするなら、私たちは自分で空しさや失敗のお膳立てをしているのです。

　聖書は、神の力強い御手の下でへりくだる時にのみ、私たちは高められると言っています（1ペテロ5:6）。神は、私たちがなかなか神に服従できないことを知っておられたので、へりくだるようにと指示された直後に、私たちの不安を神に引き渡すようにと命じられます！

　神はまた、私たちが自分だけに頼っていると、それが結果的に不健全な感情や思考、行動につながることも知っておられました。私たちは人間の知恵だけで人生の決断をすると、主との関係を持つことから得られる霊的な識別力に欠けてしまいます。それは、一度も船に乗ったことのない人に、船の操縦方法を尋ねるようなものです。

　神は人間の行動に関する唯一の専門家です。したがって、神の意見だけが、本当に重要なのです。この重要な概念を忘れたり、無視したりすると、私たちは私たちの人生を変える力を持ったお方に頼ることができなくなります。私たちは、私たちが自分の本当の可能性を実現することを願い、それを助けてくれる力を持つ唯一のお方を、自分自身から奪ってしまうのです（ピリピ2:13）。現実には、私たちがこの世で本当に「成功する」唯一の方法は、神に私たちを神の御国にふさわしい存在にしていただくことです。

- あなたは人生のどの分野で、自分が絶対的な支配権を持っていると感じていますか？
- あなたはこのコントロールはどうしても手放せないと感じますか？
- もしも、このコントロールとの葛藤をあなたが神に明け渡したらどうなるでしょうか？

もう一つ....

私たちが経験することのある問題で、私たちの自己評価を破壊する力を持っている問題がまだもう一つあります。心配です。人は並々ならぬ時間を費やして「もしものこと」を考えます。しかし、実際には、私たちが心配する事のほとんどは、実現することがありません。だからこそ、イエスは私たちに「心配するな！」と言われるのです（マタイ6:25-34）。神は、私たちの過ちを修正したり、泥の中から私たちを助け出したり、私たちの害となるはずのものを益に変えることが十分にできるお方です（創世記50:20）。神は私たちを養ってくださるお方であり、私たちを支えてくださるお方であり、私たちの避け所であり、私たちを助けてくださるお方であり、私たちの贖い主です。私たちがしなければならないことは、何があっても神は必ず私たちの面倒を見てくださると信じるように考える訓練を始めることです。平安は私たちが神に思いを集中する時に訪れるのです（イザヤ書 26:3-4）。

　興味深いことに、世界中、迫害を受け、これと言ったこの世の地位も、容姿も、財産もないクリスチャンでさえも、自分たちが成功するために必要なものはすべてイエスが与えてくださったと宣言しています！　これは、真の価値や成功、克服する力が、イエスを親密に、濃厚に知ること、また神の御言葉を実現しながら生きるこ

231

とによって生じることを、彼らが理解しているからです。彼らは自分たちが心を尽くし、思いを尽くし、魂を尽くして主を愛しているという事実を示すために、自らの命を危険にさらします。信じられないかもしれませんが、それが勝利に満ちたクリスチャン人生を生きる秘訣なのです。

- あなたが最後に心配した状況について考えてください。
    * あなたはその状況を切り抜けるための助けを神に求めましたか？
    * あなたは自分の力ではどうにもならないものについて、神の支配を許しましたか？
    * あなたの支配下にあった物事について、あなたは責任を取りましたか？
    * その状況はどうなりましたか？

神は私のお父さん！

私たちは神の子どもです！　事実、聖書には「アバ」という言葉が使われています。この言葉は、英語の「お父さん(Daddy)」という語に訳されます。子どもが愛、優しさ、信頼をこめて父親を呼ぶ行為を表すために使われています。私たちクリスチャンは、「私たちは神の子どもだ」と何度も聞いてきたので、時に、その重要性を認識しそびれることがあります。

　私たちは主との関係において、自分自身を「大人」として考えがちです。よって、私たちは「本当に必要な時には神様に助けを求める」という姿勢でいます。しかし、このような考え方は、神がご自分の愛する被造物に対してお持ちになっている意図をくつがえすものです。神が私たちを「子ども」と呼ばれるのは、私たちが神のことを、私たちが膝に小さな擦り傷を負っただけでも駆け寄ることのできるお方として考えることをお望みだからなのです！

　たとえひどい親のもとで育ったとしても、私たちはこの世における父親からは受けられなかった心づかいや愛情を受けることができます。私たちは自分が経験したあらゆる種類のネグレクトや虐待から本当に癒されることができます。たとえ良い家庭で育ったとしても、おそらく、こうでなければよかったのにと思う事柄があるでしょう。どんな状況であっても、私たちが天の御父を愛し、信頼するなら、私た

ちは自分の心が望むものをすべて見つけることができるのです。

- あなたは自分が神に愛されていると信じていますか?
- もしそうでなければ、関係を始めることができるように、神に祈ろうと思えますか?

私たちは養子になりました!

私たちが神にとってどれほど重要であるかを説明する聖書の概念のもう一つは、クリスチャンは神の家族の中に「養子として迎えられる」ということです(ローマ8:15)。これは、聖書の時代にそれが何を意味していたのかを私たちが理解するまでは、あまり重要なことではないように思えるかもしれません。今日、「養子」という言葉を聞いて私たちが思い浮かべる状況とは全く違うのです。

新約聖書の時代には、ローマ人家庭では養子縁組が行われていました。養子に迎えられた子は血縁のある子どもが持つ特権を一つ残らず与えられました。彼らはその家族が所有していた全てのものを受け取り、相続しました。それはまるで彼らが実際にその両親のもとに生まれてきたかのようでした。

これは、私たちがキリストにあって置かれている立場と全く同じ構図です。私たちはその血統の中に養子として迎え入れられたので、「血のつながった」神の子どもなのです。私たちは、天においても地においても、イエスが持っているもの全てを、私たちの相続分として受け取ることになります(エペソ2:6、3:6、1ペテロ1:3-4)。

時々、私たちは自分がここに存在していることには神が与えられた理由があることを忘れてしまいます。聖書は、神が私たちに栄光と誉れの冠をくださると言っています(ローマ8:16-17、2テサロニケ2:13-14、1ペテロ1:6-7)。やがて神は本物のクリスチャンである私たちに全てのものに対する権威を与えてくださいます(ヘブル2:6-8)! 私たちは、この真理を理解していないようです。実際に、いつの日か、私たちは世と御使いたちをも裁くことになるのです(1コリント6:2-3)。

これは私たちの自尊心に関わります。私たちは文字通りに王族なのですから! イ

エスは王であり、かつまた、平和の君でもあります（黙示録17:14、黙示録19:16、イザヤ9:6）。そして、私たちはイエスの最愛の家族なのです！クリスチャンである私たちは、時に自分が困窮しているかのように振る舞うことがあります。私たちは、人生とはこういうものであり、人生を成功させるのは自分次第だと思い込んで生きていることがよくあります。しかし、神は私たちが完全に神に頼ることを望んでおられるのです！

さらに、私たちはしばしばこの世界が唯一の現実であると考えます。私たちは本当に重要なものはただそれしかないかのように振る舞います。私たちは、この地とそこにある全てのものが死に向かい、朽ち果て、過ぎ去りつつあることを既に読みました。しかし、キリストにある私たちの人生は永遠に続くのです（1ペテロ1:23）。神は、目に見えるものよりも見えないものの方が多いこと、そして、私たちは見たり、触ったり、味わったり、嗅いだりすることのできる一時的なものに信仰を置くべきではないことを明らかにされています（ローマ1:20、2コリント4:16-18、ヘブル11:3）。神をその御言葉通りに信じてこそ、私たちは永遠について新たな洞察を得ることができるのです。そうすれば、私たちは神がしてくださるように自分自身を大切にするようになります。

これらの真理は、私たちが自分の価値や自尊心を築く基盤として必要なものです。完全で絶対的な真実である主の御言葉に思いを集中し、思考を訓練することは、私たちの責務です。そして、私たちはこの確信に基づいて人生の基礎を築かなくてはなりません（マタイ7:21-27）。

- あなたは自分には希望がなく、何も提供するもののない人間だと思っていますか？それとも自分は王の血筋をひく子どもだと思っていますか？

やったー！私たちも接ぎ木されている。

「接ぎ木された」とは一体どういう意味なのでしょうか？これは、神が私たちをどれほど愛しておられるかを聖書が説明するもう一つの方法です。まず第一に、旧約聖書には、神がヘブライ民族をご自分の愛する民として選ばれたことが書かれています。神はエジプトで奴隷であった彼らを奇跡的に解放することによって、彼らに対するご自分の情熱を示されました（レビ記26:12-13）。これは重要な概念で

す。なぜなら、そのずっと後になって、イエスが私たちを罪の束縛から解放するために来られたからです。

　イエスはまた、私たちの身代わりに犯罪人の死を遂げることで、私たちへの愛を示してくださいました。そして、罪と墓に勝る力を示すために復活されました。私たちもまた自分の肉とこの世に打ち勝つ能力を持つようになるためです。

　ユダヤ民族は「台木」と呼ばれました。それは、彼らが神に最初に愛された民であったからです。そして、クリスチャンである私たちは、台木に「接ぎ木された枝」なのです。接ぎ木とは、ある木から枝を切り取って、別の木の幹に差し込むことです。やがて、その枝は「融合」し、もう一方の木の一部となります。完全に接ぎ木された時には、それはずっとそこにあったかのように見えます。

　これがキリストの信者たちの姿です。神は私たちを愛し、私たちを望んでくださるあまり、ご自身が最初に選んだ家族に私たちを「接ぎ木」するためにどんな労苦も惜しまれませんでした。イエスの死と復活がこれを可能にしたのです。今や、キリストを信じるユダヤ人も、キリスト教徒である非ユダヤ人も、皆、神の家族の一員です（ローマ11:13-24）。このことを理解することは、私たちが神にとってどれほど大切な存在であるかを理解する助けになるはずです。

イエスは真の自尊心の基盤です

世の尺度に合わせて生きようとすることの最も有害な側面の一つは、それが神との関係に影響を与え得ることです。私たちが常に「比較モード」にあると、このような姿勢は私たちと神との結びつきに影響を及ぼします。多くの人が教会に足を踏み入れようとしないのは、主との交わりを持つ前に「すべてを上手くやりこなしていないといけない」と考えているからです。クリスチャンであっても、私たちは時折、自分が神の要求に応えてないのではないかと心配になることがあります。そして、自分はふさわしくないと感じる時、私たちは通常、神の前に出ることができなくなります。しかし、イエスがいれば、私たちには応える必要はありません！　私たちが応えることができるように、イエスは十字架にかかってくださったのです！

　真実なのは、「私たちがまだ罪人であったとき、キリストは私たちのために死んでくださった」（ローマ5:8）ことです。私たちがそれを受けるに全く値しない時

に、キリストは私たちに愛を浴びせてくださったのです。神は私たちが古い生活を脱ぎ捨てて、神にある新しいアイデンティティと交換することを期待されてはいますが、私たちが何をしようとも、私たちに対する神の愛はいつも変わらないことを私たちは理解する必要があります（ローマ8:31-39）。

　そして、私たちに対する主の愛は、私たちが自分自身をどのように愛すべきかを示す模範となっています。私たちは、何があっても自分には価値があり、尊く、愛されていることを認識する必要があります。私たちは安心していられます。神の視点では、私たちの価値は私たちの功績によって測られるものではないからです。神の愛は決して変わることがなく、私たちはいつも神に受け入れられています。そして私たちは自分自身をそのように扱う必要があるのです。私たちの命の源は主であって私たち自身ではないのですから、私たちはへりくだっている必要がありますが、自信を持って生きることができますし、またそうする必要があるのです。宇宙の王が私たちとの親交を望んでおられるのですから！

　私たちは神のかたちに造られています。つまり、神の性格を反映するように造られているのです。このことだけでも自己には価値があるということの確固たる基盤となります。自分がどこで始まったのか、なぜ自分がここにいるのか、自分が本当はどれほど愛されているのか、自分の目的は何なのか、そして自分は永遠にどこに向かっているのかを知れば、私たちは何とか善人の基準を満たそうとする努力をやめることができます。私たちは自分を他者と比較するのをやめることができます。なぜなら、私たちの自己価値は、全能の神が私たちを愛し、私たちを望んでおられるという事実に基づいているからです。そして、健全で聖書的な自己愛が育まれていくと、不安や自己嫌悪、恥や罪悪感が着実になくなっていきます。

　真実のところ、私たちは全く素晴らしいのです。それは私たちが何をしたからでも、しなかったからでもなく、私たちが神の愛の対象であるからです！　神は、私たちがイエス・キリストを私たちの罪の代価として受け入れることを求められます。私たちは、イエス・キリストが死者の中からよみがえられ、今は天で永遠に生きておられることを信じる必要があります。そして、私たちは頻繁に主を思い、持っているものすべてを以て主に仕えることによって、心を尽くし、魂を尽くし、力を尽くして主を愛さねばなりません（申命記6:4-9）。

　他の人たちは私たちが何を身に着けているか、いくら所有しているか、いかに上手くやっているか、何を達成しているか、どんな外見かをもとに私たちを評価します。しかし、神は私たちに欠点があるにも関わらず、私たちのことを大切にしてくださいます。なぜなら神は、私たちと関係を持つというその目的のために私たちを造られたからです。ですから、神のご人格を知ることが、実に私たちの自己価値の基礎となるのです。

・　あなたは自分には価値があり、自信が持てると思いますか、それとも、価値がなくて無能だと思っていますか。

・　あなたは、あなたに対する神の評価のゆえに、自分が非常に重要な存在であり、神の御国で偉大なことをするように運命づけられていると信じる意思がありますか?

永遠なる三位一体の神

この自尊心の低さを克服するためには、私たちが必ず受け入れるべき永遠の真理がいくつかあります。まず第一に、私たちは神だけが完全であるという事実に焦点を当てる必要があります。第二に、イエス・キリストは神を厳密に表象しているということです（コロサイ1:15-20）。これは重要なことです。なぜなら、私たちが神に信仰を置くなら、神はどうやって私たちの人生を完璧に扱うかを知っておられるからです。

　イエスは、いくつかの宗教で考えられているようなただの「優れた教師」や「良く知られた預言者」ではありません。ヨハネ1章1-5節には、イエスの名前の一つが「ことば」であること、イエスが永遠に存在してこられたことが記されています。これはイエスの神性を証明するものです。ユダヤ人の考えでは、「ことば」は「創造の主体」を意味していたからです。無から何かを創造する力を持っているのは神だけですから、イエスもまた神であることが分かります。イエスは宇宙の形成時にそこにおられました。それはイエスが神でなければ不可能だったことです。

　第三に、聖霊はこの神の第三位格です。聖霊は私たちの心を変え、罪を自覚させ、極度の苦難の最中に私たちを慰め、私たちに神の御心を深く理解させる力を持っていますが、それは神だけにできることなのです!（ヨハネ16:5-15、ローマ8:5-

14）。

　そして最後に、聖書もまた「御言葉」と呼ばれています。それはまた永遠のものでもあります（イザヤ書 40:8）。 また、生きていて、私たちの心の奥底にある思いや願望をさらけ出し、私たちの心を調べ、私たちの誤りを見極め、私たちをすべての真理に導く力を持っています（ヘブル人への手紙 4:12、2テモテ3:16）。 聖書は人間によって書かれたものですが、彼ら自身の知恵から生まれた話を集めたものではありません。ある人たちによる聖書についての考えに反し、聖書の言葉は霊感によるもの（神の息が吹き込まれたもの）です。そして論理的に言って、人間の心の内なる働きを超自然的に変える本は、神にしか書くことができなかったはずです。しかし、この真理を真に体験する唯一の方法は、自分でイエスを信じることしかありません。

さあ、信じて従いましょう！

神の御言葉を読み、その言葉を実行することだけが、私たちが考えや気持ちを変えられて、霊的な真理を理解し、キリストの思いを持つことができるようになる唯一の方法です（1コリント2:13-16）。私はクリスチャンになる前は、自分には全く価値がないと感じていました。生きていたくもありませんでした。聖書を読み始めた時は、聖書に書かれていることを受け入れることは極めて困難でした。これは、私が自分についてたくさんの嘘を受け入れていたためで、聖書を信じようとした時、実際に私は自分が嘘を信じようとしていると思ったのです!神が私のことを愛するに値すると見なされるとは、私にはどうしても理解できなかったのです。

　しかし、御言葉を読み、吸収し続けるうちに、聖霊が私の考えを変え始め、私は自分自身についての真実を信じ始めました。私は、神が御言葉の中で私について語ってくださることを信頼し始めました。

　今日の私は自信があり、愛されていると感じ、神のご計画と願いを実行するために必要なものは何でも神が備えてくださると確信しています。神の考えや意見を自分の心に染み込ませるのには間違いなく努力を要しますが、私たちが生きていく上で前向きになり、自分に価値があると感じたいならば、それは不可欠なことなのです。

- あなたはどのくらいの時間を神の御言葉や、祈りや、御言葉の熟考に費やしていますか?

神の愛は私たちの自尊心の基盤です

以下に、私たちの自己価値に関連する非常に重要な聖句をいくつか紹介します。印刷して頻繁に読むとよいでしょう。これらを暗記しておけば、不安を感じたり自分には価値がないと感じる時に、自分の古い考えや悪魔の攻撃に対抗するための擁護手段があることになります。私たちは主の御言葉に浸ることが必要なのです!

1 ヨハネ 4:10, 19	神がまず私たちを愛してくださった
詩篇 139:1-18	神は私たちを強く愛しておられる
エペソ 1:4	神は地を造られる前から私たちのことをご計画に入れておられた
エペソ 1:11	私たちはキリストと結ばれている 私たちは神から相続を受けている 神はあらかじめ私たちを選ばれた
エペソ 2: 1-6	私たちはイエスと共に天に座している
エペソ 2:10	私たちは神の作品であり、神のご計画にある 非常に特殊な目的のために造られた。
ローマ 8:17	私たちはイエス・キリストとの共同相続人である(私たちはイエスが持っているものをすべて相続する)
ローマ 8:28	試練や苦しみの中でも、神は神のご計画と目的にしたがって、すべてのことを働かせて私たちの益としてくださる
ヘブル 13:8	神は決して変わることがないので、私たちは自信を持って 神に信頼することができる

ヘブル 6: 18	神は嘘をつくことができないから、神の力、目的、永遠の命についての私たちへの約束は絶対的に信用でき、信頼できる
詩篇 56:8	神は私たちの涙を革袋にたくわえられる
詩篇 116:1-2	神は私たちに耳を傾けてくださる。それは、私たちが神にとって極めて重要であることを意味する 神は私たちの口にする祈りを一つ一つ聞かれる
詩篇 121	神はまどろむこともなく、眠ることもないので、必要な時には いつでも、私たちの必要、願い、賛美に関心をもち、気を配ってくださる 神ご自身が私たちを見守ってくださる!! これは、まさに宇宙の神が毎日、毎秒、私たちを見守っておられることを意味する
イザヤ 41:10	恐れたり、たじろいだりしてはいけない。神があなたを 助け、強めてくださる。神は勝利の右の手であなたを守られる!
イザヤ 43:1	神はあなたの名を呼ばれた（これは非常に個人的なことです）

これらの聖句を読んで、私たちは自分が大切にされ、愛されていて、神の注意を引くに値する存在であることを信じられないわけがあるでしょうか。

- 神は私たちを造られました。
- 神は私たちをとても愛しておられます。
- 神は私たちを切望されます。
- 神は私たちと関係を持つことを望まれます。

- 神は私たちの人生にマスタープランを持っておられます。
- 私たちは神の創造のハイライト（目玉）です!!

これが私たちの仕える素晴らしい神です。私たちは、この深く、尽きることのない、永遠の、決して変わることのない愛を理解する時、健全な自尊心を豊かに経験し始めるでしょう。私はこのことを経験から知っています！　私たちは、自分が誰であるかを本当に知り、自分の全人生を愛に満ちた神に見守っていただく時、謙虚に感謝し、創造主に仕える生き方をするようになります。受胎の瞬間から私たちはそのように作られているのです。

　ですから、私たちには世が一時的なものであり、変化し、衰退していくものであることがわかります。しかし、父なる神、子なる神、聖霊なる神、そして書かれた神の言葉は永遠に生きていて、驚くほどの力を持っています。よって、これらが私たちが自分自身を測るべき唯一の基準なのです。それらは、決して色あせたり変化したりすることがないからです（ヘブル13:8）。神の道に生きることは、健全な自己愛と安定性、そして未来への希望をもたらします。

　主がこれほどまでに私たちに愛情を注いでくださるならば、私たちは自分が主の関心と愛に値することを信じ始めなければなりません！　私たちの本当のアイデンティティーと自己価値はキリストにあるのです！　私たちはもう恐れや劣等感を感じる必要はありません。なぜなら、私たちがキリストに信頼を置くなら、私たちの人生は、社会の気まぐれや私たちが信じてきた欺瞞的な嘘ではなく、神の真理の確固たる基盤の上に築かれるからです！

****

　忘れないでください。この世は過ぎ去っていくのです。一日一日、そして一つ一つの状況を、永遠 という観点から見るようにしてください。私の人生が終わる時、私が今日心配していることは問題になるでしょうか？　その答えは「否」である可能性が高いでしょう。私たちは自分の弱さや恐れ、不安にばかり目を向けていると、人生を文字通りに無駄にしてしまいます。しかし、キリストを信頼する生き方は、永遠の実を結び、喜び、平安、希望をもたらします。あなたがイエスと顔と顔を合

わせて会うときに問題になるのは、あなたがどれほどイエスを愛し、この失われた世界にイエスを映し出すことでどれほどイエスに仕え、どれほど他の人を天に導いたかということなのです。

それが永遠に続くものなのです。

ふりかえってみましょう

1. 神に愛されるために、私たちは何をしなければなりませんか？

   _____

2. 私たちに対する神の愛を変えてしまう悪行にはどんなものがあるでしょうか？（答え：何もありません！　私たちは神を失望させたり、遠ざけたり、悲しませたりすることはできますが、私たちに対する神の愛は、私たちが何をしようとも変わることはありません。）

   _____

3. 主の愛は、私たちの自分自身に対する愛をどのように変えるでしょうか？

   _____

4. 神は何があっても私たちを愛してくださるのなら、私たちは何をしても、神との関係を保っていられることになるのでしょうか？

   _____

5. 私たちは何を基準に自己価値や自尊心を測るべきでしょうか？

   _____

6. 私たちが実際に自分を測る基準にするものには、どんなものがあるでしょうか？　なぜ、これはそんなに危険なのでしょうか？

   _____

   _____

7. イエスとの関係において、私たちのアイデンティティ（人生における私たちの立場、自己価値、自己評価など）が完全にイエスに根ざしていることを理解するのが不可欠なのはなぜでしょうか？

_____

_____

_____

8. 私たちはこの理解をどのようにして生活の中で現実的かつ重要なものにしていくことができるでしょうか？

_____

_____

_____

メモ

悔い改め

✳✳✳

あなたは今、人生のどこにいますか？ 悲しみ、怖れ、意地悪さ、イライラ、絶望を感じる場所にいますか？ 怒り、苦味、孤独、虚しさを経験していたり、自分の人生がもっと充実していたらいいのにと思ったりしていますか？ 自分にもっと自信を持てたらいいのにと思いますか？ あなたは、ただ起き上がって仕事をし、家族の世話をし、物を買うこと以上に、自分の人生にはもっと目的があるべきではないかと思っているかもしれません。

あなたの霊的な生活はどうですか？ あなたはイエスとの深く、強い関係を経験していますか？ それとも、その反対に、自分で作ったルールに従って人生を送っていますか？ あなたは自分の信仰に関して、熱くもなく、冷たくもなく、どっちつかずでいますか？ あるいは、あなたはクリスチャンではあっても、自分の人生がイエスの語るものとはかけ離れて見えるために、罪悪感を感じているかもしれません。

元気を出してください！ あなたの惨めさこそが、神があなたの人生を変えるために用いられるものかもしれません！ 良い知らせがあります。それはあなたがどこにいて、何をしたかに関係なく、イエスはあなたを探しておられ、あなたと親密な関係を持つことを願っておられるということです。そして、悔い改めこそが、まさにその関係を始めるための場所なのです。

- ここで立ち止まって、上記の一つ目の段落に挙げられたそれぞれの感情に目を通してみてください。
- 一つ一つについて考えて、今のあなたの生活の中でそれがあなたにどのように影響を与えているかを短く書き出してみましょう。

悔い改めは私に何の関係があるのでしょうか？

悔い改めというのは実は軍事用語で、自分が向かっている方向から180度転換することを意味します。 聖書的、霊的な意味では、これまでの生き方に背を向け、イ

エスが望んでおられる方向へと意図的に向かうことを意味します（マタイ4:17、使徒20:21）。　悔い改めはまた、「罪悪の後の改心」や「自己の決断の逆転」を意味します。要するに、それは自分のやり方が正しくないことを認め、自分の人生が神のやり方に沿ったものとなるように、変化が起こらねばならないと決断することを意味します。悔い改めに必要な唯一の前提条件は、罪を心から悔やむ心の柔らかさと、変わろうとする意志です（詩篇38:18）。

　悔い改めとは、私たちが最初に神を知るための方法です。それはまた、あるライフスタイルを継続的に選択することでもあります。悔い改めは、私たちの罪深い行動に続いて起こるはずのものだからです。私たちが自分の意志を救い主に従わせれば従わせるほど、私たちはますます主に似たものとなっていきます。自分の欠点や失敗を神と分かち合うことは、成長し、実りあるクリスチャン生活を送るために不可欠な要素です。

　悔い改めには、「告白」と「変化」という二つの要素があります。告白もまた二つの部分から成っています。それは「罪を表明する」こと、そして「私たちの心と考えを神に似たものとして形造っていただくこと」です。告白が意味することは、私たちが自分の犯した間違いが何なのかを自分の言葉を使って定義することを神が望んでおられることです。これは私たちにとって罪をより現実的なものにします。なぜなら、自分が犯した罪のことを「考える」だけだと、自分の感情を整理するのははるかに難しく、また、秘密を隠しておくのもずっと簡単だからです。

　さらに重要なことに、聖書によると、告白がなければ、神は私たちの祈りを聞かれません（詩篇66:16-20）。　そして、もし私たちが誰かに対して悪い感情を抱いているなら、主に賛美のいけにえを捧げる前に、その人と和解しなければなりません（マタイ5:23-24）。明らかに、神は私たちが怒りや罪悪感、恨みから解放されることを望んでおられます。神はそれが私たちと他者との関係や、私たちと神との関係を害することを知っておられるからです。思い出してください。悔い改めという言葉の文字通りの意味は「方向転換する」ことです。それは、変わろうとする私たちの決断に、私たちの思い、感情、行動が大きな役割を果たしていることを意味しています。

ああ、ダメ。神はダメ！

多くの人は神との関係を持つという考え自体から逃げ出します。彼らは全生涯を費やして「幸せ」になるためにあらゆることを試しますが、自分に深く永続的な喜びを本当にもたらしてくれる唯一のお方を愚かにも意図的に拒むのです（詩篇 14:1)! 多くの場合、これは彼らが自分の生活の中にある不道徳な行いを「やめたがらない」からです。あるいは、彼らはクリスチャンになったらつまらないだろうとか、「変わり者」だとか「不寛容な人」だというレッテルを貼られてしまうだろうと考えます。そのため、彼らは何が何でも神および神に属する人々を拒絶するのです。

残念なことに、これらの人々の中には「宗教熱心」な家庭で育った人たちもいますが、彼らが成長の過程で見てきた「クリスチャン」の大人たちは、キリストの愛を滅多に示していませんでした。多くの場合、家族の偽善を経験したことで、彼らはイエスやキリスト信仰から完全に離れてしまったのです。あるいは、彼らは神と関係を持つために人間が作った儀式や他の宗教に従うかもしれません。

それから、家庭内で虐待を受けた人たちのことも忘れないようにしましょう。彼らは神に裏切られたと思っています。彼らは「神が実在するのならば、なぜ私の身にそんなことが起こるのを許したのだろうか」と疑問に思ったかもしれません。彼らは主に見捨てられたと感じ、自分たちは主にとってどうでもいい存在なのだと思っているのです。神はどうせ罪深い自分のことを望むはずがないと誤って思い込んでいるのです。そして悲しいことに、神を実際に憎むようになってしまった人たちもいて、彼らは神に対して自分たちの心と思いを堅く閉ざしてしまっています。

しかし皮肉なことに、私たちはしばしば生きていく中で不満や虚しさ、悲しみを感じたり、どうにもできないと感じた時に、神への探求が始まることに気づきます。何ごとかが私たちに人生はこれだけではないことを告げ、私たちは心の奥底では、何であれ、自分にはその何かが欠けていることを知っているのです。

なぜ悔い改める必要があるのか？

あなたは悔い改めの何がそんなに重要なのかと疑問に思っているかもしれません。結局のところ、神がすべてを知っておられるのであれば、なぜ私は自分の罪をいつも神に告げねばならないのでしょうか？ そして、なぜ私は変わり続けなければならないのでしょうか？ 神はありのままの私を愛してくださっているのではないでしょ

うか？

　傷口を開いて内部の感染を外に出すのと同じように、告白と悔い改めは内部の汚れを取り除きます。私たちは皆、内側に汚れを抱えているのです！　霊的、精神的、感情的、また時に肉体的な癒しをもたらすのは、ただ悔い改めしかないことが多いのです（ヤコブ5：16）。一方で、もし私たちが自分の罪を隠していたり、恥じることなく罪を犯し続けていたりすると、私たちは悪臭を放ち始めます（詩篇38:5）。その結果、私たちは不健全な生き方から生じる実を刈り取ることになり、その結果、罪悪感、怒り、プライド、嫉妬、鬱、感謝不足、恐れなどが増してしまうかもしれません。私たちは手に負えないほどの怒り、欲望、不道徳さを身近で見ることができます。それらの行動は、多くの場合、告白も悔い改めもされていない罪と直接関係しており、それは抑圧された罪責感にもつながります。

　不従順には様々な形があります。明らかに、それは神の権威に対する反抗です。しかし、ヤコブ4章17節は、別の種類の罪について述べています。「自分がすべきことを知っていながら、それをしないのは罪です。」私たちが神を無視し続けたり、悔い改めて、神が私たちに変えさせたいと望んでおられるのが分かっていることを変えようとしなかったりすると、私たちの心は頑なになり、良心が鈍くなってしまいます。

　人々は悔い改めの本当の意味を誤解しています。あまりにも多くの人が、自分は誰に対してもひざまずく必要のない善人だと思い込んでいます。もしかしたら彼らは、一風変わった人たちがうつ伏せになって自分たちの罪を大声で白状している姿を思い浮かべるのかもしれません。あるいは、すくんでしまう人たちもいます。それが人生のすべての楽しみや喜びを断ち切るものであるかのように思えるからです。しかし、多くの神の御国の原則と同様に、真実はその正反対です。悔い改めることによって私たちは自由を得るのです。

- あなたは今、神についてどのように感じていますか？神はあなたの親友でしょうか、それともただの知り合いでしょうか？それともあなたにとって神は、可能な限り距離を置いておく存在でしょうか？

- 過去において、あなたは神がどこにも見つからないと感じた経験がありますか？

- あなたは過去に神に「がっかりさせられた」ことがあったために、まだ神に対して怒っている可能性がありませんか？
- 人生の中で、あなたがなかなか神に支配を委ねられないでいる分野はありますか？

まいったな！

悔い改めにはまた、決定的に重要な意味があります。聖書には、悔い改めなければ私たちは滅びると書かれているからです（ルカ13:3）。今日すべきことを翌日まで先延ばしにしてしまうのが人間の本性です。「ああ、今は神のための時はない。好きな様に生きて『楽しみ』終わったら、地獄に行かずに済むように最後の瞬間に神を受け入れよう。」と考えている人が多いのです。しかし、聖書はこの危険な考え方について明確に警告しています。私たちには命が奪われる前に神に謝罪する時間はないかもしれません。

　聖書はまた、私たちが心から謙遜になり、主に対して悔い改めなければ、私たちの心は非常に頑なになってしまうと警告しています。そうなると、私たちはたとえ死者の中からよみがえった人を見ても、キリストを受け入れなければ地獄が待っているという真理に抵抗してしまうことになります。私たちは、心が「柔らかくされること」を経験しなければなりません。つまり、心から罪を後悔することです。（ルカ16:19-31）。神は私たちの反省に満ちた告白を聞くのを待っておられます。それは神が私たちを砕かれた状態から、神との充実した、満足のいく、永遠の関係へと助け出すためです。

この関係に必然的に伴うものは具体的に何なのでしょうか？

聖書は賢明にも、何かに投資する前に「代償を数える」ようにと私たちに教えています。それには、私たちの古い生き方を捨て、イエスが与えてくださる生き方を受け入れることも含まれます（ルカ14:26-33）。イエスに従うことは驚くべき益をもたらしますが、それは決してたやすいことではありません！　まず最初に、私たちは慣れ親しんだものを手放すことへの恐れに立ち向かう必要があります。これこそが、私たちが主を受け入れるのを邪魔するものであることが多いからです。イエスに人生を捧げる前に、当然人々が尋ねるかもしれない質問には、以下のようなもの

があります。

- 「私は人生で『楽しい』と思っているものをすべて諦めねばならないか?」
- 「私は生涯の夢を埋めてしまわねばならないのか?」
- 「これはもはや私が『私自身』ではいられないということなのか?」
- 「クリスチャンではない配偶者とは離婚せねばならないのか?」
- 「私は仕事を辞めなければならないか?」

これらは素晴らしい質問であり、私たちが神に完全に献身する前に、私たちが満足するまで答えられるべきです。私たちの疑問の大部分は、１コリント7章17-24節で答えられています。この聖句は賢明にも私たちに、「キリストを受け入れる前のままでいるように」と教えています。そして12-16節では、信仰を持たない配偶者が私たちから離れていくことを選ばない限り、私たちは婚姻関係に留まるべきであることがわかります。

　これは間違いなく難しいことですが、私たちは精いっぱい祈り、彼らをキリストに導くために、主を喜ばせるように振る舞う必要があります。夫婦間に平和が訪れるまで、イエスをあなたの新しい「配偶者」とすることができます。要するに、私たちが不道徳な生活をしていない限り、私たちは大体において主のもとに導かれる以前にしていたことに取り組み続けるべきなのです。細かいことは主が解決してくださいます。

「クリスチャン」＝「不幸」

多くの未信者は、自分の人生を神に委ねるとただ不幸になるだけだ、と考えています。皮肉なことに、彼らはしばしば神や聖書やクリスチャン人生のことを理解していると言います。そして、神の導きに従えない、あるいは従わないことについて、彼らはたくさんの言い訳を持っています。しかし、聖書によると、聖霊が宿っていない人は、霊的なことを本当に理解することができません（１コリント2:10-16）。 ですから、神を信じず、神に人生を捧げていない人は、聖書は読んだとは言うかもしれませんが、神の御霊が宿っていなければ、その真理を理解することは文字通り不可能なのです。

　神は実際に、彼らが救いを受けるまで、彼らの心を盲目にされます！　神は故意にそうされるのです。それは、自分は賢いと「思っている」人たちが、自らの高慢さによって惑わされるためです。しかし、自分には救い主が必要であることを知り、喜んで救い主を受け入れる罪人には、単純な福音のメッセージを理解する能力が与えられます（１コリント1:20-29）。

　その結果、多くの未信者は欺かれて、クリスチャン人生を送ることは自分たちからすべての喜びを奪うことだと考えてしまいます。　彼らは、聖書は規則や規定の集まりにすぎないと思っています。　そして、自分たちが神に従わない理由を正当化できるように、クリスチャンが間違いを犯すのをただ待っています。悲しいことに、私たちの文化までもが、すべての束縛を捨て、神を拒絶し、「自分の目に正しいと思われることは何でもする」ことを奨励します。

　しかし、聖書には、このような態度が行き着く結末は、絶対的な愚かさであると書かれています（詩篇14:1）！　それだけではなく、私たちが生きていく上で神に反抗するなら、私たちは悪で堕落しているとみなされると書いてあります！　真実のところは、もし神を拒み続け、自己のルールに従って生き続けるならば、私たちは霊的な死に向かっているのであり、人生の終わりには永遠の罰を受けることになるのです（箴言14:12）。

　私たちは、自分にはこの世での選択肢が二つしか与えられていないことを理解しなければなりません。今イエスを受け入れて永遠の栄光の中で生きるか、あるいはイエスを拒否して永遠の地獄に行くかのどちらかです（マタイ13:37-43、マタイ22:1-14）。　一般的に考えられているのとは逆に、私たちには死後にこの決断をする機会はありません（ルカ12:8-9、ルカ 13:24-30）。キリストを認めず、キリストに従おうとしない人たちは、たいてい、これらの聖句を無視しようとします。しかし、真理を否定しても、それが真実でなくなるわけではありません。そして、イエスの救いの力を拒否すると、永遠の罰を受けることになるのです（１コリント1:18、ガラテヤ6:7-10）。

でも私は自分を「見つけ」なくては！

また、私たちは欺かれて、自分の人生を神に委ねたら自分のアイデンティティや独

立性を失うのではないかと思わされるかもしれません。しかし、真実を言えば、神が私たちを設計してくださった通りに生きるまでは、私たちは本当の意味で「自分自身」ではないのです。罪は私たちの本来の性格を歪めます。キリストなしで「実現した」人格は、神が意図された人格ではありません。神は私たちを造られました。私たちの思いや心、霊の内に、願望や強みや才能を入れてくださったのは神です。ですから、神と並んで生きていなければ、私たちは最大限に成長することはありません。私たちがイエスとの関係を持つ場合に<u>のみ</u>経験できる活力と満足感があるのです！

　言うまでもなく、キリストのために生きるには自制と従順さが必要なのは事実です。おそらくこれらの資質は誰でも持っていて損はないでしょう！　しかし、神が舵を握っている時には、私たちは敬虔な生き方をするために必要な力を聖霊から受けます。聖霊は私たちが神を喜ばせ、神に栄光を捧げるのをただ助けてくださるのです！　私は人生の難しい決断をする時には、自分一人で強さや洞察力を奮い起こそうとするよりも、絶対に、主の力と知恵に助けてもらいたいと思っています。

　私たちが罪を選ぶ時に直面する問題がもう一つあります。それは、本当の自分を覆い隠してしまうことです。私たちは不敬虔な考えや行動を使って自分の人格を定義します。すると、悲しいことに、神が創造された人物が隠されてしまいます。主だけが、私たちを利己主義や自己中心さから解放する力を持っておられます。それでこそ、私たちは本来なるべくして創造された自分になる自由を手に入れることができるのです。

私、わたし、ワタシ

あなたの人生には「逆風　」と戦っているように感じられることがありますか？　精神的にも感情的にも　「先に進む」ことがどうしてもできないような感じがしますか？　私たちにはなぜ自分が惨めさや不満を感じているのかさえ分からない時があります。　本当のところ、私たちは自分に本当の喜びや平安がないのは、私たちが人生に本物の喜びと平安を与えることができる唯一のお方から切り離されているためであることを恐らく認識すらしていないでしょう。神、イエス、聖霊とつながりを持たないで生きている間は、私たちは神が私たちのために用意してくださっている、深い満足感を与えてくれる贈り物を経験することができません。

　人生のこの時点で、あなたは神から遠く離れているかなど、どうでもいいとさえ思っているかもしれません。あなたは、自分の人生は神なしでとてもスムーズに進んでいると思っているかもしれません。自分は「まっすぐ」な人生を送っているとも思っているかもしれません。しかし、すべての人は、ただ生きているというだけで、何らかの形で不完全なのです！　私たちは皆、神の基準に届かず、皆、神の目には罪人であるとみなされます（ローマ3:21-28）。イエスの血のいけにえが私たちを覆い、清めてくださらなければ、私たちの運命は絶望的です。

　それに、正直になってみると、私たちの大半は何らかの領域で、不道徳な情熱によって部分的に、あるいは完全に支配されていることを認めることになるでしょう。そして聖書は、あなたがどんなに「自由だ」と感じていても、あなたはあなたを支配しているものの文字通りの奴隷であると言っています（2ペテロ2:19）。また、あなたが自分で間違っていると思うことを何もしていなくても、人間としての私たちの基本的な罪が、救い主であるイエスを拒む選択をすることであるのを忘れないでください（ヨハネ16:9）。

　しかし、私たちが人生を神の御手に委ねるとき、神は、ご自身が意図した目的のために私たちの内に用意しておられた資質をようやく使うことがお出来になります。　機器類がメーカーの指示に従って使用される際に最善の機能を果たすように、私たちの人生も主の御手によって取り扱われる時に、最も効果的に、かつ円滑に機能します。そして、この関係から生じる素晴らしい副産物は、神のご計画通りに、私たちに自分自身や、他人、神との平安をもたらしてくれます。

- 家庭での自分と、家族以外の人たちの前で演じている自分との違いをいくつか挙げてみてください。

告白して悔い改めなかったらどうなるのか？

恥や罪責感は、恥ずかしさや痛みしかもたらさないように見える感情です。だから私たちは、多くの不快な感情同様にそれを避ける傾向があります。しかし、私たちは間違ったことをした際には罪責感を感じるように造られました。そして、健全な罪責感は私たちを心から悔い改めさせ、永続的な変化を経験させることができます。

　問題は、人を喜ばせようとするため、あるいは「捕まった」からという理由で、謝罪を口にするだけなら、私たちは最終的には霊的な死に至るということです（２コリント7:10）。これは「不健全な罪責感」であり、私たちの魂を愛してくださるイエスとの親密さを妨げるものです。

　私たちはしばしば自分の罪を他人から隠すので、通常、自分の悪事の醜さを自分の中に閉じ込めてしまいます（ヨハネ3:18-21）。そして、私たちは恥じて、神や他の人、さらには自分自身からさえも距離を置く傾向があります。　これは、さらなる不幸と孤立を招きます。そして、私たちは悪いことなど何もないようなふりをするなど、偽りの行動で自分の罪を隠そうとします。この問題に対処するのはあまりにも不快なため、何が起こっているかをただ忘れたいと思うばかりに、私たちは中毒にふけってしまうかもしれません。興味深いことに、多くの身体的、精神的な疾患が罪責感、恥、不寛容さに直接関係していることが研究で証明されています。

　例を使ってみましょう。あなたが何か悪いことをしてしまったとします。あなたはそれがあなたの大切な人を傷つけることになると分かっていたので、自分がしたことをその人から隠します。最終的には、あなたが自分の罪について感じる罪責感が、あなたが彼らとの親密な関係を持つことを妨げます。あなたの間違った行いが、彼らと一緒にいる度に脳裏に浮かんでくるからです。そして、彼らに親切にしていると、自分が詐欺師であるような気がしてきます。あなたは自分が忠実な友ではなかったことを知っているからです。

　しかし、あなたが心から悲しんで自分の過ちを告白することを決意し、彼らがあなたを許してくれて、わだかまりが一掃されれば、再び親密な絆を楽しむことができます。神との関係もまさにこの通りです。キリストと親密に真正に生きることの恩恵を享受したいならば、告白と悔い改めは不可欠です（詩篇51）。この謙遜な態度はまた、私たちが素晴らしい聖霊を悲しませることのないようにもします（エペソ4:30）。

　また、私たちの罪責感（または罪責感の欠如）は、主や他の人たちとの健全な関係を示す指標として、いつも信頼できるとは限らないことにも言及しておくことが重要です。　不健全な罪責感は、私たちを奴隷状態にしておくことがあります。それは私たちには他人から孤立する傾向があるためです。一方で、罪責感の欠如もま

た、私たちを他の人たちから遠ざけてしまうことがあります。それは、私たちが常に自分の立場を正当化し、 かばおうとするからです。

　人間は生まれつき、自分の短所を取り繕う傾向があり、自分の罪を否定するのはよくあることです（詩篇119:29）。　しかし、時間が経つにつれて、私たちが罪を繰り返し、告白しないでいると、私たちは鈍感になり、最終的には、自分がしたことに対して悪いことをしたとさえ感じなくなってしまいます。これがまさに凶悪犯罪を犯した人たちの身に起こってきたことです。本当に良心のない真のサイコパス（反社会性パーソナリティー障害者）はいますが、それは稀なことです。極めて暴力的だったり、倒錯している人たちの殆どは、彼らの良心が時間の経過とともに頑なになって死んでしまい、悲しみや痛みを感じることができなくなってしまっているのです。

　最後に、私たちは自分のしたことを申し訳ないと感じることさえない場合があります。私たちは、謝るためには何かを「感じる」必要があると思っているため、赦しを求め損なってしまいます。しかし、これは私たちが神のやり方に反してとった行動について申し訳ないと感じるようになるために、私たちの心を変えてくださいと神に求めるべき絶好の時なのです。

気を付けて——けれど、不必要に怯えないで！

さて、自分が犯した小さな罪の一つ一つに過度に執着し始める前に、私たちは自分がキリストとの歩みにおいて多くの間違いを犯すものであるのを認識することが重要です。主にあって成熟していくのは一つの過程であり、私たちは必ず時折失敗することがあるものです！　しかし、私たちが反抗を続け、神の道に生きることを拒み続けるならば、私たちは危険な状態にあります（ヘブル6:4-6）。

　本当のところは、私たちが本当にイエスに従っているならば、私たちはますますイエスに似たものとなり始めるべきです。聖書は、私たちがクリスチャンでありながら故意に罪を犯し続けるならば、神は本当は私たちの中にはおられず、私たちは嘘つきであると言っています（1ヨハネ2:3-6、1ヨハネ3:7-10）。私たちの罪は、常習的なものではなく、ほんの一瞬のものであるべきです。

　聖さと邪悪さの違いを生むのは、私たちの日々の選択です。全ての決断におい

て、私たちは神の基準か、自分の意志かのどちらかを選んでいることを覚えておいてください（マタイ12:30）。聖書には、神の陣営と悪魔の陣営の二つしかないと書かれています。中立の立場はありません（ヨハネ8:42-47）。私たちは気をつけねばなりません。もしも、キリストを受け入れた後に罪となるライフスタイルを選んでいるならば、私たちは深刻な問題に巻き込まれる可能性があります（ヘブル10:26-29）。

付け加えて言うと、私たちは殺人、嘘、浮気、盗み、乱交といったような「明らかな」罪の中に生きてはいないかもしれません。 しかし、私たちを本当に破滅させてしまうことのできる、先在的な、つまり「隠れた」罪もあります。それらはプライド、反抗、利己主義、批判的な態度といった形で現れます。これらは私たちの生まれつきの傾向であり、神が私たちの中で変えたいと願っておられるものです。

サタンもいつもそこにいて、私たちを愚弄したり、騙したりします。ところで、「悪魔が私にそうさせた」とは、聖書のどこにも書いてありません！ 私たちを邪悪なものにしているのは、私たち自身の罪深い肉なのです（ヤコブ1:12-15）。しかし、サタンは実在しており、私たち自身の弱さを利用して、神のやり方ではなく、サタンや私たちのやり方で私たちに何かをさせようとします。

最後に、罪を告白して悔い改めても、過去の過ちについて罪責感にひどく苦しめられ続けることがあるかもしれません。自分がしてしまった事を忘れることができないのです。このような時こそ、私たちは聖書にどっぷりと浸からなければなりません。神の御言葉は私たちの心や思いが変えられるための手段だからです。

聖書を読み、それに従うことは、私たちの罪と神の赦しについての真理を信じるように私たちの心を訓練します。私たちが自分の考えや感情をとらえ、それらをイエスに従わせることを学ぶことは不可欠です（2コリント10:3-5）。私たちの罪が死をもたらすことを受け入れる必要はありますが（ローマ6:23）、それと同じくらいに重要なのは、一度赦されたら、私たちは赦されているのだと知る必要があることです（1ヨハネ1:9）！

- あなたが主を敬っていないかもしれない点をいくつか挙げてください。明らかな罪だけでなく、あまり目立たない態度（プライド、利己主義など）も含めてください。

どうやって悔い改めればいいのか？

自分の罪はどうやって突き止めたらよいでしょうか？　私たちの人生において私たちを抑圧している態度や行動は、どうすれば克服することができるのでしょうか？　私たちは皆、明白な罪は自分でも容易に気づくことを知っています。しかし、多くの場合、私たちはなぜ自分がお粗末な選択をし続けるのかを理解しようと内面をあまり検討したがらないものです。

　多くの場合、私たちは神に従いたいと思っていても、どうすれば自分の人生を好転させることができるのかをなかなか知ることができません。ヨハネ15章1-14節は、私たちが神の道を選び始めることができるように考えや態度を変えるための助けとなる模範を私たちに与えてくれています。

　この章でよく使われている言葉は（キリストに）「つながる」、つまりキリストにとどまることです。「とどまる」とは、付着する、固着する、しがみつく、くっつく、宿る、住む、居住する、受け入れる、同意するという意味です。とどまることの反対は、離れる、辞める、移動する、回避する、取り除く、移動する、外れることです。

　悔い改めるためには謙遜さが必要です。神は唯一の完全なる存在であり、神の助けなしには、私たちは神が私たちのために意図された充実した人生を送ることができないのを私たちは認める必要があります。悔い改めの反対は不従順であることが分かります。自分に正直になれば、私たちは罪の中に生きているうちは自分が謙遜さを示していないのを認めることになるでしょう。そういう時は、あなたは変化を歓迎することもありません。

- 上記の言葉について考えて、それらをあなたと神との関係と比較してみてください。あなたは神にとどまっていますか、それとも神から離れていこうとしていますか？

この聖句から、イエスに従うことは、イエスの犠牲を「受け入れる」問題であることがわかります。私たちは、私たちの人生におけるイエスの支配と権威に「同意」します。私たちは聖書に明確に述べられているイエスの基準を「忠実に守る」、すなわち、それに従います。私たちは自分が弱い時や、罪を犯しそうになる時には、

イエスの原則を「守り」ます。慰めと強さを求めてイエスに「しがみつき」ます。そして、私たちの心と思考の中に主に「宿って」いただく、つまり、住んでいただきます。これがクリスチャンとしての生き方の本質です。次のことを覚えておいてください。イエスは、私たちが自分たちだけでは古い生き方に打ち勝つことができないのを知っておられます。だからこそ、イエスは私たちの代わりに死ぬことを選ばれ、私たちの内に聖霊を住まわせることを選ばれたのです（ローマ8:1-14）。

　私たちがキリスト・イエスに留まることを一貫して選んでいくと、イエスは私たちの心の願いを変えて私たちが聖い生き方をしたくなるようにしてくださると約束しておられます（詩篇37:3-4）。変化や成長には時間がかかるものです。あなたが一週間後にすっかり変わっていなくても、イエスが助けてくれていないとは思わないでください。地に植えられた種が美しい実を結び、花を咲かせるのに時間がかかるように、私たちも美しく永続的な収穫を得るためには、時間をかけて主の愛と主の御言葉に根ざしていく必要があるのです。

　イエスはまた、私たちがすべての行動において主の御心を求めるならば、私たちの歩みを導いてくださると約束されています（箴言3:5-6）。また、私たちが生活の中で神の御国を第一に考えるなら、主は私たちの必要を満たしてくださると約束されています（マタイ6:33）。私たちは自分の混乱を主の完全さと交換するのです！ 主は私たちとの親密な関係を望んでおられ、それを証明するために死なれたのです（ヨハネ3：16-17、ローマ5：8）。

私たちが神の望む生き方をしているかどうか、どうやって知ることができるでしょうか？

もし私たちが「悔い改めた」と思っていても、私たちの言動に変化がなければ、私たちは自分の動機を再検討する必要があります。なぜ私たちは悔い改めたのでしょうか？ もしも、気が楽になるためだけとか、あるいは「そうするべき」だからとか、あるいは誰かを喜ばせるため、または単に難を逃れるために「悔い改めている」のであれば、私たちは自分の心や行動に何の変化も体験しないでしょう。そして、良心が清められるという祝福を受けることもできません。 私たちの動機が不純であるためです。思い出してください。神は真理です。もし私たちが誠実に神のもとに来ないなら、神との真の関係から生じる恩恵を受けることはできません。

260

　キリスト教を「試してみた」けれど、自分には「合わない」と結論付けている人たちに私たちが出会うのは、まさにこういう状況です。実際、イエスには全く問題はありません。現実には、彼らは古い生活に本当に背を向けておらず、心や思いを完全に主に委ねてもいないのです。

　もしかしたら、あなたは他の人たちから良い人だと思われたくて「悔い改めている」のかもしれません。現実には、悔い改める<u>唯一の</u>理由は、私たちが主を愛し、主を傷つけたくないからです。もし私たちが本当に主を大切に思うなら、自分の心や考えを変えたいと思うでしょう。そして、神は聖霊によってその力を与えてくださるのです。

　さらに、もし私たちがクリスチャンであることが他の人達に知られていて、私たちの生き方が汚れていたら、私たちはイエスのための証しを台無しにすることになります。間違いなく、人々はクリスチャンがどのように行動するかを見ようと<u>観察</u>しています。私たちはしばしば彼らに、なぜ神や教会とは一切関わりたくないのか、そのための口実を積み重ねる理由を与えています。彼らは私たちが偽善的な生き方をしているのを見るからです。

　私たちの悔い改めが本物かどうかを見分ける唯一の方法は、その結果として生じる私たちの行動によるものです（ルカ3:8-9）。もし私たちが本当にイエスに近づいているならば、自分たちの生き方に成長を見ることができるはずです。悔い改めてこそ、私たちはバプテスマを受けることができます。その後で、私たちは赦しと聖霊の賜物を受けます（使徒2:38）。そして、最も重要なことは、永遠のいのちの賜物を受け取るためには、私たちは悔い改めねばならないということです（使徒11:18）。

あなたの悔い改めは本物ですか？

私たちは、神の御言葉に照らして自分自身を絶えず吟味する必要があります。もしあなたが神を愛していると「言い」ながら、まだ…

- 古い考え方をしていたり、
- 人々に昔からのとげとげした自己中心的なやり方で接したり、
- 苦々しさでいっぱいだったり、

- 許せない気持ちでいっぱいだったり、
- 依存症から抜け出せなかったり、
- 卑猥な言葉やポルノを使ったり、
- 頻繁に激怒したり、
- いかなるものでも性的な罪を犯しているなら、

あなたは本当には悔い改めていません。さらに、もしあなたが神の子どもの一人であるにもかかわらず、変わることを拒み続けるのであれば、あなたは反抗して生きていることになります。このような態度からは、何も良いことは生じません（サムエル15:22-23a）。反抗が魔術と同じくらい悪いとされているのは興味深いことです。魔術は神によって絶対に禁止されているからです（申命記18:9-14）。これらのことをする者を主は忌み嫌われるとさえ言われています（12節）。また、この聖句には、頑固さは偶像礼拝と同じくらい悪いとも書かれています。神は偶像礼拝も厳しく禁じておられますが、その重大さはそれが十戒の最初の二つの戒めに記されていることで示されています。

　一方で、私たちが純粋に悔い改めているならば、次のようなポジティブな実が結ばれるでしょう。

- 他の人たちへの新たな思いやり、
- 救われていない人たちへの思いやりの心、
- 罪を悲しむこと（詩篇51篇）
- 罪深いライフスタイルに対する嫌悪感、
- 罪を犯すことに段々と落ち着かなくなること、
- 自分の否定的な考え方に打ち勝つ力、
- 聖い生き方をする結果として、新たな深い喜びを経験すること（詩篇32篇）。

繰り返しますが、私たちは一朝一夕でここまでたどり着くわけではありません。けれど、時間の経過とともに必ず多少なりとも変わっていくようにしましょう。

- あなたの態度を上記のものと比較してみてください。それらは似ていますか?

異なっていますか？

本物の変化！

自分の罪を神に告白したら、私たちの行動が変化するように、聖霊に私たちの考え、心、感情を変えていただき始める時となります。もし私たちが自分の罪を認めても、それについて何もしないのであれば、私たちは告白する理由を全く理解し損ねてしまったことになります。素晴らしいことに、世とは違って、私たちには変わる<u>力</u>があります！　神のいない人生を送っている人たちは、新しい場所に引っ越したり、自分の習慣や行動を変えたり、自己啓発本を読んだり、不健全なサポートグループに参加したり、新しい人たちと付き合ったり、それまでの状況から逃れるために新しい仕事を見つけたりすることで変わろうとします。しかし、彼らは自分の<u>真の願望</u>を変えることができないために、問題が後を絶ちません。それができるのは、神の霊だけなのです！

　自らを向上させようとするのが間違っていると言っているわけではありません。確かに、私たちには成長している他の健全なクリスチャンのサポートが必要です。しかし、もし私たちが生ける神の力以外の何かに、私たちの罪深い欲望を変えてもらおうと期待するならば、自分自身を欺いて、自ら失敗や落胆のお膳立てをすることになります（申命記8:18；コロサイ1:11-14；2ペテロ1:3-9）。

でも、私は神に助けてもらわなくても変われる！

そこで、神なしで生きていても「変わった」と見受けられる人たちの話が出てくるかもしれません。あなたは、変わるためには神との関係を持つことが本当に必要なのかを疑問に思うかもしれません。もしかしたら、あなたの友人の中には、かつてドラッグを使用していたけれど、きっぱりとやめた人がいるかもしれません。もしかしたらあなたは、多くの異性と関係を持ち、ひどい言葉遣いをしていたけれど、今は家庭を持って落ち着いて、もうそのような振舞いはしていない人を知っているかもしれません。

　真実を言えば、神抜きで変わった人は、行動は変化させたかもしれませんが、行動修正は、心からの深い本当の変化とは異なります。私たちは時に、特定の行動をやめることもあれば、自分自身を強制的に変えることもあります。これらは精神

的、身体的な変化であり、言ってみれば「行動の変化」です。

　しかし、主の力なしに変えられた行動は、たいてい長続きしないか、あまり喜びが感じられないかのどちらかです。忘れないでください。私たちは行動を変えることはできますが、神の介入なしでは願望を変えることはできないのです。

　しかし、神が関与されると、私たちの心の願望が変わり、私たちは神が私たちに望まれることを望むようになります。私たちは、自分の力よりもはるかに大きな超自然的な力を経験します。この動機によって生きれば、神の道に生きることはずっと簡単になります。そして、私たちは従わねばならないから従っているのではないことに気づくでしょう。

　「イエス様に出会う前は、あの薬やあの人を手に入れるためなら何でもしていた。でも、私の人生にはもうそんなものはいらない」という声を私は何度も聞いたことがあります。それが私たちの人生に神の奇跡が働いているということです。神の力と知恵によって生きていくと、私たちは新たな平安を得ます。私たちが心と思いと力を尽くして、喜びをもって、主の御心に従っているからです！

　最も重要なのは、神を拒否するなら、私たちは私たちを造られたお方を締め出していることです。人間としての私たちの性質の多くは霊的なものであり、自分の人生からイエスを締め出し続けるなら、私たちは実に自己の大部分を無視していることになります。そして、自分の「霊的な」側面を父なる神、子なる神、聖霊なる神以外の誰か、または何かに対して目覚めさせることにした場合、私たちは自分の生活に悪霊の活動を招き入れていることになります。あなたは息まいて「私はサタンと関係したりしてない！」と、言うかもしれません。しかし、真実のところは、悪魔の側とイエス・キリストの側という二つしかないのです（ヨハネ8:42-47）。

　また、キリスト教と自称していても、イエスが神であることを信じない宗教団体がいくつかあることにも注意してください。それは私たちの信仰の全基盤なのです！イエスの神性というこの重要な事実について何が信じられているかによって、本物のクリスチャンと偽信者を見分けることができます（ヨハネ1:1-5、14節、ヨハネ14:9-11、エペソ1:19-23、ピリピ2:5-11、コロサイ1:15-20、ヘブル1:2-3）。

　イエスご自身が、「わたしが道であり、真理であり、いのちなのです。わたしを通してでなければ、だれひとり父のみもとに来ることはありません。」（ヨハネ

14:6-7）と言われます。これを理解し、信じることが不可欠です。これこそが、本当にキリストを信じる者を他の宗教や偽の宗派から区別するものだからです。そして、これこそが、キリストが私たちの完全な崇拝と生涯の献身に値する理由なのです。

悔い改めのメリットは？

私たちは、罪に背を向けることを選んだ後には、イエスに目を向ける必要があることを学びました。停滞は神のみこころにかなう属性ではありません！　悔い改めると、私たちは清められ、清い良心を持てるようになります。それは、私たちの信仰を清める助けとなります（1テモテ1:5）。神は私たちの内に新しい態度を育成したいと願っておられます。罪を告白して悔い改めることは、実際に私たちの益になるのです。あなたはおそらく、「思い置きは腹の病」という古いことわざを聞いたことがあるでしょう。これは私たちのクリスチャンとしての歩みにおいても、全くその通りなのです。

　　また、主を礼拝するためには、告白と悔い改めが必要です（ホセア14:2、ネヘミヤ9:2-3）。私たちの信仰が純粋であれば、私たちは霊と真において礼拝することができます。それを主は望んでおられます（ヨハネ4:23-24）。

　　神は、私たちが心から悔い改める時、私たちの罪を文字通りに拭い去ってくださると言っておられます。私たちが罪から立ち返ると、私たちと神との関係が回復され、私たちは再び神の臨在を分かち合うことができるようになります。この世界は魂の回復を求めています。私たちの救い主との罪に汚されていない関係においてこそ、私たちはこの回復を経験するのです（使徒3：19-20）。

　　そして、罪人がキリストに命をささげると、天が喜ぶことを忘れてはいけません（ルカ15:8-10）。その光景を想像してみてください。そこでは一人の人がその意志、欲望、動機、夢、恐れ、気持ち、思考を神の御心に委ねたために、至る所で御使いたちが歌い、笑っているのです。

・　あなたは自分の罪を赦してもらい、それに伴う自由と喜びを経験できたことがありますか? 一例を書き出してください。

取引の道具

聖書を読み、それに従うことは、私たちが罪を克服するための方向性や、力、動機付けを得るのに必要な手助けのうち、最も効果的なものの一つです（ヤコブ4:17）。神の言葉は超自然的なものであり、それによって可能になる深い自己理解は「自己啓発」の本や他の人々の中には見つけることができません。神の言葉は、私たちが自分の動機、つまり、自分の心や思考の中にあるのは本当は何かを見極めるための洞察を与えてくれます。そして、私たちは皆、基本的には「良い」人間だと考えられているのとは正反対に、エレミヤ書17章9節には、人の心は何よりも陰険だと書かれています。

多くの場合、何が私たちにそういう行動をさせるのか私たちにも分からないことがあります！　しかし、聖書は生きていて、力強く、私たちの状態をとてもよく説明することができます（ヘブル4:12）。聖書の神の言葉は、私たちの本質を暴きます。それは私たちの生活において何が間違っているのかを指摘し、何が正しいのかを教え、神の御霊によって変わる力を私たちに与えてくれます（2テモテ3:16）。

そしてもちろん、私たちが「力の源」である主と常につながっているために使わねばならないもう一つの重要な道具は、祈りです。1テサロニケ人への手紙5章17節には、私たちは決して祈ることをやめてはならないと書かれています。これは、私たちが一日24時間ひざまずいているという意味ではありません。一日を通して、常に主を覚えているということです。疑問や心配事、恐れが湧き上がる度に、知恵と方向性と慰めを求めて祈ります。気分がよく、自信を持てる時は、祈って神に感謝します。そして、私たちが弱さや、迷い、混乱を感じる時には、力と安定と安心を神に求めます。私たちは本当に一日中祈ることができるのです。

霊的な武器の中で重要な道具として最後に挙げられるのは、正真正銘に敬虔な生き方をしている人たちと共に時間を過ごすことを選ぶことです。クリスチャンと自称していても、噂話をしたり、嘘をついたり、頻繁に文句を言ったり、性的な罪を犯したりしている人は、未信者と同じように悪影響を与えます。

また、私たちが以前の生活やそれに関連した人々を恋しがるなら、私たちは神の御国にふさわしくないと聖書は言っています（ルカ9:62）！　もし私たちが片足を過去に置いたまま、もう一方の足を御国に置こうとするならば、私たちの主との歩み

は絶対に失敗するでしょう（ヤコブ1:5-8）。

　聖書、祈り、強いクリスチャンとの交わりという、この三つの基本的な道具を使うならば、私たちは主との深く、親密で永続的な関係を築くことができるでしょう。そして、そうすることによって、私たちは自分の罪を克服するのがはるかに簡単になることが分かるでしょう。

・ あなたはここに挙げられた道具をどれか使っていますか？ それらを使うために自己訓練を始めようと思いますか？

騙されてはいけない

繰り返して述べる価値のあることですが、クリスチャンと自称している人でも、敬虔な生活をしていない人がいるかもしれません。もしあなたの「クリスチャン」の友人たちがどんな形であれ不道徳な生活をしているなら、その人たちから離れましょう（箴言1:10、4:14-15）。自分自身にも気をつけましょう。イエスは、中途半端なクリスチャンは、イエスをそっけなく完全に拒絶する者よりも悪いと仰っています（黙示録3:15-16）。この聖句に出てくる「吐き出す」というギリシャ語は、文字通り「嘔吐する」という意味です。これは怖いことですね。

　神は、神の聖なる御名をもって自称しながら、他の人たちと同じように生きている人たちを用いることはできません。彼らには義のために立ち上がる力がありません。このような人たちは、本当に悔い改めてはいません（自分の罪に背を向け、本当に神の道に立ち返っていません）。さらに悪いことに、彼らは未信者を信仰から遠ざけるのです（マタイ18:2-6）。

　聖書には、木はその実によって見分けられると書かれています（マタイ7:15-20）。それに続く節には、私たちへの厳しい警告があります（マタイ7:21-23）。もし他の人たちが私たちの行動によって私たちの信仰を見ることができなければ、私たちの信仰は死んでいます（ヤコブ2:14-25）。神は私たちが積極的に従うことを求められており、私たちが神の求められることを行うならば、私たちに神の御心を行うための願望と力を与えてくださると約束されています（ピリピ2:13）。しかし、それは私たちの選択です。従順と聖さは、私たち自身の選択から始まるのです。

　要するに、私たちが愛、喜び、平安、寛容、親切、善意、誠実、柔和、自制（ガラテヤ5:22-23）を示していない人たちとの親密な関係を保つことを選択する場合、私たちは無力なクリスチャン生活に陥ってしまう可能性が高くなります。そして、キリストのために正しい生き方をするように彼らを説得する前に、十中八九、私たちが信仰から完全に引き離されてしまうでしょう（2ペテロ3：17-18、黙示録2：4-5）。私たちは、未信者と一緒に時間を過ごして神のために彼らに影響を与える必要がありますが、私たちが最も多くの時間を過ごすのは、本物のクリスチャン生活を送っている人たちであるべきです。

充実への秘訣

神は私たちを創造された際、私たちの魂の中に神によってのみ満たされることのできる場所を備えられました。だから、私たちは平安と喜びを得るためにすべてのエネルギーを投入した後でさえも、非常に空しく感じてしまうのです。今の社会文化では、私たちは絶えず走り回って何かをしている傾向があり、なかなか静かにじっとしていることができません。聖書は目的と希望に満ちた人生を送る方法を教えてくれますが、それには神と二人きりの時間を過ごす必要があります。聖書を読んで、神の語りかけを聞くことができるように、私たちには孤独と静けさが必要です。

　このように自分を訓練するならば、私たちの心はすぐに神のものごとを理解するようになり、日々の生活の中で神の導きに気づくことができるようになります。この静かな時間の中で学んだことに従順であれば、今まで知らなかった満足感と平安に満たされるようになるでしょう。このような従順さは、宗教的厳正さでロボットのように行動することではないことを覚えておいてください。私たちがイエスに留まるなら、イエスは私たちの信頼できる友となり、頼れる師となってくださいます。イエスを愛するようになると、私たちはすぐに自分の意志よりもイエスの御心を求めるようになります。

　私たちは自分の人生を見定めなければなりません。私たちは何度も何度もキリストに背いて、私たちを救ってくれるキリストの力強い力に背を向けているでしょうか？　神があなたの人生において何かを変えるように求めておられるのに、あなたは自分のあり方を改めることを頑なに拒んでいませんか？　あなたが神の真理を否定す

るたびに、あなたの心がどんどん硬くなっていくことに気づいてください。本当の危険は、あなたが完全に神に背を向けてしまうことです。そうすると、あなたはそもそも神の権威に従わなかったのは自分の頑固さとプライドのせいだと認める代わりに、神を責めることになるでしょう。

　私たちは完璧ではありません！　しかし、私たちは罪が明らかにされるに従って、どんどん自分の罪を捨てていくべきです。私たちは、何であれ、自分の中にあるイエスに似ていないものを嫌悪し始めるべきです。私たちは神のかたちとして造られたのですから、もっと自己愛を経験し始めるはずです。私たちの古い行動は、日々、なくなっていっているべきです！　これは、神の言葉（ローマ12：2）と、祈りと、実際に「言動の一致している」クリスチャンと付き合うことによって私たちの心が変容していくときに起こります。そして、私たちはずっと「よちよち歩き」を続けるのではなく、時が経つにつれ、主にあって成長していくべきです（1コリント3:1-3、ヘブル3:1-2 6:1）。あなたのやり方では上手く行きません！上手く行くことは決してないのです！

　私が祈り、深く願うのは、　　　　あなたが本当に神に対してすべてを認めることです。自分が弱いことを神に告白してください。自分の葛藤や罪を神に伝えてください。柔らかな心、つまり、従うことを望む心を主に願い求めてください。神はこのような敬虔な姿勢を決して拒否されません（詩篇51:17）。あなたは、変わりたい、神の道を生きたいという願望を祈り求めることができます。決して遅すぎることはありません。あなたがしてきた事で、赦されないほどの悪事は何もありません。永遠は今は大したことではないと思えるかもしれませんが、その日、神の前に立った時に、自分が間違った選択をしたことに気付くのは避けたいものです。主よ、私たちが罪に背を向け、あなたに立ち返ることができるように助けてください。

今日が悔い改めの日です！

269

ふりかえってみましょう

1. 悔い改めとは何ですか？

_____

_____

2. 誰かが本当に悔い改めているかどうか、どうやって分かるのでしょうか？

_____

_____

3. あなたの偶像（生活の中で、あなたが神や神の御国への関心よりも優先しているもの）には、どのようなものがありますか？（これには、食べ物、テレビ、子どもや配偶者、お金、仕事、不道徳な読み物、衣服、コンピュータなどが含まれます。）「偶像」は、あなたが自分の時間、エネルギー、お金を何に費やしているかによって定義されます。

_____

_____

4. 私たちが悔い改めなかったらどうなりますか？

_____

_____

5.　あなたの真の悔い改めを妨げているものは何でしょうか。

*　恐れ?

*　プライド?

*　頑固さ?

*　怠惰さ?

*　不寛容さ?

_____

_____

6.　あなたは神にもっと近づくために何をするつもりですか？(ヤコブ 4:8)

_____

_____

メモ

ふりかえってみるのためのワークシート

❋❋❋

以下のワークシートは、あなたが悔い改める必要がある分野を定義するのに役立つものです。ゆっくりと時間をかけて、考え、祈りながら記入してください。自分に当てはまる文の横にだけ何か書き込んでください。また、自分の状況に完全に関連していなくても、それぞれの文章を読んだときに思い浮かんだことを、書き留めても良いでしょう。そして、自分には当てはまらないように思えても、あなたの心の中の隠された意図や動機を明らかにしてくださるように、神にお願いしてください。 そして、人生にあるこれらの問題にあなたが立ち向かい、克服するのを助けてくださるように、神に願ってください。

主よ、私は以下のことを悔い改めます。（飲酒、多くの異性と関係を持つこと、嘘をつく、浮気などのあからさまな罪）

_____

_____

私は以下のことを悔い改めます。（プライド、自己中心さ、自分の問題をすべて他人のせいにすること、噂話、中傷、物やお金をため込むことなど、それほどあからさまではない罪）

_____

_____

私はどうやって悔い改めればよいか分かりません。

私は悔い改めがどういうものか、分かりません。

　私は何について悔い改める必要があるか、分かりません。どうかお示しください。

　自分の罪を知り<u>たい</u>と思えるように私を助けてください。

　私は不寛容さを悔い改める必要があります。　私は、私を傷つけた人に対して持ち続けている感情を手放し<u>たい</u>です。（すぐにあなたの心に思い浮かぶ人々の名前を挙げることから始め、その後に、大きな痛みを伴うために考えることを躊躇してきた過去の人たちについて祈るとよいでしょう。）

　私は他の人たちを裁くことを悔い改める必要があります。

　私は時間を浪費することを悔い改める必要があります。

　私は自分のことだけに時間を費やすのを悔い改める必要があります。

　私は心配、不安、あなたへの信頼の欠如を悔い改める必要があります。

　私は自分の頑なさ（いつも自分のやり方でやりたがること）を悔い改めたいです。

　私は心の頑なさを悔い改めたいです。

　私は自分のプライド（自分のやり方がいつも他者のやり方よりも良いと思うこと）を悔い改める必要があります。

　私は自分の怖れ（手放すことへの恐れ）を悔い改める必要があります。

　私は未来を恐れている

　私は神を恐れている

　私は自分自身を恐れている

　主よ、私はあなたのことをよく知りません。あなたを完全に信頼できるとはまだ思えません。

　私はあなたのやり方が理解できないし、それを恐れています。

　私は自分の不従順さを悔い改める必要があります。

　私は変化を拒んでいることを悔い改める必要があります。

　私は自己中心さを悔い改める必要があります。

私は自己嫌悪を悔い改める必要があります。

私は自分の古い生活を悔い改める必要があります。

薬物やアルコールを摂取して体を痛つけたこと

古い生き方をしていく中で私が傷つけた人たち

私は不平を言うことを悔い改める必要があります。

私は神への賛美の欠如を悔い改める必要があります。

私は批判的精神を悔い改める必要があります。

私は他人への愛の欠如を悔い改めねばなりません。（この愛とは、純粋に自分のニーズよりも他人のニーズを優先させることです。これは、ただあなたの家族や、愛しやすい人たちだけを含むものではありません。この領域には、あなたの人生にいる不快な人たちも含まれます。特に、助けるために、あなたが意識的に努力しなければならない人々を意味します。）

私は人々への愛情の欠如を悔い改めなければならない

****

主よ。

　私は自分があなたに寄り添って生きていないことを心の中で知っています。私が変わることができるように、今、助けを求めて祈りたいと思います。私はあなたが私のために用意しておられる愛、喜び、平安、希望、目的を体験したいのです。私は非常に長い間、自分のルールと欲望に従って生きてきました。私は自分の罪と強情さのために、あなたに近づくことを恐れています。そして、私は自分の人生のコントロールを手放すことを恐れています。私があなたと正しい関係になりたいと思えるように、どうか私の心を変えてください。

　そして、あなたの御前に正直になれる勇気を与えてください。あなたの御言葉には、あなたは本当に助けを求めている人を拒むことがないと書かれています。また、私にはその代価を支払うことができないために、あなたが私の罪のために死んでくださったとも書かれています。私は今、御前に進み出て、あなたに近づいて、あなたの望む生き方をするための願望と力をいただけるよう求めます。

　イエスの御名によって、このお祈りを御前におささげします。アーメン。

www.ingramcontent.com/pod-product-compliance
Lightning Source LLC
Chambersburg PA
CBHW080838120626
46553CB00009B/2474